公務員採用試験対策シリーズ

東京都の
公務員採用試験
（教養試験）

東京都の
消防職Ⅱ類・Ⅲ類
（過去問題集）

2025

公務員試験研究会　編　　協同出版

まえがき

　公務員は，国や地方の行政諸機関に勤務し，営利を目的とせず，国民や住民などの幸せのため，政策・諸事務を円滑に実施・進行して，社会の土台作りを行うことを職務としています。昨今では，少子高齢化の進行や公務のDX化，国際競争力の低下などの社会情勢の変化に伴って，行政の果たす役割はますます多岐にわたり，重要さを増しています。行政改革が常に論議されているのは，どのような情勢においても安心した生活が送れるよう，公務員に対して国民や市民が，期待を寄せているからでしょう。

　公務員になるためには，基本的には公務員採用試験に合格しなければなりません。公務員採用試験は，公務に携わる広い範囲の職種に就きたい人に対して課される選抜競争試験です。毎年多数の人が受験をして公務員を目指しているため，合格を勝ち取るのは容易ではありません。そんな公務員という狭き門を突破するためには，まずは自分の適性・素養を確かめると同時に，試験内容を十分に研究して対策を講じておく必要があります。

　本書ではその必要性に応え，公務員採用試験に関する基本情報や受験自治体情報はもちろん，「教養試験」，「論作文試験」，「面接試験」について，最近の出題傾向を分析した上で，ポイント，問題と解説，対応方法などを掲載しています。これによって短期間に効率よく学習効果が現れ，自信をもって試験に臨むことができると確信しております。なお，本書に掲載の試験概要や自治体情報は，令和5(2023)年に実施された採用試験のものです。最新の試験概要に関しましては，各自治体HPなどをよくご確認ください。

　公務員を目指す方々が本書を十分活用され，公務員採用試験の合格を勝ち取っていただくことが，私たちにとって最上の喜びです。

公務員試験研究会

東京都の公務員採用試験対策シリーズ

東京都の消防職Ⅱ類・Ⅲ類（過去問題集）

◆ 目 次 ◆

第1部

試験の概要

- 公務員試験とは

- [参考資料]
  試験情報と自治体情報

公務員試験とは

◆ 公務員とはどんな職業か

　一口でいえば，公務員とは，国家機関や地方公共団体に勤務する職員である。

　わが国の憲法では第15条で，「公務員を選定し，及びこれを罷免することは，国民固有の権利である」としたうえで，さらに「すべて公務員は，全体の奉仕者であつて，一部の奉仕者ではない」と定めている。

　また，その職務および人事管理などについては「国家公務員法」および「地方公務員法」という公務員に関する総合法規により，詳細に規定されている。たとえば「この法律は，……職員がその職務の遂行に当り，最大の能率を発揮し得るように，民主的な方法で，選択され，且つ，指導さるべきことを定め，以て国民に対し，公務の民主的且つ能率的な運営を保障することを目的とする」（「国家公務員法」第1条）と述べられ，その職務や人事管理についてはっきりと規定されているのである。すなわち，公務は民主的な方法で選択され，また国民に対しては，民主的・能率的な公務の運営が義務づけられているといえよう。

　現在の公務員の基本的性格を知るにあたって，戦前の公務員に触れておこう。戦前，すなわち明治憲法の時代には，公務員は「官吏」または「公吏」などと呼ばれ，「天皇の使用人，天皇の奉仕者」ということになっていた。したがって，官吏の立場は庶民の上に位置しており，封建時代の"お役人"とほとんど変わらない性格を帯びていた。つまり，民主主義に根ざしたものではなく，天皇を中心とした戦前の支配体制のなかで，その具体的な担い手になっていたといえるだろう。

　戦後，制度が一新されて「官吏」は「公務員」と名を変え，その基本的性格もすっかり変化した。つまり，公務員の「公」の意味が「天皇」から「国民」に変わり，国民によって選定された全体の奉仕者という立場が明確にされたのである。

　なお，公務員という職業は，その職務遂行にあたって国民に大きな影響をおよぼすものであるから，労働権・政治行為などの制限や，私企業からの隔離などの諸制限が加えられていることも知っておく必要がある。

4

◆ 公務員の種類と職務

（1） 公務員の種類

本書は，東京都の消防職Ⅱ類・Ⅲ類をめざす人のための参考書だが，ここでは公務員の種類の全体像をごく簡単に紹介しておこう。一般に公務員は国家公務員と地方公務員に大別でき，さらに一般職と特別職とに分けられる。

① 国家公務員と地方公務員

国家公務員とは，国家公務員法の適用を受け（＝一般職），国家機関である各省庁やその出先機関などに勤務し，国家から給与を受ける職員をさす。たとえば，各省庁の地方事務局などに勤務する者も，勤務地が地方であっても国家公務員である。

一方，地方公務員は，地方公務員法の適用を受け（＝一般職），各地方公共団体に勤務し，各地方公共団体から給与を受ける職員である。具体的には，都道府県や市町村の職員などを指している。

② 一般職と特別職

国家公務員と地方公務員は，それぞれ一般職と特別職に分けられる。人事院または各地方公共団体の人事委員会（またはそれに準ずるところ）を通じて採用されるのが一般職である。

特別職とは，国家公務員なら内閣総理大臣や国務大臣・国会職員などであり，地方公務員なら知事や収入役などである。それぞれ特別職は国家公務員法および地方公務員法に列記され，その特別職に属さないすべての職を一般職としている。

③ 上級職，中級職，初級職

採用試験の区分であると同時に，採用後の職務内容や給与等の区分でもある。採用試験はこの区分に合わせて実施される。地域によっては，その名称も異なる。

（2） 地方公務員の対象となる職務

地方公務員試験に合格して採用されると，各地方の職員として，事務および調査・研究または技術的業務などに従事することになる。

公務員採用にあたって公開平等に試験を実施し，成績の良い者から順に採用することを徹底していて，民間企業の採用によくみられる「指定校制」などの"制限"は原則としてない。もちろん，出身地・思想・信条などによる差

別もない。これは公務員採用試験全般にわたって原則的に貫かれている大きな特徴といえよう。

◆「教養試験」の目的と内容

(1)「教養試験」の目的

　教養試験は，国家公務員，地方公務員の，高校卒程度から大学卒程度までのあらゆる採用試験で，職種を問わず必ず行われている。教養試験は，単なる学科試験とは異なり，今後ますます多様化・複雑化していく公務員の業務を遂行していくのに必要な一般的知識と，これまでの学校生活や社会生活の中で自然に修得された知識，専門分野における知識などが幅広く身についているかどうか，そして，それらの知識をうまく消化し，社会生活に役立てる素質・知的能力をもっているかどうかを測定しようとするものである。

　このことについては，公務員試験の受験案内には，「公務員として必要な一般的知識および知能」と記されている。このため，教養試験の分野は，大きく一般知識と一般知能の2つの分野に分けられる。

　一般知識の分野は，政治，法律，経済，社会，国際関係，労働，時事問題などの社会科学と，日本史，世界史，地理，思想，文学・芸術などの人文科学，物理，化学，生物，地学，数学などの自然科学の3つの分野からなっている。

　一般知識の分野の特徴は，出題科目数が非常に多いことや，出題範囲がとても広いことなどであるが，内容としては高校で学習する程度の問題が出題されているので，高校の教科書を丹念に読んでおくことが必要である。

　一般知能の分野は，文章理解，数的推理，判断推理，資料解釈の4つの分野からなっている。

　一般知能の分野の問題は，身につけた知識をうまく消化し，どれだけ使いこなせるかをみるために出題されているため，応用力や判断力などが試されている。そのため，知能検査に近い問題となっている。

　したがって，一般知識の分野の問題は，問題を解くのに必要な基本的な知識が身についていなければ，どんなに頭をひねっても解くことはできないが，一般知能の分野の問題は，問題文を丁寧に読んでいき，じっくり考えるようにすれば，だれにでも解くことができるような問題になっている。

(2)「一般知識分野」の内容

一般知識分野は，さらに大きく3分野に分けて出題される。

社会科学分野	われわれの社会環境，生活環境に密着した分野で，政治，経済，社会，労働，国際，時事などに分かれる。学校で学んだこと，日々の新聞などから知ることができる内容等が中心で，特に専門的な知識というべきものはほぼ必要がない。
人文科学分野	歴史・地理・文化・思想・国語など，人間の文化的側面，内容的要素に関する知識を問うもので，専門的知識よりも幅広いバランスのとれた知識が必要である。
自然科学分野	数学・物理・化学・生物・地学などを通じて，科学的で合理的な側面を調べるための試験で，出題傾向的には，前二者よりもさらに基本的な問題が多い。

以上が「一般知識分野」のあらましである。これらすべてについて偏りのない実力を要求されるのだから大変だが，見方を変えれば，一般人としての常識を問われているのであり，これまでの生活で身につけてきた知識を再確認しておけば，決して理解・解答ができないということはない問題ばかりである。

(3)「一般知能分野」の内容

一般知能分野は，さらに大きく4分野に分けて出題される。

文章理解	言語や文章についての理解力を調べることを目的にしている。現代文や古文，漢文，また英語などから出題され，それぞれの読解力や構成力，鑑賞力などが試される。
判断推理	論理的判断力，共通性の推理力，抽象的判断力，平面・空間把握力などを調べるもので，多くの出題形式があるが，実際には例年ほぼ一定の形式で出題される。
数的推理	統計図表や研究資料を正確に把握，解読・整理する能力をみる問題である。
資料解釈	グラフや統計表を正しく読みとる能力があるかどうかを調べる問題で，かなり複雑な表などが出題されるが，設問の内容そのものはそれほど複雑ではない。

　一般知能試験は，落ち着いてよく考えれば，だいたいは解ける問題である点が，知識の有無によって左右される一般知識試験と異なる。

　教養試験は，原則として5肢択一式，つまり5つの選択肢のなかから正解を1つ選ぶというスタイルをとっている。難しい問題もやさしい問題も合わせて，1問正解はすべて1点という採点である。5肢択一式出題形式は，採点時に主観的要素が全く入らず，能率的に正確な採点ができ，多数の受験者を扱うことができるために採用されている。

◆「適性試験」「人物試験」の目的と内容

(1)「適性試験」の目的と内容

　適性試験は一般知能試験と類似しているが，一般知能試験がその名のとおり，公務員として，あるいは社会人としてふさわしい知能の持ち主であるかどうかをみるのに対し，適性試験では実際の職務を遂行する能力・適性があるかどうかをみるものである。

　出題される問題の内容そのものはきわめて簡単なものだが，問題の数が多い。これまでの例では，時間が15分，問題数が120問。3つのパターンが10題ずつ交互にあらわれるスパイラル方式である。したがって，短時間に，できるだけ多くの問題を正確に解答していくことが要求される。

　内容的には，分類・照合・計算・置換・空間把握などがあり，単独ではなくこれらの検査が組み合わさった形式の問題が出ることも多い。

(2)「人物試験」の目的と内容

　いわゆる面接試験である。個別面接，集団面接などを通じて受験生の人柄，つまり集団の一員として行動できるか，職務に意欲をもっているか，自分の考えを要領よくまとめて簡潔に表現できるか，などを評価・判定しようとするものである。

　質問の内容は，受験生それぞれによって異なってくるが，おおよそ次のようなものである。

① 公務員を志望する動機や理由などについて
② 家族や家庭のこと，幼いときの思い出などについて
③ クラブ活動など学校生活や友人などについて
④ 自分の長所や短所，趣味や特技などについて
⑤ 時事問題や最近の風俗などについての感想や意見

あくまでも人物試験であるから，応答の内容そのものより，態度や話し方，表現能力などに評価の重点が置かれている。

◆ 「論作文試験」の目的と内容

(1) 「論作文試験」の目的

「文は人なり」という言葉があるが，その人の人柄や知識・教養，考えなどを知るには，その人の文章を見るのが最良の方法だといわれている。その意味で論作文試験は，第1に「文章による人物試験」だということができよう。

また公務員は，採用後に，さまざまな文章に接したり作成したりする機会が多い。したがって，文章の構成力や表現力，基本的な用字・用語の知識は欠かせないものだ。しかし，教養試験や適性試験は，国家・地方公務員とも，おおむね択一式で行われ解答はコンピュータ処理されるので，これらの試験では受験生のその能力・知識を見ることができない。そこで論作文試験が課せられるわけで，これが第2の目的といえよう。

(2) 「論作文試験」の内容

公務員採用試験における論作文試験では，一般的に課題が与えられる。つまり論作文のテーマである。これを決められた字数と時間内にまとめる。国家・地方公務員の別によって多少の違いがあるが，おおよそ1,000〜1,200字，60〜90分というのが普通だ。

公務員採用試験の場合，テーマは身近なものから出される。これまでの例では，次のようなものだ。

① 自分自身について	「自分を語る」「自分自身のPR」「私の生きがい」「私にとって大切なもの」
② 学校生活・友人について	「学校生活をかえりみて」「高校時代で楽しかったこと」「私の親友」「私の恩師」
③ 自分の趣味など	「写真の魅力」「本の魅力」「私と音楽」「私と絵画」「私の好きな歌」
④ 時事問題や社会風俗	「自然の保護について」「交通問題を考える」「現代の若者」
⑤ 随想，その他	「夢」「夏の1日」「秋の1日」「私の好きな季節」「若さについて」「私と旅」

　以上は一例で，地方公務員の場合など，実に多様なテーマが出されている。ただ，最近の一般的な傾向として，どういう切り口でもできるようなテーマ，たとえば「山」「海」などという出題のしかたが多くなっているようだ。この題で，紀行文を書いても，人生論を展開しても，遭難事故を時事問題風に扱ってもよいというわけである。一見，やさしいようだが，実際には逆で，それだけテーマのこなし方が難しくなっているともいえよう。

　次に，試験情報と自治体情報を見てみよう。

東京都の試験情報

令和5年度

消　防　官
採用試験案内　Ⅲ類

東京消防庁
TOKYO FIRE DEPT.

01 採用区分及び採用予定者数

採用区分	主な職務内容	採用予定者数
Ⅲ類	・災害対応業務 ・火災予防業務 ・防災安全業務 ・広報業務 ・その他業務 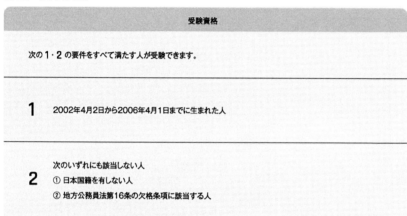	180名

もっと詳しく知りたい人はHPまで

02 受験資格

受験資格
次の1・2の要件をすべて満たす人が受験できます。

1 2002年4月2日から2006年4月1日までに生まれた人

2 次のいずれにも該当しない人
① 日本国籍を有しない人
② 地方公務員法第16条の欠格条項に該当する人

03 申込み方法

申込みはこちら ホームページアドレス https://www.tfd.metro.tokyo.lg.jp/bsy/index.html

4ページの「07 注意事項」をよく読んでから申込みをしてください。
東京消防庁ホームページの「採用案内」から「採用試験インターネット申込み」へアクセスし、画面の指示に従って申込みをしてください。

04 採用試験スケジュール

試験区分	Ⅲ類
申込み 受付期間	［開始日］7月 3日（月） ［終了日］7月21日（金） ※開始日の午前10時00分から、終了日の午後5時00分まで
受験票 ダウンロード 期間	［開始日］8月14日（月） ［終了日］9月 3日（日） ※開始日の午前10時00分から、終了日の午前10時00分まで
第1次試験日・ 試験地	9月 3日（日） 札幌・盛岡・東京・大阪・福岡・鹿児島
教養試験 正答発表日	9月 8日（金）
第1次試験 合格発表日	10月 18日（水）
第1次試験 合否通知 ダウンロード 期間	［開始日］10月18日（水） ［終了日］11月 7日（火） ※開始日の午前10時00分から、終了日の午前10時00分まで
第2次試験日・ 試験地	■身体・体力検査 11月 7日（火）から11月 9日（木）までの いずれか指定する日　　■口述試験 11月14日（火）から11月21日（火）までの いずれか指定する日 東京
最終 合格発表日	12月 11日（月）
最終合否通知 ダウンロード、 最終合格者情報 入力期間	［開始日］12月11日（月） ［終了日］おおむね10日後 ※開始日の午前10時00分から、終了日の午後5時00分まで ※詳細な締切は受験者専用ページに掲載

※ 集合時間、試験会場、持ち物等の詳細は、受験票に記載します。

05 試験方法

1 第1次試験

科目	内容
教養試験	消防官として必要な一般教養について、高校卒業程度の五肢択一式試験を行います。 出題分野の内容はおおむね次のとおりです。 知能分野: 文章理解、英文理解、判断推理、空間概念、数的処理、資料解釈　22題　合計45題 知識分野: 人文科学（国語、歴史、地理）社会科学（法学、政治、経済、社会事情）自然科学（数学、物理、化学、生物）　23題　2時間
作文試験	課題式により、作文試験を行います。 （800字以上 1,200字程度）　1題　1時間30分
資格・経歴評定	資格経歴については、受験申込み時に申請が必要となります。 評定対象となる資格・経歴、詳しい申請方法やよくある質問は右のQRコードを読み取って確認してください。
適性検査	消防官としての適性について検査します。

2 第2次試験

科目	内容
身体・体力検査	消防官として職務遂行に必要な身体（四肢関節機能を含む。）、体力及び健康度を検査します。 主な基準・内容は次のとおりです。

項目	内容（目安）
視力	視力（矯正視力を含む。）が0.7以上、かつ、一眼でそれぞれ0.3以上。 なお、裸眼視力に制限はありません。
色覚	石原式色覚検査を実施します。 ※石原式色覚検査で異常があった場合は、赤色、青色及び黄色の色彩識別検査を実施します。 ※色彩識別検査で異常があった場合は、後日、眼科医による診断を受けていただきます。
聴力	オージオメータを使用し、純音聴力検査を実施します。
体力検査	1km走、反復横とび、上体起こし、立ち幅とび、長座体前屈、握力、腕立て伏せにより体力を検査します。
その他	尿検査、胸部X線検査、心電図、血液検査により健康度を検査します。

科目	内容
口述試験	個人面接を行います。

06 合格発表及び合否通知

合格発表	東京消防庁ホームページにおおむね1週間掲載
合否通知 （すべての科目を 受験した人に限る。）	・受験者専用ページに掲載 ・不合格者のみ以下の内容を掲載 **01** 第1次試験不合格者 ▶ 得点、受験者数、合格者数、順位 **02** 第2次試験不合格者 ▶ 第2次試験の受験者数、最終合格者数、順位

07 注意事項

試験全般に ついて	・災害等により試験日が変更になる場合があります。その場合は、東京消防庁ホームページ等で お知らせします。 ・申込み者側の機器及び通信に関するトラブルについては、一切責任を負いません。また、使用 機器に関する問合せには応じていません。 ・試験中に怪我等をした場合、受験者の責任とさせていただきます。 ・試験内容及び合否に関する問合せには応じていません。
申込みに ついて	・受験資格を満たしていない、または申込み内容に虚偽があると、職員として採用される資格を 失う場合があります。 ・複数の区分で申込みをする場合は、それぞれの区分で申込み手続きが必要です。 ・申込み手続きには、東京消防庁から送信するメールを確実に受信できるwebメールアドレス 及びPDFファイルを印刷できる環境が必要です。 ・申込み時に登録したメールアドレスは最終合格発表まで変更することができません。 ・申込みの際には、卒業（見込）証明書、住民票、履歴書、写真等の書類は不要です。 ・ユーザーID及びパスワードは入庁するまで使用しますので、忘れないように注意してください。
試験方法に ついて	・第1次試験では、教養試験の成績が一定点に達しない場合は、作文の採点及び資格・経歴 の評定を行いません。 ・第2次試験は、第1次試験の合格者に対して行い、最終合格については、第1次試験、第2次試験 及び受験資格の確認結果を総合的に判定して決定します。
受験票・合否通知の ダウンロード、 最終合格者情報 入力について	・受験票・合否通知は、ダウンロード期間内に限り、受験者専用ページに掲載します。 ・受験票はダウンロード後印刷してください。 ・最終合格者情報入力は、期間内に限り、受験者専用ページから入力できます。

08 職務内容等

業務内容	東京消防庁の消防本部及び各消防署等において、都民の生命、身体及び財産を災害から守るために、主に次の業務を行います。 ・ 火災等の防除・鎮圧、救助、救急等 　※ 女性については、毒劇物等に係る特殊な災害活動業務への従事制限があります。 ・ 建物の安全指導、火災予防のための立入検査、危険物施設の安全対策、防火・防災管理者等への指導、火災原因調査等 ・ 都民生活の安全確保、要配慮者の安全確保、消防広報等 ・ 消防車両・機器の整備等 ・ 震災対策、防災訓練指導、消防水利の整備等 ・ その他消防行政に関する業務
勤務体系	東京消防庁の主な勤務体系については、以下のとおりです。 ・ 毎日勤務 　月曜日から金曜日までの5日間（各7時間45分）に38時間45分の勤務時間を割り振ります。日曜日及び土曜日は週休日となります。 ・ 交替制勤務（三交替） 　部別に21日を1周期とする勤務サイクルを定め、当番及び日勤日にそれぞれ勤務時間を割り振り、3週間を平均とした1週間あたりの勤務時間を38時間45分としています。

09 採用及び給与

採用	最終合格者は、採用候補者名簿に登録されます。 その後、意向聴取、受験資格の確認等を行い、その結果に基づき採用者を内定します。 原則として令和6年4月1日以降、欠員に応じて採用されます。  ※ 受験者専用ページにて、合格通知のダウンロードや手続きが必要となります。
給与	初任給 ｜ 約**221,800円** ※ この初任給は、令和5年1月1日現在の給料月額に、地域手当を加えたものです。なお、給与改定があった場合は、その定めるところによります。 ※ 上記のほか、扶養手当、住居手当、通勤手当、期末・勤勉手当等の制度があります。 ※ 学歴、職歴等に応じて、一定の基準により加算される場合があります。

問合せ先

東京消防庁人事部人事課採用係

〒100−8119 東京都千代田区大手町1−3−5

平日の午前8時30分から午後5時15分まで

TEL　03−3212−2111(内線3165〜3170)

採用フリーダイヤル　0120−119−882

ホームページ　https://www.tfd.metro.tokyo.lg.jp

よくある質問
(FAQ)は
こちら

リサイクル適性Ⓑ
この印刷物は、板紙へ
リサイクルできます。

令和5年度　職員採用選考・試験結果

消　防　官

(令和6年1月現在)

区分		応募者数	一次受験者数	一次合格者数	二次受験者数	最終合格者数	倍率
専門系		24	15	13	11	9	1.7
I類	1回目	3,052	2,473	1,295	1,203	790	3.1
	2回目	1,817	1,254	328	307	163	7.7
II類		休止	休止	休止	休止	休止	休止
III類		3,052	2,594	817	570	314	8.3
合計		7,945	6,336	2,453	2,091	1,276	5.0

令和4年度　職員採用選考・試験結果

消　防　官

(令和5年 3月 10日現在)

区分		応募者数	一次受験者数	一次合格者数	二次受験者数	最終合格者数	倍率
専門系		42	27	13	11	4	6.8
I類	1回目	4,158	3,356	1,067	916	364	9.2
	2回目	2,326	1,252	379	333	187	6.7
II類		1,725	1,032	598	508	292	3.5
III類		3,337	2,742	1,176	815	428	6.4
合計		11,588	8,409	3,233	2,583	1,275	6.6

東京都の自治体情報

第1節　火災の現況と近年の傾向

～火災の恐ろしさを知る～

○ 火災件数は3,953件（前年比14件増加）で昭和35年以降3番目に少ない件数
○ 火災による死者は89人（前年比3人増加）で、高齢者の占める割合は高い。
○ 出火原因は、1位：放火（疑いを含む）、2位：たばこ、3位：ガステーブル等

火災の状況

　令和4年中の東京消防庁管内の火災件数は3,953件で、前年と比べ14件増加しています。火災件数は減少傾向で推移しており、平成25年まで5千件台でしたが、平成26年には4千件台となり、平成27年から令和2年にかけては4千件前後で推移し、令和4年は当庁が消防事務の受託を開始した昭和35年以降3番目に少ない件数となっています。

　焼損床面積は、21,974㎡と前年と比べ5,526㎡増加しています。

　火災による死者は、89人と前年と比べ3人増加しています。

■ 図表1-1-1　最近10年間の火災件数及び焼損床面積の推移

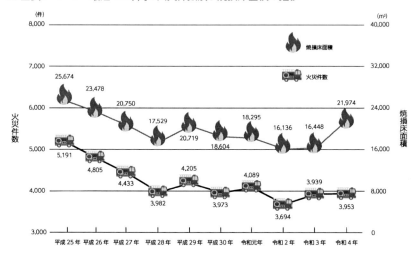

■ 図表1−1−2　最近10年間の火災による死者の推移

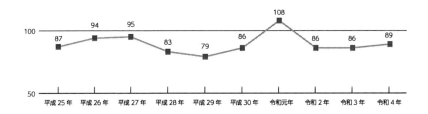

(人)

| 平成25年 | 平成26年 | 平成27年 | 平成28年 | 平成29年 | 平成30年 | 令和元年 | 令和2年 | 令和3年 | 令和4年 |

火災種別でみると、「建物火災」※は2,850件で前年と比べて38件増加し、火災全体の7割以上を占めています。次いで、「その他の火災」が909件で前年と比べ8件増加しています。

※「建物火災」とは、建物またはその収容物が焼損した火災をいいます。

■ 図表1−1−3　火災の状況

		令和4年	令和3年	前年比
火災件数		3,953件	3,939件	14件
火災種別	建物	2,850件	2,812件	38件
	林野	3件	6件	▲3件
	車両	187件	215件	▲28件
	船舶	3件	1件	2件
	航空機	0件	0件	0件
	その他	909件	901件	8件
治外法権		1件	4件	▲3件
管外からの延焼火災		0件	0件	0件
火災による死者		89人	86人	3人
火災による負傷者		742人	664人	78人
焼損床面積		21,974 m²	16,448 m²	5,526 m²
焼損棟数		3,259棟	3,228棟	31棟
り災世帯数		2,499世帯	2,382世帯	117世帯
損害額		5,466,720,488円	4,208,012,095円	1,258,708,393円

主な出火原因別発生状況

令和4年における主な出火原因別の1位は「放火 (疑いを含む)」、2位は「たばこ」、3位は「ガステーブル等」となり、昨年から順位の変動はありません。

1位の「放火 (疑いを含む)」は601件発生し、前年より11件増加しています。2位の「たばこ」は569件発生し、前年より14件減少しています。3位の「ガステーブル等」は331件発生し、前年より30件減少しています。

■ 図表1-1-10　火災件数に占める主な出火原因 (ワースト5) の状況

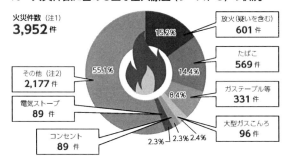

火災件数(注1)
3,952件

放火(疑いを含む)
601件　15.2%

たばこ
569件　14.4%

ガステーブル等
331件　8.4%

大型ガスこんろ
96件

その他(注2)
2,177件　55.1%

電気ストーブ
89件

コンセント
89件

2.3% 2.3% 2.4%

注1：火災件数 3,952 件は、治外法権火災及び管外からの延焼火災を除いています。
注2：その他の内訳は、「差込みプラグ」、「コード」などとなっています。
注3：グラフの小数点にあっては四捨五入しているため、個々の数値の和が 100% とならないことがあります。

4位以下をみると、「大型ガスこんろ」が96件 (前年比6件増加)、「コンセント」が89件 (同3件増加)、「電気ストーブ」が89件 (同4件増加)、「差込みプラグ」が81件 (同1件減少) などとなっています。また、火災件数3,952件に占める「放火 (疑いを含む)」の割合は、最近10年間減少傾向で推移していましたが、令和4年中は15.2%と前年と比べ0.2ポイント増加しています。「たばこ」については、500〜600件台で推移し、割合は14.4%となっています。「ガステーブル等」については300件台で推移し、割合は8.4%となっています。

■ 図表1-1-12　主な出火原因 (令和4年中の上位10位)

	年／前年比	25	26	27	28	29	30	元	2	3	4	前年比
1	放火 (疑い含む)	1,622	1,381	1,027	881	896	705	641	641	590	601	11
2	た　ば　こ	737	710	664	586	691	651	689	508	583	569	▲ 14
3	ガステーブル等	418	415	457	363	360	305	347	399	361	331	▲ 30
4	大型ガスこんろ	102	110	118	110	95	98	110	72	90	96	6
5	コンセント	66	48	53	59	59	56	56	59	86	89	3
6	電気ストーブ	105	104	75	85	100	71	85	69	85	89	4
7	差込みプラグ	69	59	47	64	64	64	85	62	82	81	▲ 1
8	コ　ー　ド	49	45	57	61	74	57	62	60	53	68	15
9	屋　内　線	46	41	46	41	40	39	56	28	42	48	6
10	配　電　線	32	18	36	29	33	36	38	23	29	42	13

救助活動の状況

（1）出場件数（車両数）・出場人員

　令和4年中の救助出場件数は27,158件で前年比2,154件増加しました。救助人員・出場隊数についても増加しました。

■ 図表1-2-4　出場件数（車両数）・救助人員・出場人員の状況

	令和4年	令和3年	前年比
出場件数（車両数）	27,158件（90,590台）	25,004件（81,970台）	2,154件（8,620台）
救助人員	18,358人	18,567人	▲209人
出場人員（DMAT※含む）	371,787人	336,208人	35,579人

※専門的なトレーニングを受けた医師や看護師が医療資器材を携えて災害現場へ赴き、その場で救命処置等を行う災害医療派遣チーム。

（2）事故種別状況・救助人員

■ 図表1-2-5　事故種別ごとの出場件数

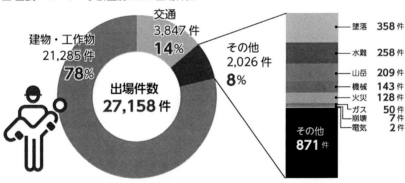

■ 図表1-2-6　事故種別ごとの救助人員

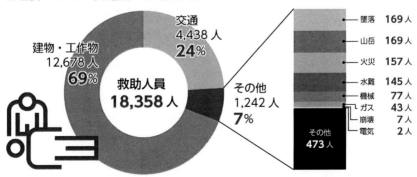

第3節　救急活動の現況

～救急出場の状況と「#7119」の有効活用～

● 事故種別救急活動状況

区　分	総数	交通事故	火災事故	運動競技事故	自然災害事故	水難事故	労働災害事故
出場件数（件）	872,075	41,101	3,354	4,616	8	565	5,241
搬送人員（人）	708,695	36,662	584	4,547	4	261	5,118

● 救急出場件数の事故種別の内訳

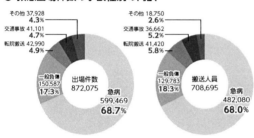

● 隊別出場件数上位 10 隊【件】

救急隊名	件　数	1日平均
大 久 保 救 急	4,180	11.5
江戸川第 1 救急	4,131	11.3
八王子第 1 救急	3,944	10.8
野 方 第 1 救急	3,899	10.7
豊 島 救 急	3,822	10.5
麻 布 救 急	3,805	10.4
世 田 谷 救 急	3,803	10.4
葛 西 第 1 救急	3,801	10.4
八王子第 2 救急	3,801	10.4
三 田 救 急	3,791	10.4

● 救護人員 【人】

区　分	救　護　人　員		現場処置
	総　数	搬　送	
令和 4 年	710,381	708,695	1,686
令和 3 年	631,407	630,287	1,120
増 減 数	78,974	78,408	566
増 減 率	12.5%	12.4%	50.5%

● 高齢者搬送人員 【人】

区　分	65 歳以上計	65 歳～74 歳	75 歳以上
令和 4 年	376,868	88,116	288,752
令和 3 年	337,224	82,951	254,273
増 減 数	39,644	5,165	34,479
増 減 率	11.8%	6.2%	13.6%

● 出場件数の前年比較 【件】

区　分	総　数	交通事故	火災事故	運動競技事故	自然災害事故	水難事故	労働災害事故
令 和 4 年	872,075	41,101	3,354	4,616	8	565	5,241
令 和 3 年	743,703	39,614	3,249	3,495	19	583	4,616
増 減 数	128,372	1,487	105	1,121	▲ 11	▲ 18	625
増 減 率	17.3%	3.8%	3.2%	32.1%	▲ 57.9%	▲ 3.1%	13.5%

● 搬送人員数の前年比較 【人】

区分	総数	交通事故	火災事故	運動競技事故	自然災害事故	水難事故	労働災害事故
令 和 4 年	708695	36662	584	4547	4	261	5118
令 和 3 年	630,287	35,577	565	3,465	10	257	4,501
増 減 数	78,408	1,085	19	1,082	▲ 6	4	617
増 減 率	12.4%	3.0%	3.4%	31.2%	▲ 60.0%	1.6%	13.7%

※割合、構成比（率）、増減率等の割合を示す数値及び指数を示す数値については、少数第2位又は3位を四捨五入しています。したがって、

救急出場の状況

（1）救急活動総括表

■ 図表1-3-1　救急活動総括表

一般負傷	自損行為	加害	急病	転院搬送	資器材等輸送	医師搬送	その他
150,587	6,664	5,257	599,469	42,990	712	181	11,330
129,783	4,525	3,711	482,080	41,420	—	—	—

● 程度別搬送人員 【人】

区　分	搬送人員	重症以上	中 等 症	軽　症
総　　数	708,695	53,370	277,104	378,221
	100%	7.5%	39.1%	53.4%
急　　病	482,080	38,968	194,427	248,685
	100%	8.1%	40.3%	51.6%
一　　般	129,783	3,048	41,634	85,101
	100%	2.3%	32.1%	65.6%
転院搬送	41,420	8,312	29,638	3,470
	100%	20.1%	71.6%	8.4%
交通事故	36,662	958	6,552	29,152
	100%	2.6%	17.9%	79.5%
その他	18,750	2,084	4,853	11,813
	100%	11.1%	25.9%	63.0%

● 回転翼航空機による救急活動状況【件】

区　分	件　数
令 和 4 年	306
令 和 3 年	321
増 減 数	▲ 15

● 救急出場件数が 3,500 件以上の救急隊【隊】

区　分	隊　数
令 和 4 年	42
令 和 3 年	2
増 減 数	40

● 救急活動状況

区　分	救急隊数	1 日平均	1 隊平均※	1 隊 1 日平均※	出場頻度
令 和 4 年	271 隊	2,389 件	3,218 件	8.8 件	36 秒に 1 回
令 和 3 年	271 隊	2,038 件	2,744 件	7.5 件	42 秒に 1 回

※デイタイム救急は、救急隊数に含まない
※令和3年は、三鷹第2を含む隊数（271 隊）

一般負傷	自損行為	加害	急病	転院搬送	資器材等輸送	医師搬送	その他
150,587	6,664	5,257	599,469	42,990	712	181	11,330
130,625	5,865	4,909	497,198	42,345	558	189	10,438
19,962	799	348	102,271	645	154	▲ 8	892
15.3%	13.6%	7.1%	20.6%	1.5%	27.6%	▲ 4.2%	8.5%

一般負傷	自損行為	加害	急病	転院搬送	
129,783	4,525	3,711	482,080	41,420	・死亡 …… 初診時死亡が確認されたもの
114,823	4,051	3,601	421,778	41,659	・重篤 …… 生命の危険が切迫しているもの
14,960	474	110	60,302	▲ 239	・重症 …… 生命の危険が強いと認められたもの
13.0%	11.7%	3.1%	14.3%	▲ 0.6%	・中等症 … 生命の危険はないが入院を要するもの
					・軽症 …… 軽易で入院を要しないもの

内訳の合計は必ずしも総数に一致しません。

（2）過去5年間の推移

平成30年から令和4年まで過去5年間の東京消防庁の救急出場件数の推移及び令和3年中における全国の出場件数は次のとおりです（令和4年4月1日現在、全国救急隊数5,328隊、救急車台数（非常用含む）6,549台）。

■ 図表1-3-2　過去5年間の出場件数等の推移

区　　分	平成30年	令和元年	令和2年	令和3年	令和4年	全国（R3）
出場件数（件）	818,062	825,929	720,965	743,703	872,075	6,193,581
1日平均件数（件）	2,241	2,263	1,970	2,038	2,389	16,969
出場頻度（秒）	39	38	44	42	36	5

「東京の消防白書2023」より抜粋

第2部

教養試験
実施問題

令和4年度　消防職Ⅱ類 実施問題

1 次の文章を読んで，以下の問に答えなさい。

[この問題は，著作権の関係により，掲載できません。]

（ムダな仕事が多い職場　太田肇　著）

問　この文章の要旨として，最も妥当なのはどれか。

1.　企業や労働者が疲弊しないためには，一円でも安く，一時間でも早く
を求める客に応じるような過剰なサービスはしないことが重要である。

2.　自由競争，市場原理がもたらす過当な企業競争は，グローバル化でよ
り激しさを増しており，企業に大きな負担をかけている。

3.　オープンな市場においては，時間通り確実に商品を届けるサービスの充
実といったイノベーションやブレークスルーが企業に求められている。

4.　利益もあがらず，社会的なムダも増えるような過当な競争は，自由競
争，市場原理がもたらしたものではなく，限定された範囲の中途半端な
競争が起こしている。

5.　閉鎖的で単一次元の市場では企業間の競争が激しいので，今後は大幅
な利益アップが見込めるオープンな多次元の市場で競争をすべきである。

2 次の文章を読んで，以下の問に答えなさい。

[この問題は，著作権の関係により，掲載できません。]

（疑う技術―ウソを見破る9つの視点　藤沢晃治　著）

問　この文章の要旨として，最も妥当なのはどれか。

1.　骨粗鬆症の原因は，カルシウム不足の他にも女性ホルモンの不足や運
動不足などいくつか考えられるので，カルシウムを補うだけでは防ぐこと
はできない。

2.　条件A，B，Cの三つがあり，条件Aだけで結果Dが生じることが分
かったとき，AはDの「必要条件」である。

3.　カルシウム不足の他に女性ホルモンの不足，そして運動不足の3つの条

件が揃わなくては，骨粗鬆症になることはない。
4. ある結果が生じたとき，どのような条件が生じるとその結果となるのか，またその条件が必要条件なのか十分条件なのか検証しなくてはならない。
5. 因果関係を証明するには，その要因が一つだけであるのか，あるいは複数あるのかを見極めることが大変重要である。

[3] 次の文章を読んで，以下の問に答えなさい。

[この問題は，著作権の関係により，掲載できません。]

（偶然とは何か─その積極的意味　竹内啓　著）

問　この文章の要旨として，最も妥当なのはどれか。
1. 学問的な歴史において「もし」を問うことは許されていないので，歴史上の事件が事実と違っていたらと考えるのは学問とはいえない。
2. 歴史上のある事件が，起こらなかった可能性もあったにもかかわらず実際に起きた，ということが，すなわち歴史の必然性である。
3. 歴史上の偶然とは，生物の進化における突然変異のようなものであり，この偶然の積み重ねによって歴史は構築されているといえる。
4. 歴史の必然性とは，歴史上で偶然に起こったある事件と，その次に起きた事件が因果関係にあることを意味している。
5. ある事件Aと先行する事件Bがあったとき，BはAが原因で起きた事件であると証明できれば，その結びつきは必然的であったといえる。

[4] 次の文章を読んで，以下の問に答えなさい。

[この問題は，著作権の関係により，掲載できません。]

（子どもをナメるな─賢い消費者をつくる教育　中島隆信　著）

問　この文章の要旨として，最も妥当なのはどれか。
1. 運動会や文化祭を盛り上げるためには，子どもたちを競わせることで催し物のパフォーマンスを上げるようにするのがよい。
2. 卓越した技術力があれば中小企業でも大企業に対して優位に立てることがあるように，市場競争においては必ずしも強いものが勝つわけではない。

3. 競争が消費者に利益をもたらすということを子どもたちに教えるためには，テストの点だけではなく，運動や演劇でも競争をさせるのが効果的である。

4. 子どもたちに適切な競争をさせると，得をするのは競争者自身ではなく消費者だということがわかり，真の競争の意味を教えることにつながる。

5. 真の競争の意味とは，弱いものを打ち負かすことではなく，競争者同士が切磋琢磨して最終的にはお互いに得をする，ということである。

5 次の文章を読んで，以下の問に答えなさい。

［この問題は，著作権の関係により，掲載できません。］

（未来を見る力―人口減少に負けない思考法　河合雅司　著）

問　この文章の要旨として，最も妥当なのはどれか。

1. 交渉においては，相手を一方的にやり込めるのではなく，絶えず相手の立場を考えるエンパシーが求められている。

2. 人口減少がもたらす変化に対応する「しなやかさ」を身に付けるには，今までのようなシンパシーではなく，これからはエンパシーが必要である。

3. エンパシーとは，相手のことを想像する力のことであり，これからの人口減少社会において極めて重要になるはずである。

4. 人口減少がもたらすこれからの激変は誰も経験したことがないものであり，問題解決のためには交渉力やエンパシーなど，個々の能力が問われている。

5. これからの語学教育に必要なのは，AIによる自動翻訳機を使わなくても相手とコミュニケーションをとることができる能力である。

6 次の会話文の[＿＿＿＿＿]に当てはまる正しい英文として，最も妥当なのはどれか。

A：Excuse me. Is there a post office near here?

B：Let's see. Go down this street three blocks and turn right. It's beside the bank.

A：[＿＿＿＿＿]

B：About 15 minutes.

A：Thank you for your help.

　　1.　How do I get to the post office?

　　2.　Is this the right way to the bank?

　　3.　I'm sorry, but I'm new around here.

　　4.　Which bus goes to the post office?

　　5.　How long does it take to walk there?

7 次の英文の（　　　　）に当てはまる正しい語句として，最も妥当なのはどれか。

The bridge（　　　　）now.

1.　built

2.　building

3.　builds

4.　is being built

5.　having built

8 次の英文の（　　　　）に当てはまる正しい語句として，最も妥当なのはどれか。

（　　　　）boys like basketball.

1.　Almost

2.　Almost of

3.　Almost all the

4.　Most the

5.　Most of

9 A～Dの4人が資格取得のため，登録販売者，医療事務，ファイナンシャルプランナー，整理収納アドバイザー，宅地建物取引士の5つの講座の中から2つ以上を選び，受講した。次のア～エのことがわかっているとき，確実にいえることとして，最も妥当なのはどれか。

ア　5つの講座のうち，4つについてはそれぞれ2人が選び，ファイナンシャルプランナーは1人だけが選んだ。

イ　AとBは登録販売者を選び，Cはファイナンシャルプランナーを選ばなかった。

ウ　AとC，AとDはそれぞれ同じ講座を選んだ。

エ　BとCが選んだ講座はすべて異なり，また，BとDが選んだ講座もすべて異なっていた。

1.　Aは医療事務を選んだ。
2.　Bはファイナンシャルプランナーを選んだ。
3.　Cは医療事務を選んだ。
4.　CとDは同じ講座を選ばなかった。
5.　Dはファイナンシャルプランナーを選んだ。

10 部活動を終えたA～Dの4人が部室から退室した順番について，次のア～エのことがわかっているとき，確実にいえることとして，最も妥当なのはどれか。ただし，同時に退室した者はいないものとする。

ア　A～Dはそれぞれ1年生が2人，2年生と3年生が各1人ずつだった。

イ　3年生が退室したすぐ後にAが，Aのすぐ後にBが退室した。

ウ　Cよりも後にDが，Dよりも後に1年生のうちの1人が退室した。

エ　最後に2年生が退室した。

1.　最初に退室したのは3年生だった。
2.　1年生の2人が連続して退室した。
3.　Aは1年生である。
4.　Cは3年生である。
5.　Dは1年生である。

11 AとBの2人が，30個の碁石を交互に取っていくゲームをしている。1人が一度に1個以上5個以下の範囲で，好きな数だけ碁石を取ることができるが，最後に残った碁石を取った方が負けとなる。Aが先手のとき，Aが必ず勝つためにはじめに取る個数として，最も妥当なのはどれか。

1. 1個
2. 2個
3. 3個
4. 4個
5. 5個

12 下の図のような丸テーブルの周りにある椅子に，A〜Hの8人がテーブルの中心に向かって着席した。次のア〜オのことがわかっているとき，確実にいえることとして，最も妥当はどれか。

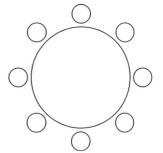

　ア　Aの真向かいの席にHが座っている。
　イ　AとC，AとEの席はいずれも隣り合っていない。
　ウ　Cの真向かいの席にGが座っている。
　エ　Fの隣の席にHが座っている。
　オ　Hから見て1人おいた左隣の席にDが座っている。

1. AとBの席は隣り合っている。
2. BとEの席は隣り合っている。
3. CとDの席は隣り合っている。
4. DとFの席は隣り合っている。
5. EとGの席は隣り合っている。

13 下の図は，ある図形が直線上を滑ることなく転がったときの点Pの軌跡である。この軌跡を描く図形として，最も妥当なのはどれか。

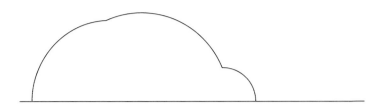

1.

2.

3.

4.

5.
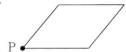

14 下の図は，1 つの立方体の各面に○，●，×，□，△の 5 つの記号を重複することなく 1 つずつ書き込み，3 つの方向から見たものである。この立方体をある方向から見た図として，最も妥当なのはどれか。

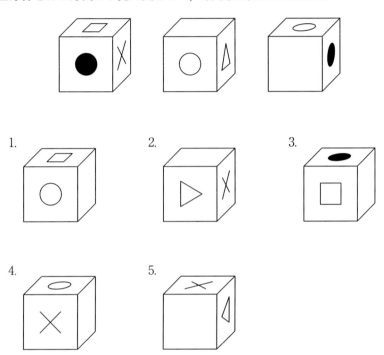

15 3 桁の整数のうち，0.9 をかけても 0.9 で割っても答えが整数となるものの中で最も小さい整数を 12 で割ったときの商として，最も妥当なのはどれか。

1. 11
2. 12
3. 13
4. 14
5. 15

16 現在，兄の年齢は弟の年齢の1.5倍で，父の年齢は兄の年齢の2.4倍である。11年後に兄と弟の年齢の和と父の年齢が等しくなるとき，現在の父の年齢として，最も妥当なのはどれか。

  1. 30歳

  2. 32歳

  3. 34歳

  4. 36歳

  5. 38歳

17 下の図のような直角台形と長方形からできた容器に，深さ12cmまで水が入っている。このとき，入っている水の体積として，最も妥当なのはどれか。

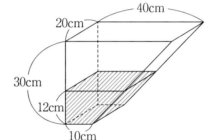

  1. 1760cm³

  2. 2880cm³

  3. 3840cm³

  4. 4560cm³

  5. 5280cm³

18 原価1,500円の商品にいくらかの利益を見込んで定価をつけたが，売れ残ったため定価の1割引で販売したところ，1個あたりの利益が66円となった。このとき，最初に見込んだ利益の割台として，最も妥当なのはどれか。

  1. 16%

  2. 17%

  3. 18%

  4. 19%

  5. 20%

19 下の資料は，日本における留学を目的とした在留外国人数の国籍・地域別の推移をまとめたものである。この資料から判断できることとして，最も妥当なのはどれか。

国籍・地域	平成28年	平成29年	平成30年	令和元年	令和2年
中国	115,278	124,292	132,411	144,264	125,328
ベトナム	62,422	72,268	81,009	79,292	65,653
ネパール	22,967	27,101	28,987	29,417	23,116
韓国	15,438	15,912	17,056	17,732	12,854
インドネシア	5,607	6,492	7,213	7,512	6,279
その他	55,619	65,440	70,324	67,574	47,671
総　数	277,331	311,505	337,000	345,791	280,901

(単位：人)

1. 平成29年の対前年増加率は，中国国籍の在留外国人数の方がベトナム国籍の在留外国人数より大きい。
2. 令和2年の在留外国人数の対前年減少率が最も大きい国籍・地域はその他である。
3. 平成28年から令和2年までの期間における韓国国籍の在留外国人数の平均は，16,000人を上回っている。
4. 平成28年の在留外国人数に対する令和元年の在留外国人数の増加率は，すべての国籍・地域において，20％以上30％未満である。
5. 平成28年から令和2年までの期間で，総数に占めるその他の割合が最も小さいのは，令和元年である。

20 下の資料は，日本の産業用ロボットの生産，国内出荷及び輸出の推移をまとめたものである。この資料から判断できることとして，最も妥当なのはどれか。

	生産		国内出荷		輸出	
	金額	台数	金額	台数	金額	台数
2014年	594,048	136,917	166,739	32,119	423,341	105,215
2015年	680,611	153,785	201,001	37,703	482,413	117,818
2016年	703,387	174,606	220,618	42,596	495,404	133,012
2017年	877,657	233,981	246,222	49,171	649,381	184,215
2018年	911,609	240,339	273,304	59,068	658,991	183,059
2019年	778,257	192,820	254,445	53,612	549,288	143,011
2020年	766,469	192,974	208,493	41,655	572,844	154,946

（単位：金額（百万円），台数（台））

1. 国内出荷の1台当たりの金額は，2018年の方が2015年より高い。

2. 2017年の生産台数及び輸出台数は，どちらも，前年に比べて30％以上増えた。

3. 2019年の国内出荷と輸出を比べると，輸出の方が金額は2倍以上，台数は3倍以上多い。

4. 国内出荷の金額，台数ともに前年より減少しているのは，2019年のみである。

5. 生産が最も少なかった年に比べて最も多かった年は，生産金額は50％以上，生産台数は80％以上多い。

[21] 下の資料は，日本の工業地帯の生産額についてまとめたものである。この資料から判断できる次のア〜ウの記述の正誤の組合せとして，最も妥当なのはどれか。

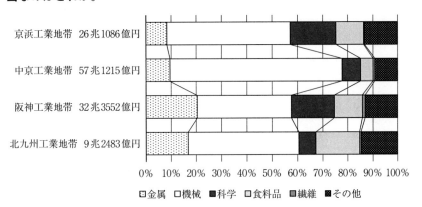

ア　中京工業地帯の機械の生産額は京浜工業地帯の総生産額より多い。

イ　北九州工業地帯の食料品の生産額は中京工業地帯の食料品の生産額より多い。

ウ　金属の生産額が最も多いのは阪神工業地帯である。

	ア	イ	ウ
1.	正	正	誤
2.	正	誤	正
3.	正	誤	誤
4.	誤	正	誤
5.	誤	誤	正

22 下の資料は，牛肉の国内生産量と輸入量の推移についてまとめたものである。この資料から判断できることとして，最も妥当なのはどれか。

（千トン）

■国内生産量　□輸入量

1. 2015年から2018年までの期間で，対前年増加率が最も大きかったのは2018年の輸入量である。
2. 2015年から2018年までの期間で，対前年減少率が最も大きかったのは2016年の輸入量である。
3. 2018年の対前年増加率は，輸入量と国内生産量の合計の方が輸入量のみより大きい。
4. 輸入量と国内生産量の合計に対する国内生産量の割合は，2014年から2018年までのすべての調査年において45％を超えている。
5. 輸入量と国内生産量の合計に対する輸入量の割合は，2017年の方が2014年より大きい。

23 下の資料は，日本の建設国債と特例公債の発行額，並びに公債依存度をまとめたものである。この資料から判断できることとして，最も妥当なのはどれか。ただし，公債依存度は，一般会計歳出に占める公債発行額（建設国債＋特例公債）の割合を表している。

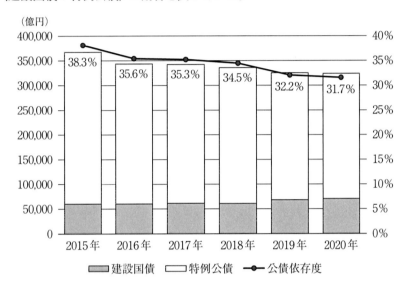

1. 2016年度から2020年度までの期間で，公債発行額に占める建設国債の割合が前年に比べて最も減少したのは，2019年度である。
2. 2015年度の一般会計歳出は，2020年度の一般会計歳出を上回っている。
3. 一般会計歳出に対する建設国債の割合は，2019年度の方が2018年度より大きい。
4. 2016年度の特例公債に対する2020年度の特例公債の割合は，80％を下回っている。
5. 2017年度の一般会計歳出は，100兆円を上回っている。

24 日本の裁判所と司法に関する記述として，最も妥当なのはどれか。

1. 裁判所には最高裁判所，中級裁判所及び下級裁判所があり，中級裁判所は高等裁判所，下級裁判所は地方裁判所と簡易裁判所である。

2. 最高裁判所は，天皇の指名に基づいて内閣から任命される長官1名と，国会が任命するその他12名の裁判官で構成されている。

3. 下級裁判所の裁判官は，内閣の作成した名簿に基づいて最高裁判所が任命する。日本国憲法は，すべての裁判官に対して国民審査の制度を設けている。

4. 国民の権利の保障を十分にするために，同じ事案について3回まで裁判を受けることができる再審制度を採用している。

5. 高度に政治的な国家の行為に対しては違憲審査をすべきではないという見解を，統治行為論という。

25 日本の地方自治制度に関する記述として，最も妥当なのはどれか。

1. 地方自治は，「民主主義の学校」といわれており，日本国憲法は，地方自治の章を設け，政府が派遣する府知事が地方行政を行う中央集権的な仕組みを採用している。

2. 地方公共団体は，法律の範囲内で政令を制定することができ，地方議会の議決で政令を定めるほか，違反行為に対して一定の制裁を行う自治立法を制定できる。

3. 地方公共団体が行う事務は，都市計画の決定など国の関与の度合いが強い法定受託事務と，旅券の交付など自治体が自主的に行う自治事務の2つに分類される。

4. 地方自治には直接民主制の要素が取り入れられており，特定の地方公共団体のみに適用される法律については，地域住民の意思を問う住民投票（レファレンダム）制度がある。

5. 住民には条例の制定・改廃請求（イニシアティブ）や議会の解散，首長・議員の解職請求（リコール）の権利があり，請求先はすべて監査委員となっている。

26　イギリスの政治機構に関する記述として，最も妥当なのはどれか。

1.　議会は，選挙で選出される議員で構成される上院と，世襲貴族議員などからなる下院とで構成され，上院優位の原則が確立している。

2.　首相は，上下両議院の指名により国王が任命するが，両院の意見が異なる場合は，上院が指名した議員が首相に任命される。

3.　内閣は，上院が内閣不信任決議をしたときは上院を，下院が内閣不信任決議をしたときは下院を解散することができる。

4.　内閣が任命する裁判官から構成される最高裁判所は，議会が定めた法令を具体的事件がなくとも審査し，違憲判断をすることができる。

5.　野党は，「影の内閣」（シャドー・キャビネット）を組織し，議会においては与党と政策論争を行い，次の選挙での政権交代に備えている。

27　戦後の日本経済に関する記述として，最も妥当なのはどれか。

1.　1970年代，第二次石油危機が起きた結果，日本は狂乱物価と呼ばれる激しいインフレーションと同時に，景気の停滞にみまわれる資産効果が生じた。

2.　1970年代以降，減量経営に取り組み国際競争力をつけたアメリカは，電機・機械・自動車などを輸出し，日本の貿易赤字が急激に膨らんだ。

3.　1980年代，円高・ドル安を是正するプラザ合意により，日本は円安不況となり，内需主導型から外需主導型経済への転換がはかられた。

4.　1990年代，バブル経済が崩壊し土地や株式などの資産価格が下落し始め，銀行は大量の不良債権を抱え込み，日本は不況に苦しむことになった。

5.　2000年代，小泉内閣は，規制の強化を推し進め，市場に政府が介入する「大きな政府」への回帰を目指す構造改革を行った。

[28] 2021年に開催された気候変動サミットに関する次のア〜エの記述の正誤の組合せとして，最も妥当なのはどれか。

ア　日本主催の気候変動問題に関する首脳会議（サミット）が2021年4月，オンライン形式で開催された。

イ　岸田首相は，2030年までに温室効果ガスを2013年度比で46％削減するとの新たな目標を表明した。

ウ　バイデン大統領は，2030年までに温室効果ガスを2005年比で50〜52％削減する目標を設定した。

エ　習近平国家主席とバイデン大統領が人権問題などで対立していたことから，中国は今回のサミットに参加しなかった。

	ア	イ	ウ	エ
1.	正	正	誤	正
2.	正	誤	正	正
3.	正	誤	誤	正
4.	誤	誤	正	誤
5.	誤	正	正	誤

[29] 2021年版交通安全白書に関する次の記述で，　A　〜　D　に当てはまる語句の組合せとして，最も妥当なのはどれか。

　政府が閣議決定した2021年版交通安全白書によると，2020年の交通事故死者数は，統計開始以降初めて　A　人を下回った。政府が2020年までに目標としていた数を達成することが　B　。

　2020年の交通事故死者数を年齢別にみると，　C　の割合が56.2％と最も大きい。2021〜2025年度の第11次交通安全基本計画では，年間の交通事故死者数を　D　人以下とする目標を掲げている。

	A	B	C	D
1.	5000	できた	65歳以上	4000
2.	3000	できなかった	65歳以上	2000
3.	3000	できた	25〜64歳	2000
4.	5000	できなかった	25〜64歳	4000
5.	4000	できた	25〜64歳	3000

30 **18世紀後半のアメリカに関する記述として，最も妥当なのはどれか。**

1. イギリスは，ヨークタウンの戦いで独立軍に敗北し，1783年に締結したヴェルサイユ条約で，アメリカの独立を承認するとともに，ミシシッピ川以東の広大な領地を譲った。

2. 1775年にアメリカ独立戦争がはじまり，その翌年の7月4日にトマス＝ジェファソンらが起草した人権宣言がフィラデルフィアで発表された。

3. アメリカ合衆国の初代大統領にリンカンが就任し，戦後の復興につとめ，外交面ではフランス革命をはじめとするヨーロッパの混乱に対して中立政策をとった。

4. イギリス本国は財政赤字を改善するため，1765年に印紙法を制定したが，植民地人がボストン茶会事件をおこして反対したため，印紙法は撤回された。

5. 憲法制定会議で採択された合衆国憲法では，中央政府の権限を強化する連邦主義が採用され，権力の乱用を避けるために三権分立が定められた。

31 **日清戦争に関する記述として，最も妥当なのはどれか。**

1. 日本は台湾の統治に力を入れ，1895年に台湾総督府を設置して海軍軍令部長の樺山資紀を台湾総督に任命し，抗日抵抗運動を弾圧しながら植民地支配を進めた。

2. 日清戦争は日本の勝利に終わり，1895年4月に下関で，日本全権伊藤博文・陸奥宗光と清国全権李鴻章とのあいだで，講和条約となる日清修好条規が結ばれた。

3. 日本への遼東半島の割譲に対し，ロシアはフランスやドイツに呼びかけて，講和条約締結直後に二十一カ条の要求を出して，遼東半島の返還を日本に要求した。

4. 1894年に朝鮮でおきた柳条湖事件を契機に，日清両国は朝鮮の内政改革をめぐって対立し，同年8月に両国が宣戦布告をして日清戦争が始まった。

5. 日本が清と結んだ条約の内容では，日本は賠償金を得られなかったが，清は朝鮮の独立を認め，杭州を含む4港を新たに開くこととなった。

32 混合農業に関する記述として，最も妥当なのはどれか。

1. おもに熱帯で行われている移動式農業のことである。
2. 夏の乾燥に耐える樹木作物と麦作などを組み合わせた農業のことである。
3. 大消費地の近郊で野菜などの生鮮食品を市場に供給する農業のことである。
4. 乾燥帯で行われている，外来河川や地下水，湧水からの灌漑を用いた集約的農業のことである。
5. 中世ヨーロッパの三圃式農業から発展した，作物栽培と家畜飼育を組み合わせた農業のことである。

33 下線部の漢字の使い方が正しいものとして，最も妥当なのはどれか。

1. 対称的な性格だ。
2. 海水が侵入する。
3. 不朽の名作を読む。
4. 優秀の美を飾る。
5. 器官支炎にかかる。

34 次の四字熟語とその意味の組合せとして，最も妥当なのはどれか。

1. 東奔西走 ── 絶え間なくどんどん進歩すること。
2. 金科玉条 ── 自分の主義や立場を守るための，絶対のより所。
3. 切歯扼腕 ── 大変なことが今にも起こりそうで，恐れおののく様子。
4. 不即不離 ── ぐずぐずしていて，なかなか決断しないこと。
5. 故事来歴 ── 昔から今に至るまで並び比べるもののないこと。

35 次の小説とその作者の組合せとして，最も妥当なのはどれか。

1. 『夜明け前』，『破戒』 ── 島崎藤村
2. 『五重塔』，『風流仏』 ── 三島由紀夫
3. 『浮雲』，『平凡』 ── 森鷗外
4. 『お目出たき人』，『友情』 ── 谷崎潤一郎
5. 『蟹工船』，『党生活者』 ── 井伏鱒二

$\boxed{36}$ $x^2 - xy + 4x - 3y + 3$ を因数分解したものとして，最も妥当なのはどれか。

1. $(x-3)(x-y-1)$
2. $(x-1)(x+y-3)$
3. $(x+1)(x-y+3)$
4. $(x-3)(x+y+1)$
5. $(x+3)(x-y+1)$

$\boxed{37}$ 放物線 $y = -x^2 + 4x + 1$ のグラフを y 軸について対称移動したのち，原点について対称移動させた放物線の方程式として，最も妥当なのはどれか。

1. $y = x^2 + 4x + 1$
2. $y = x^2 + 4x - 1$
3. $y = x^2 - 4x + 1$
4. $y = x^2 - 4x - 1$
5. $y = -x^2 - 4x - 1$

$\boxed{38}$ △ABCにおいて，AB＝3，AC＝$2\sqrt{3}$，∠BAC＝150°のとき，BC の長さとして，最も妥当なのはどれか。

1. $\sqrt{35}$
2. 6
3. $\sqrt{37}$
4. $\sqrt{38}$
5. $\sqrt{39}$

$\boxed{39}$ ある競技の予選は6試合のうち，4勝すれば通過できる。ただし，引き分けはなく，4勝したらそれ以降の試合はない。この予選を通過できる勝敗の順は何通りあるか，最も妥当なものを選べ。

1. 12
2. 13
3. 14
4. 15
5. 16

40 0℃の氷100gを0℃の水にするのに必要な熱量と，100℃の水100gを100℃の水蒸気にするのに必要な熱量の差として，最も妥当なのはどれか。ただし，水の融解熱を334〔J/g〕，蒸発熱を2.26×10^3〔J/g〕とする。

   1. 1.7×10^2〔kJ〕

   2. 1.9×10^2〔kJ〕

   3. 2.1×10^2〔kJ〕

   4. 2.3×10^2〔kJ〕

   5. 2.5×10^2〔kJ〕

41 下の図のように，2つの波が1秒間に1マスの速さでそれぞれ矢印の向きに進んでいる。3秒後の波形として，最も妥当なのはどれか。

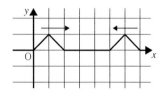

1.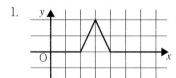

2.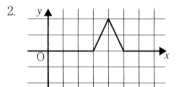

3.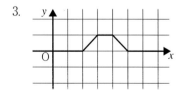

4.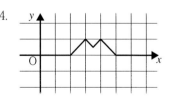

5.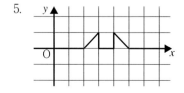

42 硫酸で酸性にした過マンガン酸カリウムの水溶液とヨウ化カリウム水溶液との反応では，赤紫色の過マンガン酸イオンが還元され，ほとんど無色のマンガン（Ⅱ）イオンになる。この反応において，1 [mol] の過マンガン酸イオンが受け取る電子の物質量として，最も妥当なのはどれか。

1. 1 [mol]
2. 2 [mol]
3. 3 [mol]
4. 4 [mol]
5. 5 [mol]

43 次のうち，極性分子に分類されるものとして，最も妥当なのはどれか。

1. 水
2. 塩素
3. 二酸化炭素
4. メタン
5. 水素

44 真核細胞と原核細胞の違いや共通点を説明したものとして，最も妥当なのはどれか。

1. DNA は真核細胞にはあるが，原核細胞には無い。
2. 細胞膜は真核細胞にも原核細胞にもある。
3. 細胞壁は真核細胞にはあるが，原核細胞には無い。
4. 核膜は真核細胞にも原核細胞にもある。
5. ミトコンドリアは真核細胞には無いが，原核細胞にはある。

45 ヒトの体液に関する記述として，最も妥当なのはどれか。

1. 体内を流れる血液やリンパ液をまとめて組織液という。
2. 血液に含まれる赤血球，白血球，血小板はいずれも核を持つ。
3. 血しょうは血液の液体成分で，栄養分や老廃物の運搬，血液凝固，免疫といった役割を担う。
4. 左心室から出た血液は肺に入って酸素を取り込み，右心房に戻る。
5. 毛細血管を構成する細胞は，血しょうが組織へ漏れ出ないよう強固に繋がっている。

《 解 答 ・ 解 説 》

1 4

解説 出典は太田肇著『ムダな仕事が多い職場』。要旨把握問題。「要旨」とは文章全体の中で筆者が言いたいことをまとめたものである。本文と部分的に合致していてもそれは要旨とはいえないので，注意するようにしたい。

2 4

解説 出典は藤沢晃治著『疑う技術―ウソを見破る9つの視点』。要旨把握問題。要旨とは筆者の言いたいことをまとめたものである。内容が合致していても，具体例や前置きの場合は要旨とは言えないので注意すること。

3 4

解説 出典は竹内啓著『偶然とは何か―その積極的意味』。要旨把握問題。選択肢と本文を照らし合わせ，まず明らかに内容と合致しないものを見分ける。次に残った選択肢について細かく吟味をしていくとよい。

4 4

解説 出典は中島隆信著『子どもをナメるな―賢い消費者をつくる教育』。要旨把握問題。「競争」というキーワードについて本文中での位置づけに注意し，要旨を把握するようにしたい。

5 3

解説 出典は河合雅司著『未来を見る力―人口減少に負けない思考法』。筆者の主張は，本文の最初か最後に書いてあることが多い。選択肢に目を通した後，本文と合致する内容が最初か最後にないか特に丁寧に読むようにしたい。

6 5

解説　会話文の訳は次の通り。

A「すいません，この近くに郵便局はありますか？」

B「ええと，この道を3ブロックまっすぐ行って右に曲がってください。郵便局は銀行の隣です。」

A「〈空欄〉」

B「15分くらいです。」

よって，空欄にはどれくらい時間がかかるかを質問する5番の文を入れるのが適切である。

7 4

解説　The bridge is being built now. で「その橋は今建設されているところだ」という受け身＋進行形の文を作ることができる。The bridge built だと「橋が建てた」，The bridge builds だと「橋が建てる」となり，橋自体が「建てる」という行為の主体となるので不適切。また，building や having などは，be動詞なしに直接主語の後に続くことはできない。

8 3

解説　Almost は「ほぼ」という意味の副詞なので，単独で boys という名詞を修飾することはできず，all などの形容詞または動詞が後に続かなければならない。Most は「ほとんどの」という意味で，後に名詞を続けることができる。その場合，一般的な不特定対象として「男の子全般」に言及する場合には most を使い，特定のグループの「その男の子たち」について話すときは most of を使う。その場合，特定の対象であることから，the/this/my など，対象を限定する冠詞などを必ず入れなければならない。従って，この例では Most of the boys like basketball. または Most boys like basketball. という形が正しい。

9　2

解説 以下の表を作成し，受講した場合は〇，受講しなかった場合は×，さらに受講人数や受講数が確定した場合は数字を記入する。

アより，それぞれの講座の受講人数が確定する。

イより，AとBの登録販売者が〇，Cのファイナンシャルプランナーが×となる。

ウより，AとC，AとDが選んだ講座は2人受講することになるので，ファイナンシャルプランナーではないとわかり，A，C，Dのファイナンシャルプランナーは×，残ったBが〇となる。

さらに，この時点でAは登録販売者以外に2つ，つまり合計3つの講座を受講することがわかるので，その他の3人の受講数は2となる。すると，Bが受講する2つはすでに確定している。

ここまでをまとめると，表①のようになる。

①

	A	B	C	D	計
登録販売者	〇	〇	×	×	2
医療事務		×			2
ファイナンシャルプランナー	×	〇	×	×	1
整理収納アドバイザー		×			2
宅地建物取引士		×			2
計	3	2	2	2	8

ここで，Aが登録販売者以外に選んだ講座により場合分けすると，医療事務と整理収納アドバイザーを選んだ場合が2通り（②-1，②-2），医療事務と宅地建物取引士を選んだ場合が2通り（③-1，③-2），整理収納アドバイザーと宅地建物取引士を選んだ場合が2通り（④-1，④-2）の全部で6通りあるので，選択肢を検討する。

②-1

	A	B	C	D	計
登録販売者	〇	〇	×	×	2
医療事務	〇	×	〇	×	2
ファイナンシャルプランナー	×	〇	×	×	1
整理収納アドバイザー	〇	×	×	〇	2
宅地建物取引士	×	×	〇	〇	2
計	3	2	2	2	9

②-2

	A	B	C	D	計
登録販売者	〇	〇	×	×	2
医療事務	〇	×	×	〇	2
ファイナンシャルプランナー	×	〇	×	×	1
整理収納アドバイザー	〇	×	×	〇	2
宅地建物取引士	×	×	〇	〇	2
計	3	2	2	2	9

③-1

	A	B	C	D	計
登録販売者	○	○	×	×	2
医療事務	○	×	○	×	2
ファイナンシャルプランナー	×	○	×	×	1
整理収納アドバイザー	×	×	○	○	2
宅地建物取引士	○	×	×	○	2
計	3	2	2	2	9

③-2

	A	B	C	D	計
登録販売者	○	○	×	×	2
医療事務	○	×	×	○	2
ファイナンシャルプランナー	×	○	×	×	1
整理収納アドバイザー	×	×	○	○	2
宅地建物取引士	○	×	○	×	2
計	3	2	2	2	9

④-1

	A	B	C	D	計
登録販売者	○	○	×	×	2
医療事務	×	×	○	○	2
ファイナンシャルプランナー	×	○	×	×	1
整理収納アドバイザー	○	×	○	×	2
宅地建物取引士	○	×	×	○	2
計	3	2	2	2	9

④-2

	A	B	C	D	計
登録販売者	○	○	×	×	2
医療事務	×	×	○	○	2
ファイナンシャルプランナー	×	○	×	×	1
整理収納アドバイザー	○	×	○	×	2
宅地建物取引士	○	×	○	×	2
計	3	2	2	2	9

1：誤り。Aは医療事務を選ばない場合もあるので，確実にはいえない。　2：正しい。Bがファイナンシャルプランナーを選んだことは，表①の時点で確実にいえる。　3：誤り。Cは医療事務を選ばない場合もあるので，確実にはいえない。　4：誤り。CとDが同じ講座を選んだ場合もあるので，確実にはいえない。　5：誤り。Dはファイナンシャルプランナーを選んでいない。

10　3

解説　① アとイより，3年生は1人なので，3年生のすぐ後に退室したAとBは3年生ではない。退室した人や学年の順番でわかったことを図示すると，右のようになる。

名前		A	B
学年	3		

② ウより，C→D→（1年生）という順に退室したが，それぞれが「すぐ後」に退室したかは不明である。

③ エより，最後に退室したのが2年生なので，右のように図示できる。

名前			
学年			2

ここで，②③より，②の1年生が
最後に退室していないので，これ
らを合わせると右のようになる。

名前	C	D		
学年			1	2

すると，これに①を合わせる方法
は1通りしかないので，それぞれの
退室した順番が右のように確定す
る。

名前	C	D	A	B
学年	1	3	1	2

よって，「Aは1年生である」ことが確実にいえる。

11 5

解説 碁石に1～30の番号をつけると，Aが必ず勝つためには，最後の
1個の碁石30をBに取らせればよく，そのためには1個前の碁石29をAが必
ず取ればよい。

また，碁石29を必ず取るためには，一度に取ることができる碁石の数が1個
以上5個以下なので，碁石24～28までのいずれかをBに取らせれば，Aは碁
石29までを取って碁石30だけ残すように調整できる。

さらに，碁石24～28までのいずれかをBに取らせるためには，碁石23を
Aが必ず取ればよい。

同様に考えていくと，Aは碁石17，11，5を必ず取ればよいので，はじめに
5個とれば必ず勝てることになる。

12 1

解説 条件が最も多い，Aの位置を固定して考える。
ア，エ，オより，A，H，F，Dの位置関係は次の2通り考えられる。

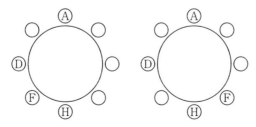

イ，ウより，AとCが隣り合わないように注意すると，CとGの位置は次の2
通り考えられる。

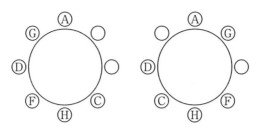

イより，AとEが隣り合わない位置は，それぞれに対して1通りしかないので，最終的に次の2通りが考えられる。

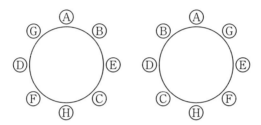

よって，いずれの場合であっても「AとBの席は隣り合っている」ことが確実にいえる。

13 4

解説 三角形や四角形が直線上を回転するときに動点が描く軌跡は，次のような規則性がある。

① 頂点に動点があるとき，回転して描く軌跡は円弧となる。この円弧の半径は回転の中心となる頂点から動点までの距離，角度は回転の中心となる頂点の外角の大きさと一致する。

② 動点が回転の中心になる場合，回転させても軌跡は描かれない。

よって，1～5の各図形が直線上を滑ることなく1回転したときの点Pが描いた軌跡は，それぞれ図のようになる。

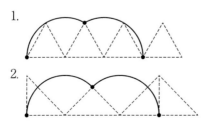

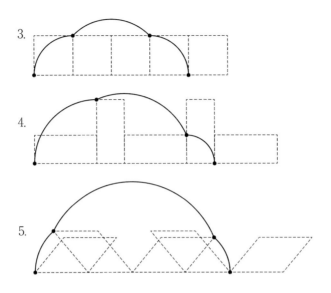

14 5

<u>解説</u> 問題の3つの立方体について，見えている面だけで展開図の一部を
つくり，これら3つを記号の位置や向きが矛盾しないように組み合わせ，さら
に変形すると下図のようになる。

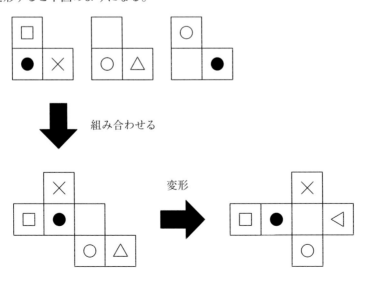

1：誤り。□を書き込んだ面と何も書き込んでいない面が向かい合っていないので，妥当ではない。　2：誤り。何も書き込んでいない面に対する△の記号の向きが正しくないので，妥当ではない。　3：誤り。□を書き込んだ面と何も書き込んでいない面が向かい合っていないので，妥当ではない。　4：誤り。○を書き込んだ面と×を書き込んだ面が向かい合っていないので，妥当ではない。　5：正しい。×を書き込んだ面と△を書き込んだ面と何も書き込んでいない面が1つの頂点に集まり，かつ，△の記号の向きも正しいから，妥当である。

15 5

解説 「0.9をかけても0.9で割っても答えが整数となる数」

⇔「$\dfrac{9}{10}$をかけても$\dfrac{9}{10}$で割っても答えが整数となる数」

⇔「$\dfrac{9}{10}$をかけても$\dfrac{10}{9}$をかけても答えが整数となる数」

⇔「10と9の最小公倍数である90の倍数」

であり，3桁の90の倍数のうち，最も小さい整数は180である。

よって，180を12で割ったときの商は$180 \div 12 = 15$となる。

16 4

解説 現在の弟の年齢をx歳とすると，現在の兄の年齢は$1.5x$歳，父の年齢は$1.5x \times 2.4 = 3.6x$歳と表せる。したがって，「11年後に兄と弟の年齢の和と父の年齢が等しくなる」ので，

$(1.5x + 11) + (x + 11) = 3.6x + 11$より，$x = 10$

よって，現在の父の年齢は，$3.6 \times 10 = 36$〔歳〕である。

17 3

解説 右図のように頂点A〜Fをとり，線分ACと線分EFの交点をGとする。AD//BC//EFより，平行線と線分の比より，

$EF = EG + GF = BC \times \dfrac{AE}{AB} + AD \times \dfrac{EB}{AB} =$

$10 \times \dfrac{30 - 12}{30} + 40 \times \dfrac{12}{30} = 22$〔cm〕

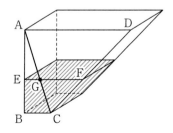

したがって，（直角台形EBCFの面積）$= \frac{1}{2} \times (EF + BC) \times EB = \frac{1}{2} \times (22 + 10) \times 12 = 192$ [cm^2] なので，入っている水の体積は，$192 \times 20 = 3840$ [cm^3] となる。

18 1

解説 最初に見込んだ利益の割合を x % とすると，はじめにつけた定価は $1{,}500 \times \left(1 + \frac{x}{100}\right)$ [円]，定価の1割引は $1{,}500 \times \left(1 + \frac{x}{100}\right) \times \left(1 - \frac{1}{10}\right)$ [円] である。

（利益）$=$（売値）$-$（原価）であり，題意より（売値）$= 1{,}500 \times \left(1 + \frac{x}{100}\right) \times \left(1 - \frac{1}{10}\right)$ [円]，（原価）$= 1{,}500$ [円]，（利益）$= 66$ [円] なので，$1{,}500 \times \left(1 + \frac{x}{100}\right) \times \left(1 - \frac{1}{10}\right) - 1{,}500 = 66$

これを解いて，$x = 16$

よって，最初に見込んだ利益の割合は16%となる。

19 2

解説 1：誤り。平成29年の対前年増加率は，中国国籍の在留外国人数が $\frac{124{,}292 - 115{,}278}{115{,}278} \times 100 \fallingdotseq 7.82$ [%]，ベトナム国籍の在留外国人数が $\frac{72{,}268 - 62{,}422}{62{,}422} \times 100 \fallingdotseq 15.77$ [%] なので，ベトナム国籍の在留外国人数の方が大きい。　2：正しい。令和2年の在留外国人数の対前年減少率は，中国国籍の在留外国人数が $\frac{144{,}264 - 125{,}328}{144{,}264} \times 100 \fallingdotseq 13.13$ [%]，ベトナム国籍の在留外国人数が $\frac{79{,}292 - 65{,}653}{79{,}292} \times 100 \fallingdotseq 17.20$ [%]，ネパール国籍の在留外国人数が $\frac{29{,}417 - 23{,}116}{29{,}417} \times 100 \fallingdotseq 21.42$ [%]，韓国国籍の在留外国人数が $\frac{17{,}732 - 12{,}854}{17{,}732} \times 100 \fallingdotseq 27.51$ [%]，インドネシア国籍の在留外国人数が $\frac{7{,}512 - 6{,}279}{7{,}512} \times 100 \fallingdotseq 16.41$ [%]，その他の国籍・地域の在留外国人数が $\frac{67{,}574 - 47{,}671}{67{,}574} \times 100 \fallingdotseq 29.45$ [%] なので，その他の国籍・地域が最も大き

い。　3：誤り。平成28年から令和2年までの期間における韓国国籍の在留外国人数の平均は，$\dfrac{15,438 + 15,912 + 17,056 + 17,732 + 12,854}{5} ≒ 15,798.4$ ［人］なので，16,000人を下回っている。　4：誤り。平成28年の在留外国人数に対する令和元年の在留外国人数の増加率は，韓国国籍では，$\dfrac{17,732 - 15,438}{15,438}$ $\times 100 ≒ 14.86$ ［％］なので，20％未満である。　5：誤り。総数に占めるその他の割合は，令和元年が $\dfrac{67,574}{345,791} = 0.19\cdots$であるが，令和2年は $\dfrac{47,671}{280,901} =$ $0.16\cdots$なので，令和元年が最も小さいわけではない。

20 2

解説　1：誤り。国内出荷の1台当たりの金額は，2015年が $\dfrac{201,001}{37,703} ≒ 5.33$ ［百万円］で，2018年が $\dfrac{273,304}{59,068} ≒ 4.63$ ［百万円］なので，2015年の方が高い。2：正しい。2017年の生産台数及び輸出台数は，前年に比べてそれぞれ $\dfrac{233,981 - 174,606}{174,606} \times 100 ≒ 34.0$ ［％］，$\dfrac{184,215 - 133,012}{133,012} \times 100 ≒ 38.5$ ［％］増えた。　3：誤り。2019年の国内出荷と輸出を比べると，台数に関しては輸出の方が $\dfrac{143,011}{53,612} ≒ 2.7$ ［倍］なので，3倍未満である。　4：誤り。国内出荷の金額，台数ともに前年より減少しているのは，2019年と2020年である。5：誤り。生産が最も少なかった2014年に比べて最も多かった2018年は，生産台数は $\dfrac{240,339 - 136,917}{136,917} \times 100 ≒ 75.5$ ［％］なので，80％未満である。

21 2

解説　ア：正しい。中京工業地帯の機械の生産額は $57.1215 \times \dfrac{68}{100} ≒ 38.8$ ［兆円］であり，京浜工業地帯の総生産額26兆1086億円より多い。　イ：誤り。北九州工業地帯の食料品の生産額 $9.2483 \times \dfrac{17}{100} ≒ 1.6$ ［兆円］は，中京工業地帯の食料品の生産額 $57.1215 \times \dfrac{5}{100} ≒ 2.9$ ［兆円］より少ない。　ウ：正しい。金属の生産額は，京浜工業地帯が $26.1086 \times \dfrac{8}{100} ≒ 2.1$ ［兆円］，中京

工業地帯が$57.1215 \times \dfrac{9}{100} \fallingdotseq 5.1$［兆円］，阪神工業地帯が$32.3552 \times \dfrac{20}{100} \fallingdotseq 6.5$［兆円］，北九州工業地帯が$9.2483 \times \dfrac{17}{100} \fallingdotseq 1.6$［兆円］なので，最も多いのは阪神工業地帯である。

22 5

解説 1：誤り。対前年増加率は，2017年の輸入量が$\dfrac{570 - 510}{510} \times 100 \fallingdotseq$

11.8［％］，2018年の輸入量が$\dfrac{610 - 570}{570} \fallingdotseq 7.0$［％］なので，2018年が最も大きいわけではない。　2：誤り。対前年減少率は，2016年の輸入量が

$\dfrac{490 - 510}{490} \fallingdotseq -4.1$［％］なので，2016年は2015年より増加しており，2015年は2014年より減少しているので，明らかに不適。　3：誤り。2018年の対前

年増加率は，輸入量と国内生産量の合計が$\dfrac{(330 + 610) - (330 + 570)}{330 + 570} \times 100$

$\fallingdotseq 4.4$［％］，輸入量のみが$\dfrac{610 - 570}{570} \times 100 \fallingdotseq 7.0$［％］なので，輸入量のみの方が大きい。　4：誤り。2018年の輸入量と国内生産量の合計に対する国

内生産量の割合は，$\dfrac{330}{330 + 610} \times 100 \fallingdotseq 35.1$［％］なので，45％未満である。

5：正しい。輸入量と国内生産量の合計に対する輸入量の割合は，2014年が

$\dfrac{520}{350 + 520} \times 100 \fallingdotseq 59.8$［％］，2017年が$\dfrac{570}{330 + 570} \times 100 \fallingdotseq 63.3$［％］なの

で，2017年の方が2014年より大きい。

23 3

解説 1：誤り。公債発行額に占める建設国債の割合は，2018年度が

$\dfrac{60,000}{60,000 + 280,000} \fallingdotseq 0.176$，2019年度が$\dfrac{70,000}{70,000 + 260,000} \fallingdotseq 0.212$なので，2019

年度は前年に比べて増加した。　2：誤り。2015年度の一般会計歳出（60,000 +

310,000）$\div \dfrac{38.3}{100} \fallingdotseq 97$［兆円］は，2020年度の一般会計歳出（70,000 + 250,000）

$\div \dfrac{31.7}{100} \fallingdotseq 101$［兆円］を下回っている。　3：正しい。一般会計歳出に対する建

設国債の割合は，2019年度の$70,000 \div \left\{ (70,000 + 260,000) \div \dfrac{32.2}{100} \right\} = \fallingdotseq 0.068$

の方が，2018年度の60,000 ÷ $\left\{(60,000 + 280,000) ÷ \dfrac{34.5}{100}\right\}$ ≒ 0.061より大きい。

4：誤り。2016年度の特例公債に対する2020年度の特例公債の割合は，$\dfrac{250,000}{280,000}$ × 100 ≒ 89.3［％］なので，80％を上回っている。　5：誤り。2017年度の一般会計歳出は，$(60,000 + 280,000) ÷ \dfrac{35.3}{100}$ ≒ 96［兆円］なので，100兆円を下回っている。

24　5

解説　1：中級裁判所は存在しない。裁判所は最高裁判所と下級裁判所に分類され，下級裁判所は高等裁判所，地方裁判所，家庭裁判所，簡易裁判所である。　2：最高裁判所長官は，内閣の指名に基づいて天皇から任命される。他の裁判官は，内閣が任命する。　3：最高裁判所が作成した名簿に基づいて内閣が任命する。　4：「3回まで裁判を受けることができる」制度のことを「三審制」という。　5：正しい。

25　4

解説　1：知事はそれぞれの自治体に住んでいる住民の投票によって決まる。よって「政府が派遣する府知事」は誤りである。　2：「政令」ではなく「条例」である。　3：法定受託事務は，国に代わって地方公共団体が処理するものである。なお，都市計画の決定は自治事務，地券の交付は法定受託事務である。　4：正しい。　5：「すべて監査委員」が誤り。条例の制定・改廃は首長，議会の解散，首長・職員の解職請求は選挙管理委員会である。なお，主要公務員の解職請求は首長である。

26　5

解説　1：選挙で選出される議員で構成されるのは「下院（庶民院）」，世襲貴族議員などで構成されるのは「上院（貴族院）」である。　2：下院第一党の党首が任命されることになっている。　3：不信任が成立した場合，首相は辞任か下院を解散しなければならない。　4：「違憲判断をすることができる」が誤り。イギリスには違憲立法審査権が存在しない。　5：正しい。

27 4

解説 1：第二次石油危機ではなく，第一次石油危機に関する説明である。
2：減量経営は日本企業の取組みである。 3：プラザ合意によって日本は円
高になり，「円高不況」になった。 4：正しい。 5：当時の首相である小泉
純一郎は，首相になる前から「郵政民営化」を唱えていた。そこから「小さな
政府」の考えであったことが読み取れる。

28 4

解説 時事問題である。近年どのような国際会議があったかを，外務省の
HPなどで確認しておくとよい。 ア：「日本主導」ではなく「米国主導」であ
る。 イ：当時の日本は菅義偉首相であった。 ウ：正しい。 エ：「中国
は今回のサミットに参加しなかった」が誤りである。

29 2

解説 交通安全白書からの出題である。白書を全編読み通すのは大変であ
るので，概要を一通り読むようにしたい。特に，改正された出来事や数値の
変化を意識するとよい。今回の空欄部分も，数字がほとんどである。それに
関して，達成できたかできなかったかなどの結果も空欄になっている。この
ように数値から，どのような結果になったか，どのような目標を立てている
かを確認するとよい。

30 5

解説 1：「ヴェルサイユ条約」ではなく「パリ講和条約」である。 2：人
権宣言ではなく「独立宣言」である。 3：初代大統領はワシントンである。
独立戦争のときの大統領と，南北戦争のときの大統領を混同しないように気
を付けたい。 4：印紙法は既に廃止されている。ボストン茶会事件は「茶法」
に対しての事件である。 5：正しい。

31 1

解説 1：正しい。 2：日朝修好条規ではなく「下関条約」である。
3：「二十一カ条の要求」は第一次世界大戦のときに日本が出したものである。
ここでは「三国干渉」が正しい。 4：「柳条湖事件」は「満州事変」の契機に

なった出来事である。ここは「甲午農民戦争」が正しい。　5：日本が賠償金を得られなかったのは，日露戦争の講和会議であるポーツマス条約である。下関条約では賠償金を得ることができ，それを資本にして八幡製鉄所が建設された。

32 5

解説 1：「熱帯」「移動式農業」から，焼畑農業と考えられる。　2：「夏の乾燥に耐える樹木作物」とは，オリーブ・ブドウ・オレンジなどのことであり，地中海式農業に関する説明である。　3：近郊農業に関する説明である。　4：「乾燥帯」，「外来河川」，「集約的農業」から，オアシス農業と考えられる。これは，灌漑農業に含まれる農業である。　5：正しい。

33 3

解説 1「対照」，2「浸入」，4「有終」，5「気管」が正しい。

34 2

解説 1：「東奔西走」はあちこち忙しく回ること。　3：「切歯扼腕」は非常にくやしがるさま。　4：「不即不離」はつかず離れずの関係にあること。5：「故事来歴」は昔から伝わる事物についてのいわれや歴史。

35 1

解説 2は幸田露伴，3は二葉亭四迷，4は武者小路実篤，5は小林多喜二の作品。

36 5

解説 次数の低い y について整理すると，
$$x^2 - xy + 4x - 3y + 3 = -xy - 3y + x^2 + 4x + 3 = -y(x + 3) + (x^2 + 4x + 3)$$
$$= -y(x + 3) + (x + 3)(x + 1) = (x + 3)\{-y + (x + 1)\} = (x + 3)(x - y + 1)$$

37 4

解説 関数 $y = f(x)$ のグラフを y 軸について対称移動して得られる放物線の方程式は，$y = f(-x)$ である。よって，放物線 $y = -x^2 + 4x + 1$ のグラフを y 軸について対称移動して得られる放物線の方程式は，$y = -x^2 - 4x + 1$ である。次に，関数 $y = f(x)$ のグラフを原点について対称移動して得られる放物線の方程式は，$-y = f(-x)$ である。よって，$y = -x^2 - 4x + 1$ を原点について対称移動して得られる放物線の方程式は，$y = x^2 - 4x - 1$ となる。

38 5

解説 余弦定理より，$BC^2 = AB^2 + AC^2 - 2AB \cdot AC \cos \angle BAC = 3^2 + (2\sqrt{3})^2 - 2 \cdot 3 \cdot 2\sqrt{3} \cos 150° = 39$
ここで，$BC > 0$ なので，$BC = \sqrt{39}$ となる。

39 4

解説 4試合目で4勝する勝敗の順は $_4C_4 = {}_4C_0 = 1$ ［通り］
5試合目で4勝する勝敗の順は $_4C_3 = {}_4C_1 = 4$ ［通り］
6試合目で4勝する勝敗の順は $_5C_3 = {}_5C_2 = \dfrac{5 \cdot 4}{2 \cdot 1} = 10$ ［通り］
よって，この予選を通過できる勝敗の順は $1 + 4 + 10 = 15$ ［通り］である。

40 2

解説 0℃の氷100gを0℃の水にするのに必要な熱量は，334 ［J/g］ × 100 ［g］ = 33400 ［J］ = 0.334 × 10^2 ［kJ］
100℃の水100gを100℃の水蒸気にするのに必要な熱量は，2.26×10^3 ［J/g］ × 100 ［g］ = 2.26 × 105 ［J］ = 2.26×10^2 ［kJ］
よって両者の差は，$2.26 \times 10^2 - 0.334 \times 10^2 = 1.924 \times 10^2$ ［kJ］となる。

41 3

解説 3秒後，二つの波は左下の図のようになるが，真ん中の図の色の部分は波の重ね合わせの原理によって足し合わされ，右下の図のような波形となる。

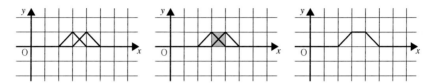

42 5

解説 過マンガン酸イオンMnO_4^-中のMnの酸化数は$+7$，マンガン（Ⅱ）イオンMn^{2+}中のMnの酸化数は$+2$である。酸化数が5減少しているので，過マンガン酸イオン$1mol$につき$5mol$の電子を受け取ったといえる。

43 1

解説 水は折れ線型なので，分子中の二つの$O-H$結合の極性が分子全体で打ち消されずに極性分子となる。

44 2

解説 1：原核生物には，核膜に包まれた核はないが，DNAは細胞質中に存在している。　2：正しい。　細胞膜は真核生物にも原核生物にもある。3：原核生物には，細胞壁があるものもある。　4：1の解説参照。　5：原核生物は，ミトコンドリアや葉緑体などを持たない。

45 3

解説 1：血液中の血しょうが，毛細血管から組織中へ染み出したものが組織液である。　2：白血球は核をもつが，赤血球や血小板はもたない。　3：正しい。　4：左心室から出た血液は全身をめぐり，酸素を各組織に渡し，二酸化炭素を受け取って右心房に戻る。　5：毛細血管をつくる一層の内皮細胞の間にはすき間があり，そこから血しょうがにじみ出て組織液になる。

令和3年度 消防職Ⅱ類 実施問題

1 次の文章を読んで，以下の問に答えなさい。

［この問題は，著作権の関係により，掲載できません。］

（なぜイヤな記憶は消えないのか　榎本博明　著）

問　この文章の要旨として，最も妥当なのはどれか。

1. 私たちは自分の成り立ちを知る上で，自身の意識から忘却され，抜け落ちた無意識の記憶を持ち，それを自己物語と呼ぶ。
2. 人は様々な経験を記憶しているものだ，記憶に残るか否かはその体験の衝撃の強さによって決まり，個人の意志は無関係だと言える。
3. 自伝的記憶には，自分を知るヒントが隠されているが，その情報は恣意的なものばかりで客観的に自分を理解するヒントにはなりにくい。
4. 人は自身のライフスタイルによって記憶を取捨選択し，自身のライフスタイルに合致する記憶を消化して，自分のものとして蓄える。
5. 個人のエピソードが語られる時，その内容こそがその人の人生の意味を暗示するものだと考えられるので，内容はとても重要だと言える。

2 次の文章を読んで，以下の問に答えなさい。

［この問題は，著作権の関係により，掲載できません。］

（モードの迷宮　鷲田清一　著）

問　この文章の要旨として，最も妥当なのはどれか。

1. 人間の生の基本的な営みは，外部の自然との関わりのうちにその本質があり，それらは〈文化〉という名の下に統御不能なものとして放置されている。
2. 外的な自然との安定した関係を維持した結果，身体は不安を払拭し，統御可能なものへと変換され，肉体的規律を持つようになる。
3. 「良い習慣を身につける」とは，自分の行動から反－自然としての要素を消し，ありのままの自分として振る舞うことである。

4. 反－自然に自然を横領させてそこに定住させること，規律や規範を自然と化することに課題がある。

5. 身体とは外部の影響を受けない強固な入れ物であり，肉体の沈黙こそが美徳で，身体の道徳的拘束をさらに強化するために肉体を圧迫することが推奨される。

3 次の文章を読んで，以下の問に答えなさい。

［この問題は，著作権の関係により，掲載できません。］

（音楽の聴き方　岡田暁生　著）

問　この文章の要旨として，最も妥当なのはどれか。

1. 音楽とは語学のように「学習」さえすれば，その意味を深く捉えることができるという意味において国境はないと言える。

2. 知識の記号的な音の使い方を知らなかったとしても，耳から多くのサウンドを取り入れれば，次第に深い理解が可能となるものである。

3. 文学は音声的に異なる言語体系に移し変えられても，言葉の体感を失わないので，その意味で国境に囲い込まれてしまうことはない。

4. 音楽には「語学の壁」があり，学習の積み重ねによってそれらを克服したときに，人びとは「音楽は国境を越えた言葉だ」とその感嘆を表現する。

5. 「音楽は語れない」とする音楽の言語性格の否定の根っこには，音楽は誰にでも分からなくてはならないという呪縛がある。

4 次の文章を読んで，以下の問に答えなさい。

［この問題は，著作権の関係により，掲載できません。］

（時間と自己　木村敏　著）

問　この文章の要旨として，最も妥当なのはどれか。

1. われわれはものに囲まれて生きていて，真空のような場所を除くすべての場所をものが満たしている。

2. 例えば，探しものが特定の場所にない時，そこには「不在」という概念が生まれ，「もの」のない場所が生まれる。

3. ものによって満たされているのは外部空間だけではなく，意識と呼ばれている内部空間も同様である。

4. 時間とは決してものではないが，それらを文字などに置換し，外部空間に置くことによって「もの」となる。

5. 外部空間とは，人間が眼によって捉えられるものすべてを指し，目に見えないものは原理的に存在しないものだと考えられる。

5 次の文章を読んで，以下の問に答えなさい。

［この問題は，著作権の関係により，掲載できません。］

（美学への招待 佐々木健一 著）

問 この文章の要旨として，最も妥当なのはどれか。

1. テクノロジーは，生活に利便をもたらし，その複製技術によって共同体験を加速し，より豊かな社会運営を可能にしている。

2. 複製に伴う自閉的体験は，オリジナルの体験と共同で機能して，それらの経験は社会にフィードバックされ，社会の健康を回復させる力となる。

3. 「オリジナル」を突き詰め，独自性を高めると，共同体験から離れざるを得なくなり，結果として人との交わりを欠いてしまい，心を病むことにもつながる。

4. パブリック・アートは近年の価値観であり，それらは超時代性を持たず，現在の藝術のあり方しか内包できないという点で，自閉的なものだといえる。

5. パブリック・アートの概念は，複製で自閉化する経験へ対抗するものであり，藝術の大切な性格のひとつを言い表しているといえる。

6 次の会話文のうち，[＿＿＿＿]に当てはまる正しい英文として，最も妥当なのはどれか。

A：Next, please. Show me your passport, please.

B：Here you are.

A：[＿＿＿＿]

B：Business.

A：OK. Here's your passport.

1. What's your occupation?
2. Where will you be staying?
3. Do you have anything to declare?
4. How long are you going to stay?
5. What's the purpose of your visit?

7 Aの文をBの文に書き換えるとき，（　　　）に当てはまる正しい語句として，最も妥当なのはどれか。

A：He is looked on as a liar.

B：He is（　　　）as a liar.

1. thought
2. respected
3. interested
4. charmed
5. regarded

8 次の英文の（　　　）に当てはまる正しい語句として，最も妥当なのはどれか。

This is the concert hall（　　　）my parents visited thirty years ago.

1. which
2. at which
3. to which
4. where
5. when

9 A〜Fの6人がそれぞれの家の位置関係について，次のように述べたが，Fの発言は聞き取れなかった。A〜Eの発言より，Fが発言した内容として確実にいえることとして，最も妥当なのはどれか。

A「私の家の真西にEの家がある。」

B「私の家からDまでの距離は，Aの家からEの家までの距離の2倍である。」

C「私の家の真南にAの家がある。」

D「私の家の真西にBの家が，北西にAとFの家がある。」

E「私の家の真北にFの家が，真南にBの家がある。」

F「・・・」

1. 「私の家の真東にCの家が，真北にBの家がある。」

2. 「Cの家の真南にBの家が，南東にDの家がある。」

3. 「Aの家からCの家までの距離と，Aの家からEの家までの距離は同じである。」

4. 「私の家からAの家までの距離と，Aの家からBの家までの距離は同じである。」

5. 「私の家からBの家までの距離と，私の家からDの家までの距離は同じである。」

10　A〜Eの5人が，各自1冊ずつ本を持ち寄って，本の貸し借りを行った。5人が持ってきた本は推理小説，恋愛小説，ファッション誌，漫画，図鑑である。5人とも自分以外の人から1冊借り，5人とも本を貸した相手から本を借りなかった。次のア〜エのことがわかっているとき，確実にいえることとして，最も妥当なのはどれか。

ア　AはC以外にファッション誌を借りた。

イ　Bは漫画を借りた相手から推理小説を借りた。

ウ　Cは恋愛小説を持ってきておらず，恋愛小説を借りることもなかった。

エ　Dが本を貸した相手は，図鑑を持ってきていた。

1. AはCに図鑑を借りた。

2. BはDに恋愛小説を貸した。

3. CはEから漫画を借りた。

4. DはBに推理小説を貸した。

5. EはAから図鑑を借りた。

11 ○, △, ▼, □, ◆の5枚のパネルを, 5×5のマス目に, ある規則に基づいて当てはめていった。その一部が, 下の図のようにわかっているとき, Aの位置に入るパネルとして, 最も妥当なのはどれか。

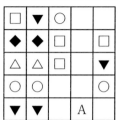

1. ○
2. △
3. ▼
4. □
5. ◆

12 中身の見えないA, B, Cの3本のビンがあり, その中にウイスキーと日本酒とワインのいずれか異なる飲み物が入っている。ビンには下のようなラベルが貼ってあり, ウイスキーが入っているビンには嘘が書いてあることがわかっている。このとき, ビンとその中に入っている飲み物の組合せとして, 最も妥当なのはどれか。

　A「Bには日本酒が入っている」
　B「Cにはウイスキーが入っている」
　C「Aにはウイスキーが入っている」

　1.　Aにはワインが入っている。
　2.　Aには日本酒が入っている。
　3.　Bにはワインが入っている。
　4.　Bにはウイスキーが入っている。
　5.　Cにはワインが入っている。

13 下の図は, 同じ大きさの立方体をいくつか積み上げてできた立体の正面図, 側面図である。この立体をつくるときに必要な立方体の数の最大値として, 最も妥当なのはどれか。

1. 28
2. 29
3. 30
4. 31
5. 32

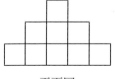
正面図

側面図

側面
正面

14 下の図のように，床に対して直角な壁に棒を立てかけ，棒の一端を壁から，もう一方の端を床から離さないように動かしたとき，この棒の中点Pが描く軌跡として，最も妥当なのはどれか。

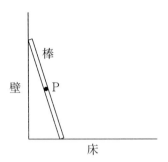

1.

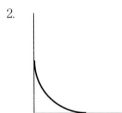

2.

3.

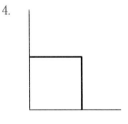

4.

5.

下の図のように，△ABCを5つの三角形ができるように区切る。5つの三角形それぞれの面積が等しいとき，BD：ECの値として，最も妥当なのはどれか。

1. 8：3
2. 13：4
3. 16：5
4. 17：6
5. 20：7

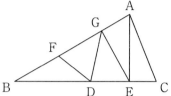

16 1〜4の異なる自然数が各面に1つずつ書かれた正四面体のサイコロを3回振ったとき，底面に書かれている数の積が偶数になる確率として，最も妥当なのはどれか。

1. $\dfrac{1}{16}$

2. $\dfrac{1}{8}$

3. $\dfrac{3}{4}$

4. $\dfrac{7}{8}$

5. $\dfrac{15}{16}$

17 AとBの箱に赤玉と白玉がそれぞれ1：3と1：2の割合で入っている。AとBに入っている玉の合計の比が2：3であるとき，A，Bの赤玉と白玉の合計の比として，最も妥当なのはどれか。

1. 2：3
2. 2：5
3. 3：4
4. 3：5
5. 3：7

18 AとBが協力して仕上げると8日，BとCが協力して仕上げると6日，Bが1人で仕上げると24日かかる仕事がある。この仕事をA，B，Cが協力して行った場合にかかる日数として，最も妥当なのはどれか。

1. 4日
2. 5日
3. 6日
4. 7日
5. 8日

19 下の表1は，すべての裁判所における全新受事件の推移について，表2は，地方裁判所における民事・行政事件の新受事件の推移についてまとめたものである。これらの表から判断できることとして，最も妥当なのはどれか。

表1

	全事件	民事・行政事件	刑事事件等	家事事件	少年事件
平成26年	3,494,031	1,455,730	1,018,601	910,676	109,024
平成27年	3,529,846	1,432,320	1,032,648	969,989	94,889
平成28年	3,575,735	1,470,647	998,912	1,022,853	83,323
平成29年	3,613,864	1,529,385	959,455	1,050,268	74,756
平成30年	3,622,502	1,552,708	937,191	1,066,384	66,219

（単位：件）

表2

	総数	訴訟	民事執行	破産	その他
平成26年	580,546	167,056	207,520	73,370	132,600
平成27年	577,531	167,284	198,109	71,533	140,605
平成28年	581,470	169,920	198,898	71,840	140,812
平成29年	593,796	167,294	204,841	76,015	145,646
平成30年	588,904	157,398	207,932	80,012	143,562

（単位：件）

1. 平成28年のすべての裁判所の全事件に占める刑事事件等の割合は，平成27年の地方裁判所の総数に占める民事執行の割合よりも低い。
2. 平成29年におけるすべての裁判所の少年事件の件数は，平成26年におけるすべての裁判所の少年事件の件数よりも4割以上減っている。

3.　平成27年から平成30年における，地方裁判所の総数以外の新受事件について対前年増加数が最も多いのは平成29年の破産であり，次いで多いのは平成29年のその他である。

4.　地方裁判所の総数に占める民事執行の割合は，どの年次においても総数に占める破産とその他を足した割合より低い。

5.　すべての裁判所の民事・行政事件に占める地方裁判所の民事・行政事件の割合は，年々高くなっている。

20　下の表は，工業製品の生産量の変遷についてまとめたものである。1990年は生産台数を表し，1995年から2015年はそれぞれ5年前と比較した生産台数を表している。この表から判断できることとして，最も妥当なのはどれか。

	液晶テレビ	DVD・ビデオ	パソコン	電気冷蔵庫	カメラ
1990年	15,132	31,640	3,018	5,048	16,955
1995年	－ 6,110	－ 15,525	2,252	－ 35	－ 4,552
2000年	－ 5,640	－ 11,521	6,784	－ 789	－ 8,820
2005年	963	－ 2,362	－ 3,072	－ 1,403	－ 3,433
2010年	7,766	－ 389	－ 1,471	－ 625	－ 70
2015年	－ 11,459	－ 1,528	－ 3,131	－ 408	14

(単位：千台)

1.　2005年の生産台数は，パソコンが最も多く，次に液晶テレビが多く，最も少ないのはDVD・ビデオである。

2.　DVD・ビデオにおいて5年前からの減少率が最も高かったのは，1995年である。

3.　表中のすべての工業製品において，2010年は1990年より生産台数が減少している。

4.　5年前からの増加率を比べると，2010年の液晶テレビよりも2000年のパソコンの方が高い。

5.　2015年のカメラの生産台数は，1990年のカメラの生産台数の1％にも満たない。

21 下の表は，308名に聞いた，習い事などの調査結果（複数回答）をまとめたものである。この表から読み取れるア～ウの記述の正誤の組合せとして，最も妥当なのはどれか。ただし，「勉強系の習い事」は学習塾，英語教室，通信教育，書道，そろばん，プログラミング教室を，「芸術系の習い事」はピアノなど，ダンス，バレエ，リトミックを，「運動系の習い事」は水泳，体操，サッカー，空手・拳法・柔道，野球を指すものとする。

水泳	32.8%
学習塾	23.4%
ピアノなど	23.4%
英語教室	22.4%
体操	14.0%
通信教育	10.7%
サッカー	9.7%
書道	8.8%
ダンス	7.5%
そろばん	6.5%
空手・拳法・柔道	5.8%
バレエ	3.9%
野球	3.6%
リトミック	2.9%
プログラミング教室	1.3%

ア．「勉強系の習い事」をしている人は，200名を超えている。

イ．「運動系の習い事」をしている人は，「芸術系の習い事」をしている人の2倍に満たない。

ウ．バレエをしている人は，「芸術系の習い事」をしている人の1割に満たない。

	ア	イ	ウ
1.	正	正	正
2.	正	誤	正
3.	正	正	誤
4.	誤	正	誤
5.	誤	正	正

22 下の表は，伝統工芸産業の生産額，企業数，従業者数についてまとめたものである。この表から判断できることとして，最も妥当なのはどれか。

調査年	生産額 （百万円）	企業数 （社）	従業者数 （人）
平成4年	4,631	336	1,240
平成14年	3,039	309	1,069
平成23年	2,333	241	614
平成28年	2,292	210	451

1. 従業者一人当たりの生産額は調査のたびに増加している。
2. 企業一社当たりの従業者数は調査のたびに減少している。
3. 生産額の前回調査に対する減少率は，平成14年より平成23年のほうが大きい。
4. 企業数の前回調査に対する減少率は，平成23年より平成28年のほうが大きい。
5. 平成28年の従業者数は平成4年の従業者数の3割を下回っている。

23 下の表は，M3の平均残高とその内訳である現金通貨，預金通貨，準通貨，CD（譲渡性預金）の構成比の推移をまとめたものである。この表から判断できることとして，最も妥当なのはどれか。

	M3（億円）	現金通貨	預金通貨	準通貨	CD（譲渡性預金）
平成26年	12,085,312	7.1%	42.9%	46.9%	3.1%
平成27年	12,386,000	7.3%	43.6%	45.9%	3.2%
平成28年	12,800,804	7.4%	46.3%	43.8%	2.5%
平成29年	13,192,095	7.5%	48.2%	41.9%	2.4%
平成30年	13,469,598	7.6%	49.9%	40.3%	2.2%

1. 平成27年から平成30年まで毎年，M3の平均残高の対前年増加率は3%を超えている。
2. 平成27年から平成30年まで毎年，現金預金比率（＝現金通貨÷預金通貨）は前年よりも低下している。
3. 平成26年から平成30年まで毎年，現金通貨と準通貨の平均残高の合計は，預金通貨とCD（譲渡性預金）の平均残高の合計よりも大きい。

4. 平成26年から平成30年まで毎年，現金通貨の平均残高は80兆円よりも大きく，預金通貨の平均残高は700兆円よりも小さい。

5. 平成26年から平成30年まで毎年，準通貨とCD（譲渡性預金）の平均残高の合計は600兆円よりも小さい。

24 **日本国憲法が定める社会権，請求権及び参政権に関する記述として，最も妥当なのはどれか。**

1. 社会権は，19世紀半ばのプロイセン憲法に初めてかかげられたが，プロイセン憲法を範とした大日本帝国憲法にも取り入れられ，日本国憲法はそれを引き継いでいる。

2. 請願権は，歴史的に行政機関に対して一定の施策をとるように請願する権利であったことから，議会に対しての請願は認められず，法律の制定・改正・廃止等を求めることもできない。

3. 日本国憲法は，労働者の団体行動権（争議権）を保障しているが，正当な争議行為であったとしても，刑事上・民事上の免責まで認められることはない。

4. 国家賠償請求権とは，公務員の不法行為によって損害を受けた場合，国や地方公共団体に対して損害賠償を請求することができる権利である。

5. 日本国憲法は，その前文で，国民の選出した代表者を通じて政治を行うという議会制民主主義を採用しているため，直接国民が国政に参加する直接民主制的な制度は存在しない。

25 **我が国の行政機構に関する記述として，最も妥当なのはどれか。**

1. 行政各部の指揮・監督は主任の大臣がそれぞれ担当するため，内閣総理大臣が行政各部を指揮・監督することは認められていない。

2. 内閣総理大臣を国民が直接選挙で選出する首相公選制を導入するべきであるという議論があるが，これを導入するには憲法改正が必要となる。

3. 国会が唯一の立法機関とされているため，法律で大枠だけを決め，細部の定めを命令などに任せる委任立法は認められない。

4. 国民の行政監視のためには情報の公開が必要であるが，行政機関が保有する情報の公開に関する法律は存在せず，各地方自治体が制定した情

報公開条例によって情報が公開されている。
5.　法律による行政の原理から，行政機関が，行政目的を達成するために，行政指導という形で企業や各種団体に働きかけることは許されない。

26 我が国の地方自治制度に関する記述として，最も妥当なのはどれか。

1.　地方自治の本旨は，地方公共団体が自立的な政治を行う住民自治と，地方公共団体の運営に住民が参加して行う団体自治の2つの側面からなっている。

2.　地方公共団体が行う事務は，都市計画の決定，病院・薬局の開設許可などの法定受託事務と，戸籍事務，国政選挙，旅券の交付などの自治事務の2つに分類される。

3.　地方公共団体の長に対する解職請求は，有権者の10分の1以上の署名が必要であり，請求先は選挙管理委員会に対して行う。

4.　地方自治では住民の直接請求が認められており，条例の制定や改廃の請求をする住民発案の制度のことをレファレンダムという。

5.　多くの地方公共団体は，地方税だけで財政をまかなえず，地方交付税や国庫支出金という国からの資金に依存している実態から「三割自治」といわれてきた。

27 企業の社会的責任（CSR）に関する次の記述で，　A　～　D　に当てはまる語句の組合せとして，最も妥当なのはどれか。

　近年，企業は利潤追求のみならず，みずからの活動が社会に及ぼす影響について配慮し，株主や地域における利害関係者（ステーク・ホルダー）に対して，社会的責任（CSR）を果たさなければならないという考え方が重視されるようになった。

　CSRの例として，法令や社会的規範を遵守する　A　や，慈善事業への援助などの社会貢献活動である　B　，スポーツや文化・芸術への支援活動である　C　などがある。

　また，不祥事を起こしたり，株主や利害関係者の利益を損ねたりすることがないように，企業経営を監視する　D　の実現と強化への取り組みが続いている。

	A	B	C	D
1.	コンプライアンス	メセナ	フィランソロピー	コーポレート・ガバナンス
2.	コンプライアンス	フィランソロピー	メセナ	コーポレート・ガバナンス
3.	フィランソロピー	コーポレート・ガバナンス	メセナ	コンプライアンス
4.	メセナ	コーポレート・ガバナンス	フィランソロピー	コンプライアンス
5.	コーポレート・ガバナンス	フィランソロピー	メセナ	コンプライアンス

28 2020年に我が国で施行された改正道路交通法に関する次のア〜エの記述のうち，正しいもののみをすべて選んだ組合せとして，最も妥当なのはどれか。

ア．2020年6月に施行された改正道路交通法では，執拗にクラクションを鳴らして走行する警音器使用制限違反は，妨害運転の対象となった。

イ．2020年6月に施行された改正道路交通法では，妨害運転を行い，他の車両などに道路における交通の危険を生じさせた場合でも免許は取り消されることはない。

ウ．2020年4月に施行された改正道路交通法では，自動運転に関する規定が新設され，自動運転中いかなる場合であっても携帯電話の使用などは禁止された。

エ．2020年4月に施行された改正道路交通法では，自動運転中はドライバーに安全運転義務が課されるため，システムの誤作動など明らかな欠陥で事故が起きた場合を除いては，ドライバーの責任が問われる。

1. ア，イ
2. ア，ウ
3. ア，エ
4. イ，ウ
5. ウ，エ

29 　**2019 年に我が国で開催された国際会議に関する次の記述で，** A 　**～** D 　**に当てはまる語句の組合せとして，最も妥当なのはどれか。**

2019 年 6 月，　A 　で 20 カ国・地域首脳会議（G20）が開催された。この会議では，　B 　年までに海洋プラスチックごみをゼロにすることなどが目標とされた。

2019 年 8 月，　C 　で第 7 回 TICAD が開催された。この会議は「　D 　開発会議」とも呼ばれ，今回採択された宣言には，日本がこれまで提唱してきた「自由で開かれたインド太平洋」構想が盛り込まれた。

	A	B	C	D
1.	大阪	2030	横浜	アラブ
2.	大阪	2050	横浜	アフリカ
3.	大阪	2030	神戸	アフリカ
4.	福岡	2030	横浜	アラブ
5.	福岡	2050	神戸	アフリカ

30 　**ナポレオン 1 世が行ったこととして，最も妥当なのはどれか。**
1. 大陸封鎖令の発布
2. 人権宣言の採択
3. ウィーン会議の開催
4. 総裁政府の樹立
5. バスティーユ牢獄の襲撃

31 　**元禄文化に関する記述として，最も妥当なのはどれか。**
1. 陶芸では，色彩豊かな作品が作られるようになり，江戸の野々村仁清は色絵を完成させて，清水焼の祖となった。
2. 大和絵においては，土佐派の土佐光起が幕府の御用絵師となり，大和派から分かれた住吉如慶や具慶が朝廷にかかえられた。
3. 松尾芭蕉は，初め談林俳諧で注目を集め，やがて浮世草子と呼ばれる小説に転じ，文学に新しい世界を開いた。
4. 歌舞伎では，江戸・上方に常設の芝居小屋がおかれ，江戸に勇壮な演技（荒事）で好評を得た初代竹本義太夫などの名優が出た。
5. 江戸では，菱川師宣が浮世絵の版画を始め，美人・役者などに画題を求めて都市の風俗を描き，大きな人気を得た。

32 工業の立地に関する記述として，最も妥当なのはどれか。

1. 生産に多くの部品や原材料を必要とする場合，シリコンバレーの知識集約型工業のように，相互に関連する多数の工場が集積する地域に指向した立地をみせる。

2. 特定の地域のみで生産される原料の重量が製品重量より大きい場合，豊田市の自動車をはじめとする機械工業のように，原料産地に指向した立地をみせる。

3. 市場が情報や流行に敏感である場合，東京やニューヨークの出版・印刷業，アパレル産業などのように，市場に指向した立地をみせる。

4. 高度な技術者や熟練労働者を必要とする場合，ルール地方の鉄鋼業などのように，労働力を確保できる地域に指向した立地をみせる。

5. 部品・製品を遠距離輸送する場合，発展途上国の輸出加工区のように，港湾・空港や高速道路のインターチェンジなどの交通結節点に指向した立地をみせる。

33 次の四字熟語とその意味の組合せとして，最も妥当なのはどれか。

1. 一陽来復 　― 　嫌なことがあってもすぐに忘れてしまうこと
2. 一日千秋 　― 　一日を千年の長さに感じるほど待ち遠しいこと
3. 一意専心 　― 　得意分野が一つでもあれば，十分であるということ
4. 一騎当千 　― 　一度にたやすく大きな利益を得ること
5. 一視同仁 　― 　外形が似ているので，見間違えてしまうこと

34 次の三字熟語とその意味の組合せとして，最も妥当なのはどれか。

1. 偉丈夫 　― 　偉そうに振る舞う男のこと
2. 形而上 　― 　形式的な話であること
3. 鉄面皮 　― 　表情に乏しい人のこと
4. 不文律 　― 　難しくて理解できない文章のこと
5. 門外漢 　― 　専門家でないこと

35 陰暦八月の異名として，最も妥当なのはどれか。

1. 如月
2. 文月
3. 葉月

4. 神無月

5. 霜月

36 次の式を計算したものとして，最も妥当なのはどれか。

$$\left(-\frac{x^2}{y}\right)^3 \times x^2y^3 \div \left(-\frac{x}{y}\right)^2$$

1. $-x^6y^2$

2. x^6y^2

3. $-\dfrac{x^6}{y^2}$

4. $\dfrac{y^2}{x^6}$

5. $-x^2y^6$

37 放物線 $y=x^2-3x+5$ を x 軸方向に3，y 軸方向に5平行移動して得られる放物線の式として，最も妥当なのはどれか。

1. $y=x^2-9x+18$

2. $y=x^2-9x+28$

3. $y=x^2+3x+10$

4. $y=x^2+3x$

5. $y=x^2-3x+28$

38 下の箱ひげ図は10人の生徒のテスト（10点満点）の得点を表したものである。次のア～オの記述のうち，この箱ひげ図から読み取れるものをすべて選んだ組合せとして，最も妥当なのはどれか。ただし，テストの点数は整数とする。

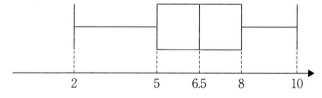

ア．最も成績が悪かった生徒の得点は0点である。

イ．満点をとった生徒は複数いる。

ウ．10人の生徒の平均は6.5点である。

エ．上から数えて5位の生徒の得点はわからない。

オ．5点をとった生徒がいる。

　1．ア，イ

　2．イ，ウ

　3．ウ，エ

　4．ウ，オ

　5．エ，オ

39 　0，1，2，3，4の5個の数字から異なる3つの数字を選んで3桁の整数をつくるとき，偶数となる場合の数として，最も妥当なのはどれか。

　1．24通り

　2．26通り

　3．28通り

　4．30通り

　5．32通り

40 　閉管に下の図のような定常波ができているとき，この気柱から出ている音の振動数として，最も妥当なのはどれか。ただし，音速を 3.4×10^2 [m/s] とし，管口と定常波の腹の位置は一致するものとする。

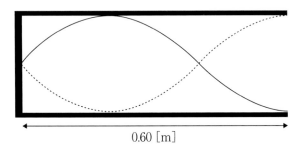

0.60 [m]

　1．400 [Hz]

　2．425 [Hz]

　3．450 [Hz]

　4．475 [Hz]

　5．500 [Hz]

41 下の図のように，滑らかな水平面を右向きに速さv_0で進む質量mの小球Pが，静止している質量Mの小球Qに衝突した。このとき，衝突後小球Pが左側へ進むための条件として，最も妥当なのはどれか。ただし，小球P，小球Q間の反発係数をeとする。

1. $m < M$
2. $m < eM$
3. $m < (1 - e)M$
4. $em < M$
5. $(1 - e)m < M$

42 ナトリウムに関する次の記述で， A ～ C に当てはまる語句の組合せとして，最も妥当なのはどれか。

　ナトリウムを乾いたろ紙上に取り，ナイフで切ったところ，その切り口は A 色で光沢があったが，すぐに B されて光沢を失った。また，ナトリウムを取り出す前は C 中に保管されており，その理由は酸素などと反応しやすいからである。

	A	B	C
1.	黒	酸化	水
2.	黒	還元	石油
3.	銀	酸化	水
4.	銀	酸化	石油
5.	銀	還元	水

43 濃度不明の硫酸20 [mL] を0.10 [mol/L] の水酸化ナトリウム水溶液で中和滴定したが，誤って中和点を越えてしまい，35 [mL] 滴下してしまった。そこで，この混合溶液に対し0.050 [mol/L] の塩酸で再び中和滴定したところ，6.0 [mL] 加えた時点でちょうど中和点に達した。最初の硫酸の濃度として，最も妥当なのはどれか。

1. 0.020 [mol/L]
2. 0.040 [mol/L]

3. 0.080〔mol/L〕

4. 0.16〔mol/L〕

5. 0.32〔mol/L〕

[44] **植生の遷移に関する記述として，最も妥当なのはどれか。**

1. 草原や耕地など日当たりのよい環境で生育する樹木を陽樹といい，陽樹の光合成速度は光の強さに依らない。

2. 林の中や日陰の環境など，暗いほどよく生育する植物を陰樹という。

3. 海底火山の噴火が海面上まで隆起してできた島や鉱山の廃土の堆積地など，植物が生育しておらず，土壌も形成されていない場所から始まる遷移を一次遷移という。

4. 遷移が進行した結果，それ以上は全体として大きな変化を示さない状態をギャップという。

5. 自然災害などによって，ある程度遷移し終えた植生環境が破壊されることを二次遷移という。

[45] **RNAの加工に関する次の記述で， A ～ D に当てはまる語句の組合せとして，最も妥当なのはどれか。ただし，同一の記号には同一の語句が入るものとする。**

　 A の遺伝子では，実際にアミノ酸配列の情報をもつDNA部分である B が情報をもたないDNA部分である C に隔てられて存在する。まず，この全長がRNAに転写され，mRNA前駆体ができる。ここからスプライシングによって C が切り捨てられ， B の端どうしが次々と繋がれてmRNAが完成する。対して D では遺伝子に C が含まれておらず，転写でできたものがmRNAそのものである。

	A	B	C	D
1.	真核生物	ゲノム	イントロン	原核生物
2.	真核生物	エキソン	イントロン	原核生物
3.	真核生物	イントロン	エキソン	原核生物
4.	原核生物	エキソン	イントロン	真核生物
5.	原核生物	ゲノム	エキソン	真核生物

《 解 答 ・ 解 説 》

1 4

解説 出典は榎本博明著『なぜイヤな記憶は消えないのか』。要旨把握問題である。本文で提示される具体例，および想定される反論と，筆者の主張を厳密に区別することが大切である。本文の論理展開を意識し，筆者の主張を捉えなければならない。

2 4

解説 出典は鷲田清一著『モードの迷宮』。要旨把握問題である。自然と身体の関係を問う内容であり，本文中で示される二項対立を把握し，そこから折衷的に導き出される筆者の主張を捉える必要がある。二項のうちどちらか一方に極端に振れる内容は誤りである。

3 5

解説 出典は岡田暁生著『音楽の聴き方』。要旨把握問題である。「音楽に国境はない」という素朴な一般論を否定し，筆者の主張を打ち出している。接続詞や指示語に着目し，本文の論理展開へ意識を向けることが大切である。

4 3

解説 出典は木村敏著『時間と自己』。要旨把握問題である。ものを外部空間・内部空間という観点から考察する内容であり，具体例や一般論と対比される形で提示される筆者の主張を捉えることが大切である。接続詞や指示語に目を向けることで，本文の論理的な構成を押さえていきたい。

5 5

解説 出典は佐々木健一著『美学への招待』。要旨把握問題である。本文中に登場する具体例・一般論と筆者の主張を峻別する必要がある。各段落の役割，さらには本文の論理展開を意識することが大切である。

6 5

解説 入国審査での会話である。空所の直後で，Bが「ビジネス」と答えていることから，訪問の目的を尋ねられていることがわかる。よって，5のWhat's the purpose of your visit?「訪問の目的は何ですか」が適切。ほかの選択肢の意味は，1「職業は何ですか」。2「どこに滞在するのですか」。3「申告するものがありますか」。4「どれくらいの期間滞在する予定ですか」。

7 5

解説 look on X as Yで「XをYと見なす」。よって，He is looked on as a liar.は受動態の文で「彼は嘘つきだと見なされている」という意味になる。regard X as Yも「XをYと見なす」という意味であるから，同意文は選択肢5のHe is regarded as a liar.となる。

8 1

解説 関係詞の理解が問われている。①This is the concert hall. ②My parents visited the concert hall thirty years ago. ①と②を1文にしたものを考える。空所には目的格の関係代名詞が入り，意味は「これは30年前に私の両親が訪問したコンサートホールです」となる。

9 4

解説 A〜Eの発言から，下図のことが分かる。ここで，△FEAと△APDは合同な直角二等辺三角形であり，△FEAと△FBDは相似比が1：2の直角二等辺三角形である。以上より，「私の家からAの家までの距離と，Aの家からBの家までの距離は同じである。」ことが確実にいえる。

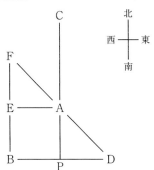

10 2

解説 わかっていることアから，下図①のことがわかる。

ここで，「AはBにファッション誌を借りた。」と仮定すると，下図②となり，わかっていることエが成り立たない。

また，「AはEにファッション誌を借りた。」と仮定すると，下図③，④の2つの場合が考えられ，どちらもわかっていることウが成り立たない。

以上より，「AはDにファッション誌を借りた。」となり，下図⑤のようになる。よって，「BはDに恋愛小説を貸した。」ことが確実にいえる。

11 5

解説 本問の規則は，「○，△，▼，□，◆」の5枚のパネルを，下図1の1→2→3→…→25の順に下図2のように，▼→○→△→◆→□→▼→…という順に繰り返し当てはめていく。よって，Aの位置に入るパネルは◆である。

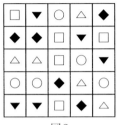

5	6	7	8	9
4	19	20	21	10
3	18	25	22	11
2	17	24	23	12
1	16	15	14	13

図1

□	▼	○	△	◆
◆	◆	□	▼	□
△	△	□	○	▼
○	○	◆	△	○
▼	▼	□	◆	△

図2

12 1

解説 嘘が書いてあるビンを仮定して，考えていく。
ビンAのラベルに嘘が書いてあると仮定すると，A＝ウイスキーとなるが，ビンBのラベルにも嘘が書いてあることになり矛盾する。ビンBのラベルに嘘が書いてあると仮定すると，B＝ウイスキーとなるが，ビンCのラベルにも嘘が書いてあることになり矛盾する。よって，ビンCのラベルに嘘が書いてあることがわかる。以上より，（A，B，C）＝（ワイン，日本酒，ウイスキー）となる。

13 4

解説 下図は，問題の立体を真上から見たものであり，この立体をつくるときに必要な立方体の数が最大になる場合を示している。これより，この立体をつくるときに必要な立方体の数の最大値は，$1 \times 11 + 2 \times 7 + 3 \times 2 = 31$である。

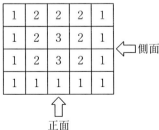

1	2	2	2	1
1	2	3	2	1
1	2	3	2	1
1	1	1	1	1

⇐ 側面

↑
正面

14 1

解説 与えられた図を下図のような座標平面上で考える。また，AB = 1，A$(0, s)$，B$(t, 0)$とすると，$0 \leqq s \leqq 1$，$0 \leqq t \leqq 1$であり，三平方の定理より，AO^2 + BO^2 = AB^2 $\Leftrightarrow$ $s^2 + t^2 = 1^2 = 1 \cdots$①

P(x, y)とすると，

$$\begin{cases} x = \dfrac{t}{2} \\ y = \dfrac{s}{2} \end{cases} \Leftrightarrow \begin{cases} t = 2x \\ s = 2y \end{cases} \cdots②$$

②を①に代入して，

$$(2y)^2 + (2x)^2 = 1 \Leftrightarrow x^2 + y^2 = \left(\frac{1}{2}\right)^2$$

よって，点Pが描く軌跡は，原点Oを中心とする半径$\dfrac{1}{2}$の円（ただし，$0 \leqq x \leqq \dfrac{1}{2}$，$0 \leqq y \leqq \dfrac{1}{2}$）である。

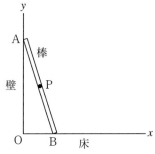

15 1

解説 BD = a，DE = b，EC = cとする。$a : b = \triangle$GBD : $\triangle$GDE = $(\triangle$FBD + $\triangle$GFD$) : \triangle$GDE = 2 : 1　よって，$b = \dfrac{1}{2}a \cdots$①

$(a + b) : c = \triangle$ABE : $\triangle$AEC = $(\triangle$FBD + $\triangle$GFD + $\triangle$GDE + $\triangle$AGE$) : \triangle$AEC = 4 : 1　よって，$a + b = 4c \cdots$②

①を②に代入して，$a + \dfrac{1}{2}a = 4c \Leftrightarrow \dfrac{3}{2}a = 4c \Leftrightarrow \dfrac{a}{c} = \dfrac{8}{3}$

よって，BD : EC = $a : c$ = 8 : 3

16 4

解説 余事象を考える。問題の正四面体のサイコロを3回振ったとき，底面に書かれている数の積が奇数になる確率は，底面に書かれている数が3回とも奇数となる場合だから，$\left(\dfrac{2}{4}\right)^3 = \left(\dfrac{1}{2}\right)^3 = \dfrac{1}{8}$

よって，（底面に書かれている数の積が偶数になる確率）= 1 −（底面に書かれている数の積が奇数になる確率）= $1 - \dfrac{1}{8} = \dfrac{7}{8}$

17 5

解説 k, lを整数とすると，Aの箱に入っている赤玉と白玉の数は（赤玉，白玉）$=(k,\ 3k)$，Bの箱に入っている赤玉と白玉の数は（赤玉，白玉）$=(l,\ 2l)$と表される。AとBに入っている玉の合計の比が$2:3$であるとき，つまり$(k+3k):(l+2l)=2:3$　⇔　$4k:3l=2:3$　⇔　$l=2k$であるとき，A，Bの赤玉と白玉の合計の比は，$(k+l):(3k+2l)=(k+2k):(3k+2\cdot2k)=3k:7k=3:7$である。

18 1

解説 全体の仕事量を1として，A，B，Cそれぞれが1日にする仕事量をa, b, cとすると，問題の条件より，
$$\begin{cases} a+b=\dfrac{1}{8} \cdots① \\ b+c=\dfrac{1}{6} \cdots② \\ b=\dfrac{1}{24} \cdots③ \end{cases}$$

②，③より，$c=\dfrac{1}{6}-b=\dfrac{1}{6}-\dfrac{1}{24}=\dfrac{1}{8}$

よって，この仕事をA，B，Cが協力して行った場合に，1日にする仕事量は$a+b+c=(a+b)+c=\dfrac{1}{8}+\dfrac{1}{8}=\dfrac{1}{4}$となる。したがって，この仕事を仕上げるのにかかる日数は$1\div\dfrac{1}{4}=4$［日］である。

19 1

解説 1：正しい。平成28年のすべての裁判所の全事件に占める刑事事件等の割合$\dfrac{999,000}{3,575,000}\times100\doteqdot27$［％］は，平成27年の地方裁判所の総数に占める民事執行の割合$\dfrac{198,000}{578,000}\times100\doteqdot34$［％］よりも低い。　2：誤り。平成29年におけるすべての裁判所の少年事件の件数は，平成26年におけるすべての裁判所の少年事件の件数よりも$\dfrac{109,000-74,000}{109,000}\times10\doteqdot3.2$［割］減っている。3：誤り。地方裁判所の総数以外の新受事件について，平成29年の破産の対前年増加数$76,015-71,840=4,175$［件］は，平成29年のその他の対前年増加数$145,646-140,812=4,834$［件］よりも少ない。　4：誤り。平成26年に

おいて，地方裁判所の総数に占める民事執行（207,520件）の割合は，地方裁判所の総数に占める破産とその他を足した（73,370 + 132,600 = 205,970件）割合より高い。　5：誤り。すべての裁判所の民事・行政事件に占める地方裁判所の民事・行政事件の割合は，問題の表から読み取ることはできない。

20 5

解説 1：誤り。2005年の生産台数は，DVD・ビデオが31,640 − 15,525 − 11,521 − 2,362 = 2,232［千台］，カメラが16,955 − 4,552 − 8,820 − 3,433 = 150［千台］で，カメラの方が少ない。　2：誤り。DVD・ビデオにおいて5年前からの減少率は，1995年が$\frac{15,525}{31,640} \times 100 \fallingdotseq 49$［%］，2000年が$\frac{11,521}{31,640 - 15,525} \times 100 \fallingdotseq 71$［%］で，2000年の方が高い。　3：誤り。2010年のパソコンの生産台数3,018 + 2,252 + 6,784 − 3,072 − 1,471 = 7,511［千台］は，1990年より増加している。　4：誤り。5年前からの増加率を比べると，2010年の液晶テレビが$\frac{7,766}{15,132 - 6,110 - 5,640 + 963} \times 100 \fallingdotseq 179$［%］，2000年のパソコンが$\frac{6,784}{3,018 + 2,252} \times 100 \fallingdotseq 129$［%］で，2010年の液晶テレビの方が高い。5：正しい。2015年のカメラの生産台数は，1990年のカメラの生産台数の$\frac{16,955 - 4,552 - 8,820 - 3,433 - 70 + 14}{16,955} \times 100 = 0.5\cdots$［%］で，1%にも満たない。

21 3

解説 ア：「勉強系の習い事」をしている人は，$308 \times \frac{23.4 + 22.4 + 10.7 + 8.8 + 6.5 + 1.3}{100} \fallingdotseq 225$［名］で，200名を超えている。イ：「運動系の習い事」をしている人は，「芸術系の習い事」をしている人の$\frac{32.8 + 14.0 + 9.7 + 5.8 + 3.6}{23.4 + 7.5 + 3.9 + 2.9} \fallingdotseq 1.7$［倍］で，2倍に満たない。　ウ：バレエをしている人は，「芸術系の習い事」をしている人の$\frac{3.9}{23.4 + 7.5 + 3.9 + 2.9} \times 10 \fallingdotseq 1.03$［割］で，1割を超えている。

22 2

解説 1：誤り。従業者一人当たりの生産額は，平成4年が $\dfrac{4,631}{1,240} \fallingdotseq 3.7$ ［百万円］に対して，平成14年が $\dfrac{3,039}{1,069} \fallingdotseq 2.8$ ［百万円］で，減少している。

2：正しい。企業一社当たりの従業者数は，平成4年が $\dfrac{1,240}{336} = 3.6\cdots$ ［人］，平成14年が $\dfrac{1,069}{309} = 3.4\cdots$ ［人］，平成23年が $\dfrac{614}{241} = 2.5\cdots$ ［人］，平成28年が $\dfrac{451}{210} = 2.1\cdots$ ［人］で，調査のたびに減少している。　3：誤り。生産額の前回調査に対する減少率は，平成14年が $\dfrac{4,631 - 3,039}{4,631} \times 100 \fallingdotseq 34$ ［％］，平成23年が $\dfrac{3,039 - 2,333}{3,039} \times 100 \fallingdotseq 23$ ［％］で，平成14年の方が大きい。　4：誤り。企業数の前回調査に対する減少率は，平成23年が $\dfrac{309 - 241}{309} \times 100 \fallingdotseq 22$ ［％］，平成28年が $\dfrac{241 - 210}{241} \times 100 \fallingdotseq 12$ ［％］で，平成23年の方が大きい。

5：誤り。平成28年の従業者数は平成4年の従業者数の $\dfrac{451}{1,240} \times 10 \fallingdotseq 3.6$ ［割］で，3割を超えている。

23 4

解説 1：誤り。平成30年において，M3の平均残高の対前年増加率は多めに見積もって $\dfrac{13,500,000 - 13,200,000}{13,200,000} \times 100 \fallingdotseq 2.3$ ［％］で，3％に満たない。

2：誤り。平成27年の現金預金比率は $\dfrac{7.3}{43.6} = 0.167\cdots$ は，平成26年の現金預金比率 $\dfrac{7.1}{42.9} = 0.165\cdots$ より上昇している。　3：誤り。平成30年において，現金通貨と準通貨の平均残高の合計の構成比 $7.6 + 40.3 = 47.9$ は，預金通貨とCD（譲渡性預金）の平均残高の合計の構成比 $49.9 + 2.2 = 52.1$ よりも小さい。

4：正しい。現金通貨の平均残高は，少なめに見積もって最も小さい平成26年が $12,000,000 \times \dfrac{7}{100} = 84$ ［兆円］で80兆円よりも大きい。また，預金通貨の平均残高は，多めに見積もって最も大きい平成30年が $13,500,000 \times \dfrac{50}{100} = 675$ ［兆円］で700兆円よりも小さい。　5：誤り。平成27年において，準通

貨とCD（譲渡性預金）の平均残高の合計は$12,386,000 \times \dfrac{45.9 + 3.2}{100} \fallingdotseq 608$〔兆円〕で，600兆円よりも大きい。

24 4

解説 1：社会権が初めて制定されたのはプロイセン憲法でなくワイマール憲法である。よって，「大日本帝国憲法にも取り入れられ」という部分も誤り。　2：「法律の制定・改正・廃止等を求めることもできない」という部分が誤り。第16条に「法律，命令又は規則の制定，廃止又は改正その他の事項に関し，平穏に請願する権利を有し」と明記されている。　3：「刑事上・民事上の免責まで認められることはない」という部分が誤り。正当な争議行為の場合は，免責が認められる。　4：正しい。　5：直接民主制に関して，例えば地方自治では，首長は当該自治体の住民の投票によって決まるので，「制度は存在しない」は誤り。

25 2

解説 1：「行政各部を指揮・監督することは認められていない」という部分が誤り。　2：正しい。　3：「細部の定めを命令などに任せる委任立法は認められない」という部分が誤り。　4：誤り。行政機関の保有する情報の公開に関する法律などの法律が存在している。　5：「行政指導という形で企業や各種団体に働きかけることは許されない」という部分が誤り。

26 5

解説 1：住民自治と団体自治の説明が反対である。　2：法定受託事務と自治事務の説明が反対である。　3：解職請求は，有権者10分の1ではなく，3分の1の署名が必要。　4：条例の制定や改廃の請求をすることは「レファレンダム」ではなく「イニシアティブ」という。　5：正しい。

27 2

解説 空欄の前後を手がかりに正しい答えを選んでいく。　A：「法令や社会的規範を遵守」という部分から「コンプライアンス」である。　B：「慈善事業への援助などの社会貢献活動」という部分から「フィランソロピー」である。

C：「スポーツや文化・芸術への支援活動」という部分から「メセナ」である。

D：「企業経営を監視」という部分から「コーポレート・ガバナンス」である。

28 3

解説 改正された法律に関する問題。どこが変わり，新しい内容はどのようなものなのかをよく確認しておくとよい。　イ：「免許は取り消されることはない」という部分が誤り。改正により，今までよりも厳格になったと考えておくとよい。　ウ：「いかなる場合」という部分が誤り。速やかに運転できる態勢を条件に，携帯電話の使用は可能にしている。

29 2

解説 近年行われた国際会議に関する問題。日本が出席した国際会議が出題されやすい。最新の時事関連の雑誌等でどのような会議がどこで開催されたのかを確認しておくとよい。なお，Dの「アフリカ開発会議」は，アフリカの開発をテーマとする会議であり，日本主導で展開している会議である。

30 1

解説 ナポレオンの在位期間は1804～14年と1815年である。　1：正しい。　2：1789年の出来事である。　3：ウィーン会議は1814～15年に開催されたが，これはナポレオン戦争後についての話し合いの会議であるので，ナポレオンが行ったこととは関係がない。　4：1795年の出来事である。5：1789年の出来事である。

31 5

解説 1：清水焼ではなく京焼についての説明である。　2：土佐派は宮廷絵所預職に就いていたので誤り。　3：松尾芭蕉は俳人であるので説明とは食い違う。この時代の浮世草子で有名なのは井原西鶴である。　4：初代竹本義太夫はこの時期を代表する語り手である。歌舞伎における名優としては，荒事で好評を得た初代市川団十郎や和事を得意とする坂田藤十郎が出た。5：正しい。

32 3

解説 工業の立地に関する問題。どのような産業の場合，どのような立地が適しているか（必要なものは何か）を考えてみるとよい。例えば，自動車工業の場合は，関連する工場が密集していると大量に必要な部品を素早く調達することができる。輸送代がかかっても利益が出るものの場合は，臨空港指向型になる。製紙工業や染色工業のように大量の水が必要な場合は，用水指向型になる。

33 2

解説 それぞれの四字熟語の正しい意味は以下の通り。　１：一陽来復 ── 悪いことが続いたあと，ようやく運が向いてくること。　３：一意専心 ── 心を一つのことに集中し，他に向けないこと。　４：一騎当千 ── 一人で千人の敵を相手にできるほど強いこと。　５：一視同仁 ── だれかれの差別なく全てのものを平等に愛すること。

34 5

解説 それぞれの三字熟語の正しい意味は以下の通り。　１：偉丈夫 ── 身体が大きくたくましい男のこと。　２：形而上 ── 形をもたない，抽象的・観念的なもののこと。　３：鉄面皮 ── 恥知らずで，ずうずうしいこと。　４：不文律 ── 暗黙の了解事項となっている決まりのこと。

35 3

解説 それぞれ旧暦における以下の月の異名である。　１：二月。　２：七月。　４：十月。　５：十一月。

36 1

解説 $\left(-\dfrac{x^2}{y}\right)^3 \times x^2 y^3 \div \left(-\dfrac{x}{y}\right)^2 = \left(-\dfrac{x^6}{y^3}\right) \times x^2 y^3 \div \dfrac{x^2}{y^2} = \left(-\dfrac{x^6}{y^3}\right) \times x^2 y^3 \times \dfrac{y^2}{x^2} = -\dfrac{x^6 \times x^2 y^3 \times y^2}{y^3 \times x^2} = -x^6 y^2$

37 2

解説 放物線 $y = x^2 - 3x + 5$ を x 軸方向に3, y 軸方向に5平行移動して得られる放物線の式は, $y - 5 = (x - 3)^2 - 3(x - 3) + 5$ ⇔ $y = x^2 - 9x + 28$

38 5

解説 ア：最も成績が悪かった生徒の得点は2点であり, 0点ではない。イ：最も成績が良かった生徒の得点は10点（満点）であり満点をとった生徒がいることは分かるが, 箱ひげ図からその人数は読み取れない。 ウ：この箱ひげ図から平均値は読み取れない。 エ：上から数えて5位の生徒と6位の生徒の平均値（第2四分位数 = 中央値）が6.5点であることは読み取れるが, 5位の生徒の得点はわからない。 オ：下から数えて3位の生徒の得点は5点（第1四分位数）であるので, 5点をとった生徒がいる。

39 4

解説 0, 1, 2, 3, 4の5個の数字から異なる3つの数字を選んで3桁の整数をつくるとき, できる整数は, 百の位に0を並べないことに注意すると $4 \times 4 \times 3 = 48$［通り］ このうち, 奇数となる場合の数は, 一の位に1か3を並べた数だから $2 \times 3 \times 3 = 18$［通り］
よって, 偶数となる場合の数は $48 - 18 = 30$［通り］

40 2

解説 閉管にできている定常波の波長を λ［m］とすると, $\lambda \times \dfrac{3}{4} = 0.6$ より, $\lambda = 0.8$［m］。よって, 振動数は $\dfrac{340}{0.8} = 425$［Hz］となる。

41 2

解説 衝突後のPとQの速度をそれぞれ V_P, V_Q とすると, 運動量保存の法則より, $mV_0 = mV_P + MV_Q$ …①が成り立つ。また, e を V_P と V_Q で表すと, $e = -\dfrac{V_P - V_Q}{V_0}$ …②となる。①と②より $V_P = \dfrac{V_0(m - eM)}{M + m}$。ここで, 右方向を正とすると, $\dfrac{V_0(m - eM)}{M + m} < 0$ となるときの条件は, $m - eM < 0$ より, $m < eM$ となる。

42 4

解説 ナトリウムはイオン化傾向が大きく，非常に酸化されやすい金属である。ナトリウムをナイフで切ると，切ったばかりの切り口は金属光沢を示しているが，すぐに酸化され光沢を失う。このように，ナトリウムは空気中ですぐに酸化されてしまうので，石油に入れて保存する。

43 3

解説 最終的には，（硫酸からのH^+の物質量）＋（塩酸からのH^+の物質量）＝（水酸化ナトリウムからのOH^-の物質量）となるので，最初の硫酸の濃度をx〔mol/L〕とすると，$2 \times x \times \dfrac{20}{1000} + 1 \times 0.050 \times \dfrac{6.0}{1000} = 1 \times 0.10 \times \dfrac{35}{1000}$より，$x = 0.080$〔mol/L〕となる。

44 3

解説 1：光飽和点に達するまでは，光の強さが強いほど光合成速度は大きくなる。　2：光補償点や光飽和点が低く暗い場所でも生育可能な樹木を陰樹というが，暗いほどよく生育するわけではない。　3：正しい。　4：遷移が進行して陰樹林を形成すると，それ以上大きな変化を示さなくなる。このような状態を極相（クライマックス）という。なお，ギャップとは倒木などによって生じた林冠のすき間のことである。　5：二次遷移とは山火事や洪水等の災害や森林伐採などの後におこる遷移のことをいう。

45 2

解説 真核生物のDNAは，遺伝情報を持つエキソンと遺伝情報を持たないイントロンからなる。転写の際はまずイントロンを含むDNAのすべての部分がRNAに転写されるが，そこからイントロンの部分が切断され，エキソン部分のRNAがつながりmRNAとなる。なお，原核生物のDNAにはイントロンが含まれていない。

令和2年度　消防職Ⅱ類 実施問題

1 次の文章を読んで，以下の問に答えなさい。

［この問題は，著作権の関係により，掲載できません。］

（世論調査とは何だろうか　岩本裕　著）

問　この文章の要旨として，最も妥当なのはどれか。
1. 平均値の問題点は，外れ値があるとその集団の代表値を正確に表すことができない点にある。
2. 平均値は必ずしもその集団の代表値ではないため，近年，中央値や最頻値を使う傾向にある。
3. 日本が「一億総中流」と言われていた時代には，平均値が正確な指標とされていた。
4. 平均値は，貧富の差が大きい国の実情を知る場合などには，中央値より実感に近い。
5. 「平均」は，その集団に極端に大きな値が入ると全体を正確に表せないため，値に応じて中央値や最頻値なども検討する必要がある。

2 次の文章を読んで，以下の問に答えなさい。

［この問題は，著作権の関係により，掲載できません。］

（働くということ―実社会との出会い　黒井千次　著）

問　この文章の要旨として，最も妥当なのはどれか。
1. 本来，収入面での区分に属する言葉が職業を表す言葉として使われるのは，仕事に対して充実感を得られない状況では，働く人の関心がもっぱら給料に集中しているからである。
2. 「会社員」と「サラリーマン」は，本来同義であるはずなのに，今ではまったく違う意味で使われている。
3. 「サラリーマン」には，自分を卑下する意味合いが強いため，自分の職業を問われた時には，「会社員」であると答えるべきである。

4.「サラリーマン」は，年金生活者や自営業主，自由業と比べて，あまりにも収入面のみを意味しているため，仕事の内容をきちんと意味する言葉に変革しなければならない。

5.　自分の職業を説明するのに，金銭の要素のみを取り上げ，本来の語義をはみ出して使うのは，日本語として問題である。

3 次の文章を読んで，以下の問に答えなさい。

［この問題は，著作権の関係により，掲載できません。］

（モーツァルトのいる休日―大人の楽しむクラシック　石田衣良　著）
問　この文章の要旨として，最も妥当なのはどれか。

1.　ベートーヴェンもブラームスも作品に自分たちが生きている感じが表れているが，モーツァルトの作品には妖精のようなイメージしかない。

2.　モーツァルトの初期の作品にはパキパキと鋭い青ガラスみたいな哀しいメロディが流れていたが，晩年の作品は苦しさ悔しさに満ちた駄作ばかりと評価されている。

3.　モーツァルトの作品は他の多くの作曲家と違い，自分を押しつけようとせず，作品の中に透明に消えていく作風で評価が高いが，晩年は苦悩が作品に表れているものもある。

4.　モーツァルトの「自分の消し方」がよくわかっている作風は，一生涯変わることのない魅力として認識されている。

5.　モーツァルトでも，作品の中に私小説的な要素が出てきてしまっているが，それは創作する人間には避けられないことである。

4 次の文章を読んで，以下の問に答えなさい。

［この問題は，著作権の関係により，掲載できません。］

（目に見える世界は幻想か？―物理学の思考法　松原隆彦　著）
問　この文章の要旨として，最も妥当なのはどれか。

1.　物理学が難しいと思われるのは，中学から高校にかけての教えられ方に問題がある。

2. 物理学科に入ってくる学生は，物理学に必要な計算を厭わずにできる人ばかりである。

3. 物理学の研究者は比較的計算が得意だと思われているが，みんな計算には苦痛を感じている。

4. 物理学にとって計算は目的を達成するための手段にすぎず，計算によって研究上の考えが現実に対応しているか，論理的に確認できる点が面白いのである。

5. 物理学では，計算をすることによって現実の世界と比較することができるため，計算が苦手な生徒から敬遠されてしまう。

5 次の文章を読んで，以下の問に答えなさい。

［この問題は，著作権の関係により，掲載できません。］

（哲学の使い方　鷲田清一　著）

問　この文章の要旨として，最も妥当なのはどれか。

1. わたしたちはいつも色眼鏡でモノを見ているが，正しく世界を見るためには，たえず別の眼鏡に取り換える必要がある。

2. わたしたちはいつもフレームワークを通じてしか世界を見ることができず，本当の世界を知ることは不可能である。

3. わたしたちは裸眼ではなく，一種の眼鏡を通じて世界を見るしかないので，常に見ている世界に問いかけて，眼鏡の精度を上げる必要がある。

4. 自分の見ている世界が他人の見えている世界と整合するか常に検証する必要がある。

5. 世界を裸眼で見るためには，感度の良いアンテナを張り巡らせ，問うべき問いを見つける必要がある。

6 次の会話文の（　　　）に当てはまる正しい語句として，最も妥当なのはどれか。

A：（　　　）tennis racket is this?

B：It's my brother's.

　1. Whose
　2. Which

3. What
4. Whichever
5. Who

7 Ａの文の意味を変えずにＢの文に書き換えるとき，（　　　）に当てはまる語句として，最も妥当なのはどれか。

A：There are seven days in a week.
B：A week（　　　）seven days.

1. are
2. has
3. have
4. is
5. makes

8 次の英文が完成した文になるように，文意に沿って［　］内の単語を並べ替えたとき，［　］内で２番目と４番目にくる組合せとして，最も妥当なのはどれか。

He is ［ waste / to / not / man / a ］ his time.

　　　　2番目　　4番目
1. a　　　　to
2. a　　　　waste
3. to　　　 not
4. to　　　 waste
5. waste　　to

9 あるクラスの履修状況について，次のア～エのことがわかっているとき，確実にいえることとして，最も妥当なのはどれか。

ア　全員が「地理Ａ」，「日本史Ａ」，「世界史Ａ」のうち，1科目以上履修している。
イ　「地理Ａ」，「日本史Ａ」，「世界史Ａ」の中で，1人も履修していない科目はない。
ウ　「地理Ａ」を履修している生徒は，「日本史Ａ」も履修している。
エ　「世界史Ａ」を履修している生徒は，「地理Ａ」を履修していない。

1. 「日本史A」を履修している生徒は，「地理A」も履修している。
2. 「地理A」を履修している生徒は，「世界史A」を履修していない。
3. このクラスの生徒全員が，2科目履修している。
4. 「日本史A」を履修している生徒の中には，「世界史A」を履修している生徒もいる。
5. 「日本史A」，「世界史A」のどちらか1科目だけを履修している生徒がいる。

10　A～E5人の交友関係について，次のア～ウのことがわかっているとき，確実にいえることとして，最も妥当なのはどれか。

ア　5人とも，自分以外の4人のうち2人と友人関係にあるが，他の2人とは友人関係にない。
イ　AとEとは友人関係にある。
ウ　BとDとは友人関係にない。

1. AとBとは友人関係にない。
2. AとCとは友人関係にない。
3. AとDとは友人関係にある。
4. BとCとは友人関係にない。
5. BとEとは友人関係にある。

11　A～Eの5人が駅に到着した状況について，次のア～オのことがわかっているとき，確実にいえることとして，最も妥当なのはどれか。

ア　AとBとの到着時刻の差は4分である。
イ　BとCとの到着時刻の差は3分である。
ウ　CはDより1分早く到着した。
エ　DとEとの到着時刻の差は7分である。
オ　EとAとの到着時刻の差は5分である。

1. 最初に到着したのはBで，Dより2分早かった。
2. 最初に到着したのはEで，Bより9分早かった。
3. 最初に到着したのはCで，Eより6分早かった。
4. 最後に到着したのはDで，Aより2分遅かった。
5. 最後に到着したのはAで，Cより7分遅かった。

[12] ある暗号で，「9月」は「Ｔｆｑｕｆｎｃｆｓ」と表すことができるとき，暗号「Ｇｆｃｓｖｂｓｚ」と表される月として，最も妥当なのはどれか。

1. 1月
2. 2月
3. 10月
4. 11月
5. 12月

[13] 次の図Ⅰのような2種類の図形A，Bを，隙間なく重ねることなく敷き並べて，図Ⅱのような長方形を作ったとき，使用する図形Aの枚数として，最も妥当なのはどれか。ただし，図形A，Bは回転させてもよいが，裏返して使用することはできない。

図Ⅰ

A　　　　B

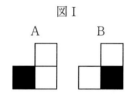

図Ⅱ

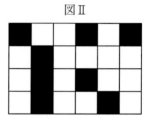

1. 2枚
2. 3枚
3. 4枚
4. 5枚
5. 6枚

[14] 次の図のように，同じ大きさの小立方体を64個組み合わせて大立方体を作り，点のある面から，それぞれ大立方体の反対側の面まで垂直に穴を開けた。このとき，穴の開いていない小立方体の個数として，最も妥当なのはどれか。

1. 12個
2. 16個
3. 20個
4. 24個
5. 28個

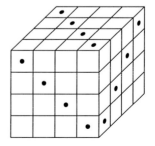

次の図のような星型の図形があり，○
の中に1～12の自然数を並べると，1つの
直線で結ばれた4個の○の中の自然数の和
がそれぞれ同じになるとき，◎の部分に入
る自然数として，最も妥当なのはどれか。

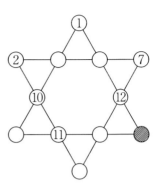

1. 4
2. 5
3. 6
4. 8
5. 9

16 A～Cの3人の所持金の平均は575円で，2人ずつの平均の所持金の
比は，7：11：12である。3人のいずれかが持っている金額として，最も
妥当なのはどれか。

1. 340円
2. 380円
3. 460円
4. 520円
5. 580円

17 濃度10％の食塩水120gに食塩を加えて濃度20％の食塩水にしたい。
加える食塩の量として，最も妥当なのはどれか。

1. 15g
2. 16g
3. 17g
4. 18g
5. 19g

18 0～4のうちの異なる数字を使ってできる3桁の偶数の個数として，最
も妥当なのはどれか。

1. 28個
2. 30個
3. 32個

4.　34個

5.　36個

19　次のグラフは，ある学校の生徒を対象に行った数学のテストの点数を，累積相対度数（点数の階級に従って，全体に対する割合を累積したもの）でまとめたものである。この折れ線グラフを，相対度数分布の棒グラフに書き換えたものとして，最も妥当なのはどれか。

数学の点数の累積相対度数

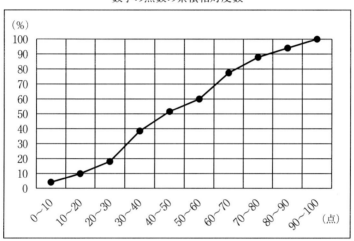

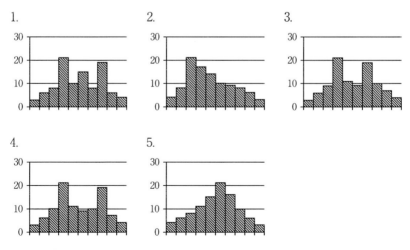

20 次の表は，ある国のパソコン生産量の推移をまとめたものである。この表から判断できることとして，最も妥当なのはどれか。

	2005年	2010年	2011年	2012年	2013年	2014年	2015年	2016年	2017年	2018年
生産量 （千台）	1,924	3,018	3,034	3,015	3,071	3,747	6,382	8,942	10,092	9,639

1. 2010年，2011年，2012年の対前年増減率は，ほぼ等しい。
2. 2015年の対前年増加率は，80％以上である。
3. 2015年から生産量が急増したのは，SNSが急速に普及したことによる。
4. 2017年に初めて生産量が1億台を越えた。
5. 2018年の生産量は，2005年の生産量の約5倍である。

21 次のグラフは，全国の小中高生の1か月間の平均読書冊数の推移をまとめたものである。このグラフから判断できることとして，最も妥当なのはどれか。

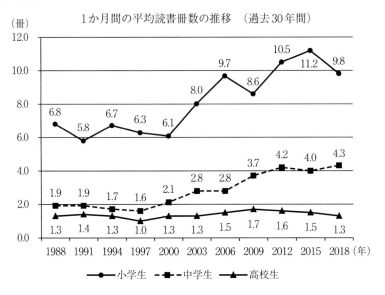

1. 2003年と2006年についてみると，小学生の1か月間の平均読書冊数の伸び率（対前回）はいずれも30％以上であった。
2. 中学生の1か月間の平均読書冊数の伸び率（対前回）についてみると，

2009年から2012年にかけてより，1997年から2000年にかけての方が大きい。

3. 2000年から2003年にかけての1か月間の平均読書冊数の伸び率（対前回）は，小学生の方が中学生より大きい。

4. 小中高生全体の1か月間の平均読書冊数に占める高校生の1か月間の平均読書冊数の割合が，30年間で最大になったのは2009年である。

5. 2015年から2018年にかけて小学生の1か月間の平均読書冊数は大きく減少している。このことは，近年言われている「子どもの読書離れ」の傾向を表す1つの根拠になる。

22 次の表は，水使用量及び水使用量の用途別構成率をまとめたものである。この表から判断できることとして，最も妥当なのはどれか。ただし，水使用量とは，1日1人の平均水使用量である。

	水使用量（L）	水使用量の用途別構成率（%）			
		風呂・シャワー	トイレ	洗濯機	炊事・その他
オーストラリア	241	20	20	12	48
日本	224	40	22	15	23
アメリカ	222	22	24	16	38
シンガポール	151	29	16	19	36
イギリス	151	34	30	13	23
フランス	145	39	20	12	29
ドイツ	115	30	32	14	24

1. 日本のトイレの水使用量は，日本の洗濯機の水使用量の1.5倍を上回る。

2. アメリカの洗濯機の水使用量は，ドイツのトイレの水使用量よりも多い。

3. ドイツの風呂・シャワーの水使用量は，日本の風呂・シャワーの水使用量の40%を上回っている。

4. 風呂・シャワーとトイレの水使用量を加えたものを，シンガポールとイギリスで比較したとき，その差は30L以上になる。

5. フランスの洗濯機の水使用量は，オーストラリアの洗濯機の水使用量の約60%である。

23 次の表は，日本の総人口（日本人と外国人の総和），日本人及び外国人の人口増加率の推移をまとめたものである。この表から判断できることとして，最も妥当なのはどれか。

	日本の総人口（万人）	5年間の人口増加率（%）	
		日本人	外国人
昭和50年	11,194	—	—
昭和55年	11,706	4.6	4.2
昭和60年	12,105	3.4	7.7
平成2年	12,361	1.8	23.1
平成7年	12,557	1.6	28.6
平成12年	12,693	0.9	14.9
平成17年	12,777	0.3	18.7
平成22年	12,806	− 0.3	5.9
平成27年	12,709	− 0.9	6.3

1. 平成22年から平成27年にかけての人口増加率を見ると，人口上位20か国の中で日本だけが減少している。
2. 昭和55年以降，日本人の人口はずっと減少している。
3. 外国人の人口が最も多いのは，平成7年である。
4. 平成27年の日本人の人口に一番近いのは，平成7年の日本人の人口である。
5. 平成17年以降の10年間で，日本人の人口は年平均1.2％の割合で減少している。

24 我が国の国会または内閣に関する記述として，最も妥当なのはどれか。
1. 参議院議員の任期は6年であるが，3年ごとに議員の半数が改選される。
2. 会期前に逮捕された両議院の議員は，常に，会期中は釈放しなければならない。
3. 内閣は，国会の臨時会の召集を決定することはできない。
4. 内閣の国務大臣は，全員，国会議員の中から選ばれなければならない。
5. 内閣は，任意に国務大臣を罷免することはできない。

25 日本国憲法に規定する裁判所に関する記述として，最も妥当なのはどれか。
1. すべて裁判官は，その良心に従い独立してその職権を行い，日本国憲法にのみ拘束される。

2.　裁判官は，すべて定期に相当額の報酬を受け，この報酬は，在任中，減額することができない。

3.　天皇は，国会の指名に基いて，最高裁判所の長たる裁判官を任命する。

4.　裁判官は，裁判により，心身の故障のために職務を執ることができないと決定された場合以外に罷免されることはない。

5.　最高裁判所は，一切の法律，命令，規則または処分が憲法に適合するかしないかを決定する権限を有する唯一の裁判所である。

[26]　我が国の内閣に関する記述として，最も妥当なのはどれか。

1.　内閣総理大臣は国会議員のなかから選ばれ，国会によって任命される。

2.　日本国憲法第66条は「国務大臣は，国会に対して各々が責任を負ふ」としている。

3.　閣議は非公開とされ，過半数の賛成で意思決定を行っている。

4.　内閣は一般行政事務のほか，法律の誠実な執行や国務の総理なども行う。

5.　内閣は裁判官を罷免するための弾劾裁判所を設けることができる。

[27]　国際経済体制に関する次の記述で，　A　〜　C　に当てはまる語句の組合せとして，最も妥当なのはどれか。

　国際経済においては，それまでの秩序に大きな変革を迫るような大事件がしばしば発生する。たとえば，1971年には，アメリカのニクソン大統領が金とドルの交換を　A　し，経常収支を改善するために輸入課徴金を課すことなどを内容とする新政策を発表した。その後これを受けて主要各国は変動為替相場制に移行し，1976年には　B　合意でこれが追認された。また，1985年のプラザ合意では，それまで続いていた　C　を是正することで各国が合意し，市場への協調介入が行われた。

	A	B	C
1.	解禁	スミソニアン	ドル安
2.	解禁	キングストン	ドル高
3.	停止	スミソニアン	ドル高
4.	停止	スミソニアン	ドル安
5.	停止	キングストン	ドル高

28 近年の国際情勢に関する記述として，最も妥当なのはどれか。

1. 逃亡犯引き渡し条例案をめぐり，台湾で大規模な市民デモが繰り広げられた。

2. 日本政府は，日韓間の軍事情報包括保護協定（GSOMIA）の破棄を韓国側に通告した。

3. イギリスで政権交代が起こり，ジョンソン首相からメイ首相に政権が引き継がれた。

4. 史上初の米朝首脳会談を受けて，アメリカと北朝鮮の間で国交が樹立された。

5. アメリカのトランプ大統領は，不公正貿易を理由として，中国に対し追加関税措置を実施した。

29 世界遺産に関する次の記述で，　A　～　D　に当てはまる語句の組合せとして，最も妥当なのはどれか。

2019年，　A　の世界遺産委員会は，我が国の「　B　」を世界文化遺産に登録すると決定した。日本国内の世界文化遺産登録はこれが　C　，世界自然遺産も含めた世界遺産は23件目となる。　B　は，その　D　が特徴となっており，歴史的価値の高いものであるが，今後はその保存と公開のあり方をめぐり，議論が起こる可能性もある。

	A	B	C	D
1.	ユネスコ	百舌鳥・古市古墳群	19件目	多様な規模と形状
2.	ユネスコ	長崎と天草地方の潜伏キリシタン関連遺産	9件目	統一的な様式美
3.	ユネスコ	百舌鳥・古市古墳群	9件目	多様な規模と形状
4.	ユネップ	長崎と天草地方の潜伏キリシタン関連遺産	9件目	多様な規模と形状
5.	ユネップ	百舌鳥・古市古墳群	19件目	統一的な様式美

30 アメリカの独立に関する次のA～Cの記述の正誤の組合せのうち，最も妥当なのはどれか。

A 1773年，イギリス本国政府が茶法によって西インド会社からアメリカの茶貿易独占権を剥奪すると，アメリカの植民地人は西インド会社の船

荷を海に投棄するボストン茶会事件を起こした。

B　イギリス本国とアメリカ植民地との緊張が高まる中で，1775年4月，ボストン植民地のレキシントンとコンコードで武力衝突が起き，リンカン総指令官は戦闘態勢をとった。

C　トマス・ペインは「コモン＝センス」を著し，アメリカの独立の正当性を強調した。1776年7月には，ジェファソンが中心に起草した独立宣言を公布した。

	A	B	C
1.	正	誤	正
2.	正	誤	誤
3.	誤	正	正
4.	正	正	誤
5.	誤	誤	正

31 江戸幕府に関する記述として，最も妥当なのはどれか。

1.　5代将軍の徳川綱吉は，老中水野忠邦らを重用して天保の改革と呼ばれる政治を行った。

2.　6代将軍の徳川家宣のとき，儒学者の柳沢吉保は経済混乱を解決するために貨幣改鋳を禁止する正徳の治と呼ばれる政治改革を行った。

3.　8代将軍の徳川吉宗は，目安箱を設置したり，質素・倹約を進めるなどの寛政の改革を実行した。

4.　10代将軍の徳川家治のときには，田沼意次が老中となり，商人の力を利用して財政再建をはかった。

5.　老中松平定信は，朱子学を異学とし，国学を正学とする異学の禁を行った。

32 地中海性気候区に関する次の記述で， A 〜 D に当てはまる語句の組合せとして，最も妥当なのはどれか。

地中海沿岸から西アジアにかけての地域に広くみられるほか，緯度や山脈の影響により南・北アメリカやオーストラリア A などにも分布する。年降水量は比較的少なく，降水の大半は冬の B 帯に発生する低気圧や前線によってもたらされる。夏は C 帯にはいり，高温で乾燥する。このため，耐乾性の強い植物が育ち，オリーブ，コルクがし， D ，ぶどうといった樹木作物や果樹の栽培が盛んである。

	A	B	C	D
1.	北部	熱帯収束	亜寒帯低圧	いちじく
2.	南部	亜寒帯低圧	亜熱帯高圧	いちじく
3.	北部	亜寒帯低圧	熱帯収束	なつめやし
4.	南部	極高圧	熱帯収束	なつめやし
5.	北部	極高庄	亜熱帯高圧	なつめやし

33 四字熟語の漢字がすべて正しいのはどれか。
1. 厚顔無知
2. 私行錯誤
3. 金貨玉条
4. 自然唐汰
5. 才色兼備

34 ことわざ「流れに棹さす」の意味として，最も妥当なのはどれか。
1. 話の腰を折るような無粋なこと
2. 勢いや時流に乗ってさらに調子づくこと
3. 不利な形成のときに一矢報いること
4. 災いが続けて起こること
5. 強い相手には逆らうことなく従った方がよいということ

35 意味が反対の熟語の組合せとして，最も妥当なのはどれか。
1. 傲慢 ── 強欲
2. 粗雑 ── 野暮
3. 不穏 ── 緊急
4. 特例 ── 通例
5. 雌伏 ── 昇華

36 $\dfrac{\sqrt{3}}{\sqrt{6}+\sqrt{3}}-\dfrac{\sqrt{3}}{\sqrt{6}-\sqrt{3}}$ を計算したものとして，最も妥当なのはどれか。

1. $2\sqrt{2}$
2. $-2\sqrt{2}$
3. 2
4. 0
5. -2

37 $90°<\theta<180°$ で，$\sin\theta=\dfrac{3}{4}$ のとき，$\cos\theta$ の値として，最も妥当なのはどれか。

1. $\dfrac{5}{4}$
2. $-\dfrac{5}{4}$
3. $\dfrac{\sqrt{7}}{4}$
4. $-\dfrac{\sqrt{7}}{4}$
5. $-\dfrac{3}{7}\sqrt{7}$

38 △ABCにおいて，$a=7$，$b=5$，$c=3$のとき，△ABCの面積として，最も妥当なのはどれか。

1. $\dfrac{15}{2}\sqrt{3}$
2. $\dfrac{15}{4}$
3. $\dfrac{15}{4}\sqrt{2}$
4. $\dfrac{15}{4}\sqrt{3}$
5. $\dfrac{15}{2}$

39 $|3x-5|<6$ を満たす整数 x の個数として，最も妥当なのはどれか。

1. 2個
2. 3個
3. 4個
4. 5個
5. 6個

40 力学に関する次の記述で， A ～ C に当てはまる語句の組合せとして，最も妥当なのはどれか。

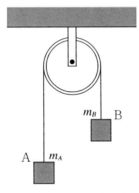

上の図のように，なめらかに回る軽い滑車に軽くて伸びない糸をかけ，糸の両端に質量 m_A，m_B（$m_A < m_B$）のおもり A，B をつけて静かに離した。重力加速度の大きさを g とする。加速度の大きさは A で表され，糸の張力の大きさは B で表される。また，$m_B = 2m_A$ のとき，加速度 A は重力の C 倍となる。

	A	B	C
1.	$\dfrac{m_B + m_A}{m_B - m_A} g$	$\dfrac{2m_A m_B}{m_B - m_A} g$	3
2.	$\dfrac{m_B - m_A}{m_B + m_A} g$	$\dfrac{2m_A m_B}{m_B + m_A} g$	$\dfrac{1}{3}$
3.	$\dfrac{m_B - m_A}{m_B + m_A} g$	$\dfrac{2m_A^2}{m_B + m_A} g$	$\dfrac{1}{3}$
4.	$\dfrac{m_B + m_A}{m_B - m_A} g$	$\dfrac{m_A m_B}{m_B - m_A} g$	3
5.	$\dfrac{m_B - m_A}{m_B + m_A} g$	$\dfrac{2m_B^2}{m_B + m_A} g$	$\dfrac{1}{3}$

41 **力学に関する記述として，最も妥当なのはどれか。**

1. 重力のみはたらく空間において小球をある高さから水平方向に一定速度で投げた場合，水平方向は等加速度運動，鉛直方向は自由落下をする。

2. 伸縮しない軽いひもの片側におもりを付けて微小振動を行う機構を単振り子という。単振り子を最上点から静かに放したとき，張力は正の仕事をする。

3. 衝突前の速さに対する衝突後の速さの比を反発係数という。反発係数が1のとき，弾性衝突といい，それが0のときは非弾性衝突という。

4. 1つの物体に，同一直線上になく互いに平行で逆向きの大きさの等しい2つの力がはたらくとき，この力の組を偶力という。

5. 物体にはたらくとき，物体には力と同じ向きに加速度が生じるが，加速度は質量に比例する。

42 **質量パーセント濃度3.0%の塩化ナトリウムNaCl水溶液2.0 [L] に含まれるナトリウムイオンNa$^+$の物質量として，最も妥当なのはどれか。ただし，この水溶液の密度は1.0 [g/cm^3] とし，原子量はNa＝23.0，Cl＝35.5とする。また，選択肢の数値は小数点以下第2位を切り捨てたものである。**

1. 1.0 [mol]
2. 2.0 [mol]
3. 3.0 [mol]
4. 4.0 [mol]
5. 5.0 [mol]

43 **酸と塩基に関する記述として，最も妥当なのはどれか。ただし，水のイオン積は [H$^+$] [OH$^-$]＝10^{-14} (mol/L)^{2}とする。**

1. 0.010mol/Lの塩酸のpHは4より大きい。

2. 0.010mol/Lの水酸化ナトリウム水溶液のpHは10より小さい。

3. pH＝2の硫酸の水素イオン濃度は [H$^+$]＝10^{-1}mol/Lである。

4. pH＝4の塩酸の水酸化物イオン濃度は [OH$^-$]＝10^{-10}mol/Lである。

5. pH＝10の水酸化ナトリウム水溶液の水素イオン濃度は [H$^+$]＝10^{-4}mol/Lである。

44 **呼吸に関する記述として，最も妥当なのはどれか。**

1. 呼吸には，ゴルジ体が関与している。ゴルジ体は長さ1～数μmの細胞小器官で，呼吸に関する酵素をもっており，ほとんどの真核生物の細胞に存在する。

2. 細胞内の呼吸の反応では，グルコースなどの有機物が酸素と水を用いて分解され，最終的に二酸化炭素ができる。この過程で取り出されるエネルギーがATPの化学エネルギーに変換される。

3. 呼吸によって分解される物質を呼吸基質という。呼吸基質には，炭水化物のみが用いられる。

4. 1分子のグルコースが呼吸によって分解された場合，合計で最大38分子のATPが合成される。

5. 微生物の中には，酸素を使わずに有機物を分解してエネルギーを取り出すものがある。このはたらきを解糖といい，酵母が行う解糖は，アルコール飲料の製造に利用される。

45 **DNAに関する記述として，最も妥当なのはどれか。**

1. DNAは，ヌクレオチド鎖2本が互いに向かいあい，内側に突き出た塩基どうしが水素結合して全体にねじれた二重らせん構造をしている。

2. ヌクレオチド鎖の構成単位はヌクレオチドであり，ヌクレオチドは核酸と糖と塩基からなる。

3. DNAを構成するヌクレオチドは，糖としてデオキシリボースをもち，アデニン，ウラシル，グアニン，シトシンの4種類の塩基のいずれかを含む。

4. 遺伝情報がDNA→RNA→タンパク質の順に一方向に伝達されることはすべての生物に共通するもので，クリック（イギリス）はこれを半保存的複製と呼んだ。

5. 放射線やある種の化学物質によって損傷を受けたり，複製時の誤りによってDNAの塩基配列が変化することがある。これをDNAの転写という。

《 解 答 ・ 解 説 》

1 5

解説 出典は岩本裕著『世論調査とは何だろうか』。要旨を問う問題である。正解以外の選択肢には，誇張したところや本文に合致しないところがあるので，そこに注意する。

2 1

解説 出典は黒井千次著『働くということ―実社会との出会い』。要旨を問う問題である。「サラリーマン」が本文中でどのように位置付けられていたかを考えて，正解を絞り込むとよい。

3 3

解説 出典は石田衣良著『モーツァルトのいる休日―大人の楽しむクラシック』。要旨を問う問題である。どの選択肢も「モーツァルト」に言及しているが，正解とそれ以外を見分ける手がかりは，本文を理解できていれば見つけられる。

4 4

解説 出典は松原隆彦著『目に見える世界は幻想か？―物理学の思考法』。要旨を問う問題である。「物理学」「計算」などについての記述を整理して，内容を正しく理解しよう。

5 3

解説 出典は鷲田清一著『哲学の使い方』。要旨を問う問題である。基本的には「どの選択肢が正解か」より「どの選択肢がどのように本文に合致していないか」を消去法で考えるとよい。

6 1

解説 「これはだれのラケットですか」―「私の兄（弟）のものです」。whose「だれの，だれのもの」。which「どちら，どちらの」。what「何，何の」。whichever「どれでも」。who「だれ」。

7 2

解説 There is/are 〜．は「〜がある（いる）。」と存在を表す言い方。動詞
haveを使って書き換えることができる。「一週間は7日あります。」。

8 1

解説 He is not a man to waste his time.「彼は時間を無駄にするような
男ではない」となる。不定詞〈to＋動詞の原形〉が直前の名詞a manを説明し
ている。

9 2

解説 以下のようなベン図を描いて考える。ただし，確実に存在する場合
は✓，存在しない場合は×，判断がつかない場合は何も印をつけないものと
する。条件アより，「地理A」，「日本史A」，「世界史A」のいずれも履修して
いない者は存在しない。条件ウより，「地理A」と「日本史A」のみを履修し
ている者は存在するが，「地理A」のみを履修している者は存在しない。条件
エより，「地理A」と「世界史A」のみを履修している者，および「地理A」，
「日本史A」，「世界史A」のいずれも履修している者は存在しない。以上より，
ベン図は次のようになる。

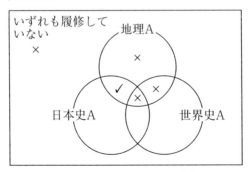

1：誤り。「日本史A」を履修しているが「地理A」を履修していない者がいる
可能性がある。　2：正しい。「地理A」と「世界史A」を両方履修している者
は存在しないので，「『地理A』を履修している生徒は，『世界史A』を履修し
ていない」は確実にいえる。　3：誤り。「1科目も履修していない者はいな
い」，および「3科目すべて履修している者はいない」は確実にいえるが，「1
科目だけ履修している者はいない」と確実にいうことはできない。　4：誤り。

118

３科目とも履修している者は存在しないが，「日本史Ａ」と「世界史Ａ」の両方を履修している者が存在するか判断できない。　**5：誤り。**「日本史Ａ」または「世界史Ａ」だけを履修している者が存在するか判断できない。

10 2

解説 条件イ，ウより，以下のような表が作成できる。ただし，友人関係にあることが確定した場合は○，友人関係にないことが確定した場合は×とする。

	A	B	C	D	E
A					○
B				×	
C					
D		×			
E	○				

1：誤り。 ＡとＢが友人関係にある場合，条件アよりＡは残ったＣとＤとは友人関係にないことになる。すると，ＤはＣとＥと友人関係にあることになり，ＥはＢとＣと友人関係にないことになり，ＢとＣは友人関係にあることになるので，条件ア〜ウと矛盾することなく表が完成する。よって，「ＡとＣは友人関係にない」は確実にはいえない。　**2：正しい。** ＡとＣが友人関係にある場合，条件アよりＡは残ったＢとＤとは友人関係にないことになる。すると，ＢはＣとＥと友人関係にあり，ＤはＣとＥと友人関係にあることになるが，これではＣとＥがそれぞれ３人と友人関係にあることになってしまい条件アと矛盾する。よって，「ＡとＣとは友人関係にない」は確実にいえる。

	A	B	C	D	E
A		×	○	×	○
B	×		○	×	○
C	○	○			○
D	×	×			
E	○	○			

※条件アと矛盾

3：誤り。 ＡとＤが友人関係にない場合，ＤはＣとＥと友人関係にあることになり，ＥはＢとＣと友人関係にないことになり，ＢはＡとＣと友人関係にあることになり，ＡとＣは友人関係にないことになるので，条件ア〜ウと矛盾することなく表が完成する。よって，「ＡとＤは友人関係にある」は確実にはいえない。　**4：誤り。** ＢとＣが友人関係にない場合，ＢはＡとＥと友人関係にあることになり，ＡはＣとＤと友人関係にないことになり，ＣはＤとＥと友人関係にあることになる。すると，この時点でＥはＡ，Ｂ，Ｃの３人と友人

関係にあることになるため，条件アと矛盾する。よって，「BとCとは友人関係にない」は誤りである。　5：誤り。BとEが友人関係にない場合，BはAとCと友人関係にあることになり，AはCとDと友人関係にないことになり，DはCとEと友人関係にあることになり，CとEは友人関係にないことになるので，条件ア〜ウと矛盾することなく表が完成する。よって，「BとEとは友人関係にある」は確実にはいえない。

11 2

解説 Aの到着時刻を基準（0分）として，早く到着した場合はその差を−，遅く到着した場合はその差を＋とし，わからないものは−の場合と＋の場合に分け，樹形図を作成する。すると，条件ア〜エより以下の樹形図が作成できる。

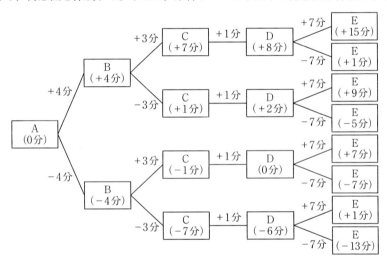

ここで，条件オより，EとAとの到着時刻の差は5分なので，Eの到着時刻のうち，＋5分または−5分することでAの到着時刻0分となるものを選べばよく，これを満たすのはEの到達時刻が−5分の場合だけである。よって，到着時刻が早いものから順に，E（−5分）→A（0分）→C（＋1分）→D（＋2分）→B（＋4分）となる。したがって，選択肢2の「最初に到着したのはEで，Bより9分早かった」が最も妥当である。

12 2

解説 日本語の「9月」に対応する英単語は「September」であり，それぞれのアルファベットを1字ずつ後にずらすことで「Tfqufncfs」という暗号になる。よって，「Gfcsvbsz」という暗号のそれぞれのアルファベットを1字ずつ前に戻すと「February」となるが，これは日本語で「2月」を意味している。したがって，最も妥当な選択肢は2となる。

13 4

解説 図Ⅱより，黒いマスは全部で8個あるので，図形Aと図形Bは合計8枚必要となる。黒いマスに注目して図Ⅱの長方形の4つの角から考えていき，まず上の2つの角には図形B，下の2つの角には図形Aを当てはめる。すると，図形Aを2枚，図形Bを2枚使用することで以下の並べ方となる。次に，以下のように図形Aを3枚，図形Bを1枚並べることで，図Ⅱの長方形が完成する。したがって，全部で図形Aを5枚，図形Bを3枚使用することになる。

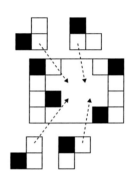

14 4

解説 次のように，問題文の大立方体のそれぞれの段をスライスして上から見た平面図を考え，穴が空いたマスには●をつける。まず，問題文のように大立方体の真上から反対側の面まで垂直に穴を空けると，すべての段の同じマスに穴が空くので，それぞれの段の平面図は以下のようになる。

1番上の段　　上から2番目の段　　下から2番目の段　　1番下の段

次に，問題文のように大立方体の正面から反対側の面まで垂直に穴を空けると，1番上の段では左端の列，上から2番目の段では左から2番目の列，下か

ら2番目の段では右から2番目の列，1番下の段では右端の列の全てのマスに穴が空くので，それぞれの段の平面図は以下のようになる。

1番上の段　　　上から2番目の段　　　下から2番目の段　　　1番下の段

さらに，問題文のように大立方体の右側から反対側の面まで垂直に穴を空けると，1番上の段では1番上の行，上から2番目の段では上から2番目の行，下から2番目の段では下から2番目の行，1番下の段では1番下の行の全てのマスに穴が空くので，それぞれの段の平面図は以下のようになる。

1番上の段　　　上から2番目の段　　　下から2番目の段　　　1番下の段

よって，穴の開いていない小立方体の個数は，1番上の段では6個，上から2番目の段では6個，下から2番目の段では6個，1番下の段では6個となり，合計24個となる。

15　2

解説 問題文のような六芒星の魔法陣において，1〜12の自然数を並べると，1つの直線で結ばれた4つの自然数の和は26となる。まだ数字が決まっていないところをそれぞれA〜Fとすると，これら6つの○の中には3，4，5，6，8，9のいずれかの自然数が入ることになる。まず，Fについては，2＋10＋11＋F＝26より，F＝3となる。次に，Dについては，7＋12＋D＋F＝7＋12＋D＋3＝26より，D＝4となる。ここまでで残っている自然数は5，6，8，9となる。次に，Eに入る自

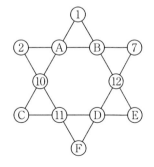

然数を考える。まず，1 + B + 12 + E = 26より，B + E = 13となるが，残りの自然数のうちこの条件を満たすのは5と8の組合せだけなので，Eには5または8が入るはずである。また，C + 11 + D + E = C + 11 + 4 + E = 26より，C + E = 11となるが，残りの自然数のうちこの条件を満たすのは5と6の組合せだけなので，Eには5または6が入るはずである。したがって，Eに入る自然数は5となる。参考までに，残ったBには8，Cには6，Aには9が入ることになる。

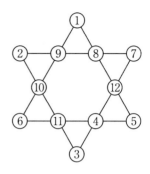

16 3

解説 A～Cの所持金の平均は575円なので，それぞれの所持金をa円，b円，c円とすると，$a + b + c = 575 \times 3 = 1,725 \cdots$①となる。また，2人ずつの平均の所持金の比が7：11：12なので，$\dfrac{a+b}{2} = 7x$，$\dfrac{b+c}{2} = 11x$，$\dfrac{c+a}{2} = 12x$とおくと，$a + b = 14x \cdots$②，$b + c = 22x \cdots$③，$c + a = 24x \cdots$④が成り立つ。式②＋式③＋式④より，$2(a + b + c) = 60x$，$a + b + c = 30x$となるが，さらに式①より，$30x = 1,725$が成り立ち，$x = 57.5$となる。これを式②，③，④に代入すると，$a + b = 805 \cdots$②′，$b + c = 1,265 \cdots$③′，$c + a = 1,380 \cdots$④′となる。式③′－式②′より$c - a = 460 \cdots$⑤，式⑤＋式④′より$2c = 1,840$となるので，$c = 920$となる。これを式④′に代入すると$a = 460$，式③′に代入すると$b = 345$となる。したがって，A～Cの3人の所持金は，それぞれ460円，345円，920円となる。

17 1

解説 （食塩水の濃度［％］）$= \left(\dfrac{食塩の量}{食塩水全体の量} \times 100 \right)$と表せる。もとの食塩水中の食塩の量を$x$［g］とすると，食塩水全体の量は120g，濃度は10％なので，$\dfrac{x}{120} \times 100 = 10$が成り立ち，$x = 12$［g］となる。また，この食塩水に加えた食塩の量を$y$［g］とすると，濃度は20％となるので，$\dfrac{12 + y}{120 + y} \times 100 = 20$が成り立ち，$100(12 + y) = 20(120 + y)$，$y = 15$［g］となる。したがって，加える食塩水の量は15gとなる。

18 2

解説 一の位の数が0になるときと，0以外になるときで場合分けして考える。一の位の数が0になるとき，百の位の数は1〜4の4つの数のうちいずれか1つを使い，十の位の数は残り3つの数のうちいずれか1つを使うので，選び方は $4 \times 3 = 12$［通り］となる。次に，一の位の数が0以外になるとき，一の位の数は2または4のうちどちらかを使い，百の位の数は一の位の数と0以外の3つの数のうちいずれか1つを使い，十の位の数は残りの3つの数のうちいずれか1つを使うので，選び方は $2 \times 3 \times 3 = 18$［通り］となる。ここで，一の位の数が0になるときと，0以外になるときは，同時には起きないので，3桁の偶数は全部で $12 + 18 = 30$［個］できることになる。

19 3

解説 問題文の「数学の点数の累積相対度数」のグラフのうち，特徴的なところを挙げていく。まず，20〜30［点］の累積相対度数が約18％なのに対し，30〜40［点］では約39％となっているため，30〜40［点］の全体に対する割合は20％以上と読み取れる。よって，選択肢の棒グラフのうち，左から4つ目のデータが20％を下回っている選択肢2と5は誤りとなる。次に，50〜60［点］の累積相対度数が約60％なのに対し，60〜70［点］では約78％となっているため，60〜70［点］の全体に対する割合は20％弱と読み取れる。よって，選択肢の棒グラフのうち，左から7つ目のデータが20％弱となるはずであり，これを満たさない選択肢1，4は誤りとなる。したがって，最も妥当な選択肢は3となる。

20 5

解説 1：誤り。（今年の対前年増減率［％]）$= \left(\dfrac{今年の生産量}{前年の生産量} \times 100 - 100 \right)$ と表せる。よって，資料には2009年の生産量が記載されていないため，2010年の対前年増減率を求めることができず，判断することができない。 2：誤り。（2015年の対前年増加率）$= \left(\dfrac{2015の生産量}{2014の生産量} \times 100 - 100 \right) = \left(\dfrac{6,382}{3,747} \times 100 - 100 \right) \fallingdotseq 70.3$［％］となるので，2015年の対前年増加率は80％を下回っている。3：誤り。資料からはSNSに関する情報が読み取れないので，判断できない。4：誤り。2017年の生産量は10,092［千台］= 1,009万2千［台］なので，1億

［台］を超えていない。　5：正しい。（2005年の生産量の5倍）＝ 1,924 × 5 ＝ 9,620［千台］÷（2018年の生産量）9,639［千台］より，2018年の生産量は2005年の生産量の約5倍と判断できる。

21 2

解説 1：誤り。（今回の平均読書冊数の伸び率［％］）＝ $\left(\dfrac{今回の平均読書冊数}{前回の平均読書冊数}\right.$ $\left.\times 100 - 100\right)$ と表せる。2003年の小学生の1か月間の平均読書冊数は1.3冊であり，これは2000年と等しいので伸び率は0％である。　2：正しい。2009年から2012年にかけての中学生の1か月間の平均読書冊数の伸び率は $\left(\dfrac{4.2}{3.7} \times\right.$ $\left. 100 - 100\right)$［％］，1997年から2000年にかけての中学生の1か月間の平均読書冊数の伸び率は $\left(\dfrac{2.1}{1.6} \times 100 - 100\right)$［％］と表せる。ここで，$\dfrac{4.2}{3.7}$ と $\dfrac{2.1}{1.6}$ という分数の大小を比較するために分子の数を等しくすると $\dfrac{4.2}{3.7}$ および $\dfrac{4.2}{3.2}$ となり，分子の数が等しい場合は分母の数が小さい方が大きな数となるので，$\dfrac{4.2}{3.7} < \dfrac{2.1}{1.6}$ となる。すると，$\left(\dfrac{4.2}{3.7} \times 100 - 100\right) < \left(\dfrac{2.1}{1.6} \times 100 - 100\right)$ と判断できるので，中学生の平均読書冊数の伸び率は1997年から2000年にかけての方が大きいことになる。　3：誤り。2000年と2003年の小学生の1か月間の平均読書冊数はいずれも1.3冊なので，伸び率は0％となる。一方，2000年と2003年の中学生の1か月間の平均読書冊数は，それぞれ2.1冊，2.8冊であり，伸び率は0％を超えるため小学生の伸び率より大きくなる。　4：誤り。2009年の小中高生全体の1か月間の平均読書冊数に占める高校生の1か月間の平均読書冊数の割合は $\dfrac{8.6}{1.7 + 3.7 + 8.6} = \dfrac{8.6}{14} ≒ 0.614$，2015年では $\dfrac{11.2}{1.5 + 4.0 + 11.2} = \dfrac{11.2}{16.7} ≒$ 0.671 となる。よって，2009年の小中高生全体の1か月間の平均読書冊数に占める高校生の1か月間の平均読書冊数の割合が，最大というわけではない。5：誤り。この資料だけでは，「子どもの読書離れ」の傾向を表す根拠となるか判断できない。

22 5

解説 1：誤り。同じ国における水使用量の用途別構成率は，その国の用途別の水使用量の実数の大小を比較する際に利用することができる。すると，日本の洗濯機の水使用量の1.5倍は $15 × 1.5 = 22.5$ となり，これは日本のトイレの水使用量22より大きくなるので，日本のトイレの水使用量は日本の洗濯機の水使用量の1.5倍を上回っていない。 2：誤り。アメリカの洗濯機の水使用量は $(222 × 0.16)$ [L]，ドイツのトイレの水使用量は $(115 × 0.32)$ [L]と表せる。ここで，かけ算の性質を考えると，アメリカの水使用量222Lはドイツの水使用量115Lの2倍未満であり，アメリカの洗濯機の水使用量の構成率16％はドイツのトイレの水使用量の構成率32％の $\frac{1}{2}$ 倍なので，$(222 × 0.16)$ [L] $<$ $(115 × 0.32)$ [L]と判断できる。よって，アメリカの洗濯機の水使用量はドイツのトイレの水使用量より少ないと判断できる。 3：誤り。ドイツの風呂・シャワーの水使用量は $115 × 0.30 = 34.5$ [L]，日本の風呂・シャワーの水使用量の40％は $224 × 0.40 × 0.40 = 35.84$ [L]より，ドイツの風呂・シャワーの水使用量は日本の風呂・シャワーの水使用量の40％を下回っている。 4：誤り。シンガポールの風呂・シャワーとトイレの水使用量の合計は $151 × (0.29 + 0.16) = 151 × 0.45$ [L]，イギリスの風呂・シャワーとトイレの水使用量の合計は $151 × (0.34 + 0.30) = 151 × 0.64$ [L]と表せる。ここで，どちらの国の水使用量も151Lと等しいので，両国の風呂・シャワーとトイレの水使用量の合計の差は，$151 × (0.64 - 0.45) = 151 × 0.19 = 28.69$ [L]となり，30 [L]未満である。 5：正しい。フランスの洗濯機の水使用量は $145 × 0.12 = 17.4$ [L]となり，オーストラリアの洗濯機の水使用量の60％は $241 × 0.12 × 0.60 = 17.352$ [L] $\fallingdotseq$ 17.4 [L]となる。よって，他の選択肢と比べて，選択肢5が最も妥当と判断できる。

23 4

解説 1：誤り。資料からは人口上位20か国に関する情報が読み取れないので，判断できない。 2：誤り。(今回の増加率 [％]) $= \left(\dfrac{今回の人口}{前回の人口} × 100 - 100\right)$ より，(今回の対前年増加率 [％]) < 0 のとき，(今回の人口) $<$ (前回の人口)となる。よって，日本人の人口が減少したのは，5年間の人口増加率が負の値となった平成22年以降である。 3：誤り。平成12年の外国人の5

年間の人口増加率は14.9%と正の値なので，平成12年における外国人の人口は，平成7年における外国人の人口より多いことになる。よって，平成7年における外国人の人口が最も多いわけではない。　4：正しい。（前回の人口）＝（今回の人口）$\times \dfrac{100}{\text{今回の増加率［\%］}+100}$と表せる。平成27年の日本人の人口を100とすると，（平成22年の日本人の人口）＝（平成27年の日本人の人口）$\times \left(\dfrac{100}{\text{平成27年の日本人の5年間の人口増加率}+100} \right) = 100 \times \dfrac{100}{-0.9+100} \fallingdotseq$ 100.9となる。同様の方法でそれぞれの年の日本人の人口を概算すると，（平成17年の日本人の人口）$= 100.9 \times \dfrac{100}{-0.3+100} \fallingdotseq 101.2$，（平成12年の日本人の人口）$= 101.2 \times \dfrac{100}{0.3+100} \fallingdotseq 100.9$，（平成7年の日本人の人口）$= 100.9 \times \dfrac{100}{0.9+100} = 100$，（平成2年の日本人の人口）$= 100 \times \dfrac{100}{1.6+100} = 98.4$となり，昭和50年から平成2年にかけて日本人の人口は増えているので，平成27年の日本人の人口に一番近いのは平成7年の日本の人口と判断できる。　5：誤り。4より，平成17年から平成27年にかけて日本人の人口の減少量は101.2－100＝1.2と概算できるので，この10年間の減少率は$\dfrac{1.2}{101.2} \times 100 \fallingdotseq 1.2$［\%］となる。よって，この10年間の年平均の減少率は$\dfrac{1.2}{10} \fallingdotseq 0.12$［\%］となる。

24 1

解説 1：正しい。　2：日本国憲法第50条により，議院の要求がなければ，釈放しなくて良い。　3：日本国憲法第53条により，内閣は臨時会の召集を決定できる。また，いずれかの議院の総議員の4分の1以上の要求がある場合は，召集を決定しなければならない。　4：国務大臣の過半数を国会議員の中から選ばれなければならない。日本国憲法第68条第1項に示されている。　5：日本国憲法第68条に規定されており，国務大臣の任免は内閣総理大臣の権能であり，罷免は任意に行うことができる。

25 2

解説 1：憲法だけでなく，法律にも拘束される。日本国憲法第76条第1項に示されている。　2：正しい。　3：日本国憲法第79条第1項により，

最高裁判所長官を指名するのは内閣。国会が指名するのは内閣総理大臣である。 　4：日本国憲法第78条の通り，公の弾劾による罷免もある。 　5：日本国憲法第77条第3項および第81条により，違憲審査は下級裁判所も行えるが，最高裁判所は終審として違憲審査を行う権能を有する。

26 　4

解説 1：日本国憲法第6条にある通り，内閣総理大臣は，国会によって指名され，天皇によって任命される。 　2：内閣は国会に対して連帯責任を負う旨が記されている。 　3：閣議における議決は，多数決ではなく全員一致によるものとされている。 　4：正しい。 　5：日本国憲法第64条により，裁判官の弾劾裁判所を設けることができるのは，国会である。

27 　5

解説 A：ブレトンウッズ体制では，金1オンスあたり35ドルとの交換が保証されていたが，ニクソンショックによって崩壊した。 　B：キングストン合意とは，IMFの暫定委員会での合意のこと。スミソニアン合意はニクソンショック後に行われた固定相場制の維持に関する合意である。 　C：ドル高が是正されたことで，日本経済は円高不況に見舞われた。

28 　5

解説 1：台湾ではなく，香港に関する記述。 　2：2019年にGSOMIAの破棄を通告したのは，韓国。ただし，失効直前に韓国は破棄を撤回した。 3：メイ首相からジョンソン首相に引き継がれた。 　4：首脳会談後も，米朝両国は国交を樹立していない。 　5：正しい。

29 　1

解説 長崎と天草地方の潜伏キリシタン関連遺産は2018年に日本18件目の世界文化遺産に登録された。2021年2月現在日本では23件の世界遺産登録があるがそのうち自然遺産は屋久島（1993年登録），白神山地（1993年登録），知床（2005年登録），小笠原諸島（2011年登録）の4件のみである。またユネップ（United Nations Environment Programme：UNEP）は国際連合の環境分野における主要な機関である。国連環境計画で地球規模の環境課題を設

定したり，国連諸機関の環境に関する活動を総合的に調整・管理していくことが任務である。

30 5

解説 A：誤りである。1773年，イギリス本国政府は，アメリカにおける紅茶の販売独占権を東インド会社に与える茶法を発布した。アメリカの植民地人はこれに反発し，東インド会社の船荷を海に投棄するボストン茶会事件を起こした。　B：誤りである。レキシントンとコンコードで武力衝突が起こったときの総司令官は，リンカンではなくワシントンである。　C：正しい。最も妥当な組合せは5である。

31 4

解説 1：老中水野忠邦らを重用し天保の改革を行ったのは，5代将軍徳川綱吉ではなく12代将軍徳川家慶である。徳川綱吉が重用したのは，柳沢吉保らである。　2：正徳の治を行った儒学者は，柳沢吉保ではなく新井白石である。　3：8代将軍徳川吉宗が実行したのは，寛政の改革ではなく享保の改革である。寛政の改革は老中松平定信が行った。　4：妥当である。　5：老中松平定信は，朱子学を正学とし，それ以外を異学とする寛政異学の禁を行った。

32 2

解説 A：地中海性気候区の分布は，オーストラリアの西岸から南部にかけてである。南部があてはまる。　B：地中海性気候区の冬の降水は，亜寒帯低圧帯に発生する低気圧や前線によってもたらされる。亜寒帯低圧があてはまる。　C：地中海性気候区は，夏には亜熱帯高圧帯にはいり高温で乾燥する。　D：地中海性気候区で栽培されているのは，オリーブ・コルクがし・いちじく・ぶどうなどである。いちじくがあてはまる。なつめやしは乾燥帯の灌漑農業で栽培されている。

33 5

解説 1：「厚顔無恥」が正しい。　2：「試行錯誤」が正しい。　3：「金科玉条」が正しい。　4：「自然淘汰」が正しい。

34 2

解説 「流れに棹さす」は，棹を用いて船を進め流れに乗せること。転じて，物事が順調に進むこと。

35 4

解説 「特例」は特別に設けた例外。「通例」は通常のやり方。

36 5

解説 $\dfrac{\sqrt{3}}{\sqrt{6}+\sqrt{3}}-\dfrac{\sqrt{3}}{\sqrt{6}-\sqrt{3}}=\dfrac{\sqrt{3}\,(\sqrt{6}-\sqrt{3}\,)-\sqrt{3}\,(\sqrt{6}+\sqrt{3}\,)}{(\sqrt{6}+\sqrt{3}\,)(\sqrt{6}-\sqrt{3}\,)}=\dfrac{-3-3}{6-3}$

$=-2$

37 4

解説 $\sin^2\theta+\cos^2\theta=1$ より，$\cos\theta=\pm\sqrt{1-\sin^2\theta}=\pm\sqrt{1-\left(\dfrac{3}{4}\right)^2}=$ $\pm\dfrac{\sqrt{7}}{4}$ となる。ここで，$90°<\theta<180°$ のとき，$\cos\theta<0$ となるので，$\cos\theta$ $=-\dfrac{\sqrt{7}}{4}$ となる。

38 4

解説 $\triangle$ABC において，余弦定理より，$a^2=b^2+c^2-2bc\cos A$ が成り立つ。すると，$\cos A=\dfrac{b^2+c^2-a^2}{2bc}=\dfrac{5^2+3^2-7^2}{2\times5\times3}=\dfrac{-15}{30}=-\dfrac{1}{2}$ となる。また，$\sin^2A+\cos^2A=1$ より，$\sin A=\pm\sqrt{1-\cos^2A}=\pm\sqrt{1-\left(-\dfrac{1}{2}\right)^2}=\pm\dfrac{\sqrt{3}}{2}$ となる。ここで，$\angle$A は三角形の内角なので，$0°<A<180°$ であり，$\sin A>0$ となるので，$\sin A=\dfrac{\sqrt{3}}{2}$ となる。よって，$\triangle$ABC の面積は，$\dfrac{1}{2}bc\sin A=\dfrac{1}{2}\times5\times3\times\dfrac{\sqrt{3}}{2}=\dfrac{15}{4}\sqrt{3}$ となる。

39 3

解説 $|3x-5|<6$ より，$-6<3x-5<6$ となる。各辺に 5 を加えると $-1<3x<11$ となり，さらに各辺を 3 で割ると $-\dfrac{1}{3}<x<\dfrac{11}{3}$ となる。ここ

で x は整数なので，これを満たす x は，0，1，2，3の4個となる。

40 2

解説　簡単に図を示す。

図のように糸にかかる張力を T，おもり A，B の運動の加速度を a として進める。A，B は一体で運動するので運動方程式をまとめてたてることもできるが，張力 T を求める必要もあるのでそれぞれに運動方程式をたてて計算する。A については $m_A a = T - m_A g$　①，B については $m_B a = m_B g - T$　②となる。両者から T を消してみると①+②として → $m_A a + m_B a = (m_A + m_B)a = m_B g - m_A g = (m_B - m_A)g$ →

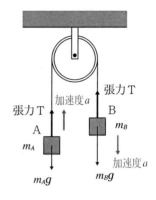

張力 T
加速度 a
張力 T
A
m_A
B
m_B
加速度 a
$m_A g$
$m_B g$

加速度 $a = \dfrac{(m_B - m_A)g}{m_A + m_B}$ となる。糸の張力 T はこの a の数式を①にいれてみて

$m_A a = m_A \left\{ \dfrac{(m_B - m_A)g}{m_A + m_B} \right\} = T - m_A g$　→　$T = m_A \left\{ \dfrac{(m_B - m_A)g}{m_A + m_B} \right\} + m_A g =$

$\dfrac{(m_A m_B - m_A{}^2)g}{m_A + m_B} + \dfrac{(m_A{}^2 + m_A m_B)g}{m_A + m_B} = \dfrac{(m_A m_B - m_A{}^2 + m_A{}^2 + m_A m_B)g}{m_A + m_B} = \dfrac{2m_A m_B g}{m_A + m_B}$

となる。ここで $m_B = 2m_A$ とすると加速度 $a = \dfrac{(m_B - m_A)g}{m_A + m_B} = \dfrac{(2m_A - m_A)g}{m_A + 2m_A} = \dfrac{g}{3}$

となり $\dfrac{1}{3}$ 倍となる。組合せは2が該当する。

41 4

解説　1：重力のみはたらく空間で小球を水平に一定速度で投げ出すと水平方向には何の力もはたらかないのでそのままの速度を維持する。すなわち等速度運動をする。等加速度運動ではない。鉛直方向には重力によって自由落下をする。記述は妥当ではない。　2："仕事"は"はたらく力Fとその力の向きに移動する距離 x の積 Fx"と定義される。単振り子でのひもの張力の方向にはおもりは運動しないのでその仕事は0である。記述は妥当ではない。　3：反発係数 $e = 1$ の時は弾性衝突，あるいは完全弾性衝突とも言う。$0 \leqq e < 1$ の時を非弾性衝突と言い，$e = 0$ の時を特に完全非弾性衝突と言う。記述は妥当ではない。　4：剛体に平行で逆向き（同一直線状にない）にはたらく2つの

同じ大きさの力を"偶力"と言う。記述は妥当である。　5：物体にはたらく力Fによって質量mの物体が加速度aの運動をする時，運動方程式は$ma = F$と表される。これを書き直せば$a = \dfrac{F}{m}$となる。加速度は質量に反比例する。記述は妥当ではない。以上から妥当な記述は4が該当する。

42 1

解説 （質量パーセント濃度［％］）$= \left(\dfrac{溶質の質量}{溶液の質量} \times 100 \right)$と表せる。また，この塩化ナトリウムNaCl水溶液の体積は2.0［L］= 2,000［cm³］，密度は1.0［g/cm³］より，この塩化ナトリウムNaCl水溶液の質量は$2,000 \times 1.0 = 2,000$［g］となる。よって，この塩化ナトリウムNaCl水溶液に含まれる塩化ナトリウムNaClの質量をx［g］とすると，$3.0 = \dfrac{x}{2,000} \times 100$が成り立ち，これを解くと$x = 60$［g］となる。次に，塩化ナトリウムの式量は$23.0 + 35.5 = 58.8$なので，60gの塩化ナトリウムに含まれるナトリウムイオンNa^+の質量は$60 \times \dfrac{23.0}{58.5}$［g］と表せる。したがって，この塩化ナトリウム水溶液に含まれるナトリウムイオンNa^+の物質量は，$\dfrac{60 \times \dfrac{23.0}{58.5}}{23.0} \fallingdotseq 1.0$［mol］となる。

43 4

解説 1：誤り。0.010［mol/L］の塩酸中の水素イオン濃度［H^+］は，塩化水素が完全に電離するため0.010［mol/L］となる。よって，$pH = -\log_{10}$［H^+］$= -\log_{10}(0.010) = 2$となるので，4よりも小さいことになる。　2：誤り。0.010［mol/L］の水酸化ナトリウム水溶液中の水酸化物イオン濃度［OH^-］は，水酸化ナトリウムが完全に電離するため0.010［mol/L］となる。また，水のイオン積より，［H^+］［OH^-］$= 10^{-14}$［(mol/L)²］となるので，［H^+］$= \dfrac{10^{-14}}{［OH^-］} = \dfrac{10^{-14}}{0.010} = 10^{-12}$［mol/L］となる。よって，$pH = -\log_{10}(10^{-12}) = 12$となるので，10よりも大きいことになる。　3：誤り。$pH = 2$の硫酸の水素イオン濃度［H^+］は，$-\log_{10}$［H^+］$= 2$より，［H^+］$= 10^{-2}$［mol/L］となる。　4：正しい。$pH = 4$の塩酸の水素イオン濃度［H^+］は，［H^+］$= 10^{-4}$［mol/L］であり，水酸化物イオン濃度は，［OH^-］$= \dfrac{10^{-14}}{［H^+］} = \dfrac{10^{-14}}{10^{-4}} = 10^{-10}$

〔mol/L〕となる。　5：誤り。pH＝10の水酸化ナトリウム水溶液の水素イオン濃度〔H⁺〕は，〔H⁺〕＝10⁻¹⁰〔mol/L〕となる。

44　4

解説　1：誤り。「ゴルジ体」ではなく，「ミトコンドリア」とすると正しい記述となる。　2：誤り。細胞内の呼吸の反応では，有機物が酸素を用いて分解され，最終的に二酸化炭素と水ができる。　3：誤り。呼吸基質には，炭化水素の他にも脂質やタンパク質がある。　4：正しい。1分子のグルコースから合成されるATPは，解糖系で2分子，クエン酸回路で2分子，電子伝達系で最大34分子となる。　5：誤り。「解糖」ではなく，「発酵」とすると正しい記述となる。

45　1

解説　1：正しい。　2：誤り。「核酸」ではなく，「リン酸」とすると正しい記述となる。　3：誤り。「ウラシル」ではなく，「チミン」とすると正しい記述となる。　4：誤り。「半保存的複製」ではなく，「セントラルドグマ」とすると正しい記述となる。　5：誤り。「転写」ではなく，「突然変異」とすると正しい記述となる。

令和5年度　消防職Ⅲ類　実施問題

1 次の文章を読んで，以下の問に答えなさい。

［この問題は，著作権の関係により，掲載できません。］

（『現代思想の教科書—世界を考える知の地平15章』石田英敬　著）

問　この文章の内容として，最も妥当なものはどれか。

1. メディアという情報手段なしに，われわれは世界の出来事を瞬時に知ることはできないため，メディアは今日の世界を支配しているといえる。

2. 情報を大衆に向けて媒介させる活動，それを行う組織や団体はマス・メディアであって，メディアと呼ぶのは間違っている。

3. メディアは新聞社やテレビ局などの企業や団体の一般的な呼称であるだけでなく，情報媒体を使うときの感覚モードなどさまざまな意味で使われる。

4. 「メディア」という言葉は文脈によってまったく違う使われ方をするものであるから，使用する際には注意が必要である。

5. 「視覚メディア」「聴覚メディア」などというときの「メディア」は，情報媒体を生み出す技術を表している。

2 次の文章を読んで，以下の問に答えなさい。

［この問題は，著作権の関係により，掲載できません。］

（『芸術は社会を変えるか？—文化生産の社会学からの接近』吉澤弥生　著）

問　この文章の内容として，最も妥当なものはどれか。

1. 美術館の制度の原型は古く，旧石器時代，ラスコーやアルタミラの洞窟壁画に始まる。

2. 洞窟や建造物などの特定の場所に密着した作品を「動産美術」と呼び，「不動産美術」と区別している。

3. 「動産美術」はその時々の為政者が人民に対して宗教的威光や政治的権威を示すために使われた。

4.　油彩画の技法が発明され壁ではなく木の板や布に描くことが可能になり，教会や王侯貴族などの注文が殺到した。

5.　額縁という徴とともに絵画を自由に持ち運べるようになったことをきっかけにして，作家は芸術家となり，その作品が「商品」へと変化していった。

[3] 次の文章を読んで，以下の問に答えなさい。

［この問題は，著作権の関係により，掲載できません。］

（『大人のための社会科—未来を語るために』井手英策，宇野重規，坂井豊貴，松沢裕作　著）

問　この文章の要旨として，最も妥当なものはどれか。

1.　物心がついたときにはすでに多数決は日常に入り込んでいたので，その決め方に慣れてしまっている。

2.　多数決による決め方が人々の中にあまりに浸透しているため，選挙に行っても候補者や政党に不満を持つことすらない。

3.　多数決は本来学級会で何かを決めるときや友達と何をして遊ぶか決めるときのように日常的な事柄を決める方法である。

4.　多数決という方法に飼い馴らされ，多数決で投票すること自体には特段の疑問を持たなくなった人は主権者にはふさわしくない。

5.　主体的な主権者とは，多数決などのような現行の制度においてもその性質や出来具合を問う目が備わっている必要がある。

[4] 次の文章を読んで，以下の問に答えなさい。

［この問題は，著作権の関係により，掲載できません。］

（『情動の哲学入門—価値・道徳・生きる意味』信原幸弘　著）

問　文章の空欄Ａ〜Ｅに当てはまる語句の組合せとして，最も妥当なものはどれか。

	A	B	C	D	E
1.	理性的	感情	理性	情動	理性
2.	理性的	情動	情動	情動	情動
3.	本能的	情動	本能	本能	理性
4.	本能的	感情	欲望	本能	欲望
5.	本能的	理性	感情	本能	情動

5 次の文章を読んで，以下の問に答えなさい。

［この問題は，著作権の関係により，掲載できません。］

（『WHAT IS LIFE?（ホワット・イズ・ライフ？）―生命とは何か』ポール・ナース　著／竹内薫　訳）

　問　A～Eの文を並べ替えて意味の通る文章にするとき，その順序として最も妥当なものはどれか。

1. B－A－D－C－E
2. B－A－C－D－E
3. D－C－E－A－B
4. D－B－A－C－E
5. E－D－C－B－A

6 次の英文を読んで，以下の問に答えなさい。

［この問題は，著作権の関係により，掲載できません。］

（『誰かに話したくなる「世の中のなぜ？」』ニーナ・ウェグナー　著）

　問　この英文の内容と一致するものとして，最も妥当なものはどれか。

1. 魚は絶えず動き続け，人間のように眠ることはない。
2. 魚は人間と同じように目を閉じて体の機能を停止して眠る。
3. 魚は流れの穏やかな場所に移動して，その流れに身を任せ，休みを取る。
4. 魚は目を閉じはしないが，人間と同じように体の不必要な活動を停止して休みを取る。
5. 魚は人間と同じように目を閉じて休みを取るが，体の機能は全て活動している。

7 次の会話文の（　　　）に当てはまる正しい英文として，最も妥当なものはどれか。

A：Marilin, this is Masako.

B：Hi, Masako!（　　　）

C：I'm sorry, but I didn't quite catch your name.

1. Could I have your name, please?

2. Don't mention it.

3. Nice to meet you.

4. Thank you very much.

5. You're welcome.

8 次の英文の（　　　）に当てはまる単語として，最も妥当なものはどれか。

（　　　） is the ninth month of the year.

1. August

2. December

3. November

4. October

5. September

9 あるクラスで，国語，数学，英語，理科，社会の5教科に関して，それぞれ得意であるか得意でないかを調査したところ，次のア～エのことがわかった。このとき，確実にいえることとして，最も妥当なものはどれか。

ア：数学が得意な者は理科が得意である。

イ：社会が得意な者は理科が得意でない。

ウ：数学が得意でない者は英語が得意でない。

エ：国語が得意な者は英語が得意である。

1. 社会が得意な者は数学が得意である。

2. 英語が得意な者は国語が得意である。

3. 国語が得意な者は社会が得意でない。

4. 数学が得意な者は英語が得意である。

5. 理科が得意な者は国語が得意である。

10 野球，サッカー，ラグビー，バレーボール，バスケットボールの5種類で球技大会が実施されることになった。A～Dの4人は，5種類の中から2種類以上を選んで出場することにした。次のア～オのことがわかっているとき，確実にいえることとして，最も妥当なものはどれか。

ア：Aは3種類の球技を選んだが，バレーボールは選ばなかった。

イ：AとB，BとDはそれぞれ1種類だけ同じ球技を選んだ。

ウ：A，B，Dの3人ともが共通して選んだ球技はなかった。

エ：BとCが共通して選んだのは野球だけであった。

オ：バスケットボールを選んだのは3人，サッカーを選んだのは1人，その他の球技を選んだのはそれぞれ2人であった。

1. Aは，野球を選んだ。

2. Bは，ラグビーを選んだ。

3. Cは，サッカーを選んだ。

4. Dは，バレーボールを選ばなかった。

5. CとDは，同じ種類の球技を選ばなかった。

11 A～Eの5人は同時刻から同じ仕事を開始した。仕事が最も遅かったのはAで，最も早かったのはEであり，その差は20分だった。AとCの所要時間の差は11分，BとEの所要時間の差は13分であった。また，Cの所要時間は28分で，5人の平均時間と等しかった。このとき，確実にいえることとして，最も妥当なものはどれか。

1. AとDの所要時間の差は15分である。

2. BとCの所要時間の差は，CとEの所要時間の差のちょうど2倍である。

3. CとDの所要時間の差は，DとEの所要時間の差のちょうど2倍である。

4. DとEの所要時間の差は2分である。

5. BとDの所要時間の差と，AとBの所要時間の差は等しい。

12 A～Eの5個の箱がある。箱の中には，それぞれ1～5枚のコインが入っており，入っているコインの枚数はすべて異なっている。箱の中のコインの枚数について次のア～ウのことがわかっているとき，確実にいえることとして，最も妥当なものはどれか。

ア：AとBを比べると，Aに入っているコインの枚数の方が多い。

イ：CとEを比べると，Eに入っているコインの枚数の方が多い。

ウ：Aに入っているコインの枚数は，DとEに入っているコインの枚数の
　　和と同じである。
　1.　BとCに入っているコインの枚数の和は4枚である。
　2.　Bに入っているコインの枚数は1枚ではない。
　3.　CとDに入っているコインの枚数の和は4枚である。
　4.　Cに入っているコインの枚数は1枚ではない。
　5.　Dに入っているコインの枚数が1枚であるとき，Bに入っているコイ
　　ンの枚数は2枚である。

13　右の図の中に含まれる直角三角形の
個数として，最も妥当なものはどれか。

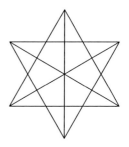

　1.　18個
　2.　24個
　3.　30個
　4.　36個
　5.　42個

14　A～Eの5枚の図形から，4枚を選んで隙間なく敷き並べると，長方形
を作ることが可能である。このとき，使用しない図形として，最も妥当な
ものはどれか。ただし，図形は裏返したり，重ね合わせたりしないものと
する。

　　　　　　　　A　　　　　　　　B　　　　　　　C

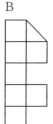
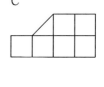

　1.　A
　2.　B　　　D
　3.　C
　4.　D
　5.　E

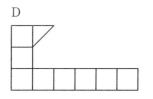

15 2つの自然数A，Bがある。A：B＝5：7であり，A，Bの最小公倍数が280であるとき，A＋Bの値として最も妥当なものはどれか。

1. 84
2. 88
3. 92
4. 96
5. 100

16 一定の速さで進む船が，川の上流P地点から下流Q地点まで下るのにかかる時間は20分であり，Q地点からP地点まで上るのにかかる時間は30分である。P地点からQ地点まで，船を漕がずに進むときにかかる時間として，最も妥当なものはどれか。ただし，川の流れの速さは一定であり，船を漕がないときの速さは川の流れの速さに等しいものとする。

1. 110分
2. 115分
3. 120分
4. 125分
5. 130分

17 次の図は，正方形ABCDの内部を長方形P，Q，R，Sに分割したものである。長方形Pの面積が12cm²，長方形Qの面積が36cm²，長方形Rの面積が24cm²であるとき，長方形Sの周（図の太線部分）の長さとして，最も妥当なものはどれか。

1. 30cm
2. 32cm
3. 34cm
4. 36cm
5. 38cm

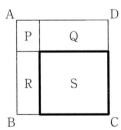

18 1円硬貨，50円硬貨，100円硬貨がそれぞれ2枚ずつある。これらの硬貨を使って釣銭なしで支払うことができる金額は全部で何通りあるか。次のうちから最も妥当なものを選べ。ただし，0円は除くものとする。

1. 16通り
2. 18通り
3. 20通り
4. 22通り
5. 24通り

19 次の資料は，3つの嗜好品農作物生産量の推移をまとめたものである。この資料から判断できることとして，最も妥当なものはどれか。

嗜好品農作物生産量の推移

	2016年	2017年	2018年	2019年	2020年
コーヒー豆	9,222	9,162	10,303	10,029	10,388
カカオ豆	4,467	5,278	5,252	5,615	5,757
茶	5,954	6,048	6,338	6,762	7,024

（単位：千トン）

1. 2018年のコーヒー豆の生産量は，2018年のコーヒー豆，カカオ豆，茶の生産量合計の50％を超えている。
2. 2016年の生産量に対する2020年の生産量の増加率が最も大きいのはカカオ豆である。
3. 2016年から2020年までの期間で，コーヒー豆の生産量がカカオ豆の生産量の2倍を超えている年が2回ある。
4. 2017年から2019年までの合計は，茶の生産量の方がカカオ豆の生産量より5,000千トン以上多い。
5. 2016年の茶の生産量を100とする指数で表すと，2018年の茶の生産量の指数は110を超えている。

20 次の資料は，6か国の自動車生産台数の推移をまとめたものである。この資料から判断できることとして，最も妥当なものはどれか。

自動車生産台数の推移

	2017年	2018年	2019年	2020年	2021年
中国	29,015	27,809	25,751	25,225	26,082
アメリカ	11,190	11,315	10,893	8,821	9,167
日本	9,691	9,729	9,685	8,068	7,847
インド	4,792	5,175	4,524	3,382	4,399
韓国	4,115	4,029	3,951	3,507	3,462
ドイツ	5,646	5,120	4,947	3,743	3,309
世界総計	96,594	95,393	92,183	77,712	80,146

（単位：千台）

1. 2017年から2021年までのいずれの年も，中国の自動車生産台数が世界総計に占める割合は，30％を超えている。

2. 2017年から2021年までの，アメリカの1年当たりの平均自動車生産台数は，10,000千台を下回っている。

3. 2017年のドイツの自動車生産台数を100とする指数で表すと，2021年のドイツの自動車生産台数の指数は，60未満である。

4. 2017年から2021年までのいずれの年も，日本の自動車生産台数は，インドと韓国の自動車生産台数の合計より多い。

5. 2020年の自動車生産台数の対前年減少数が最も大きいのは，日本である。

21 次の資料は，対象別出火件数の推移をまとめたものである。この資料から判断できることとして，最も妥当なものはどれか。

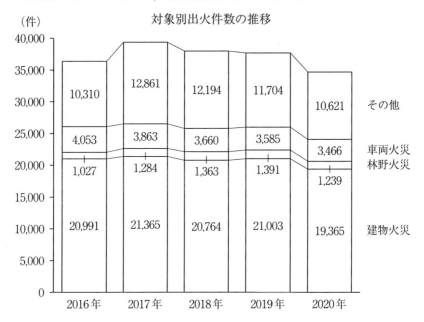

対象別出火件数の推移

1. 2016年から2020年までのいずれの年も，出火件数全体に占める林野火災の割合は，4％未満である。
2. 2016年の車両火災の出火件数を100とする指数で表すと，2020年の車両火災の出火件数の指数は，80を下回っている。
3. 2020年の出火件数の対前年減少数は，車両火災の方が林野火災より多い。
4. 2020年の建物火災の出火件数減少率は，2016年に対する減少率の方が，2019年に対する減少率より大きい。
5. 2016年から2020年までのいずれの年も，その他の出火件数は，建物火災の出火件数の50％を超えている。

22 次の資料は，サケ・マス類漁獲量の世界計と世界計に対する構成比でサケ・マス類漁獲量の推移をまとめたものである。この資料から判断できることとして，最も妥当なものはどれか。ただし，資料中の数値は小数点以下第2位を四捨五入しているため，合計は100%とならない場合がある。

サケ・マス類漁獲量の世界計の推移

2016年	2017年	2018年	2019年	2020年
930,681	993,729	1,138,305	1,056,250	712,795

（単位：トン）

サケ・マス類漁獲量の世界計に対する構成比の推移

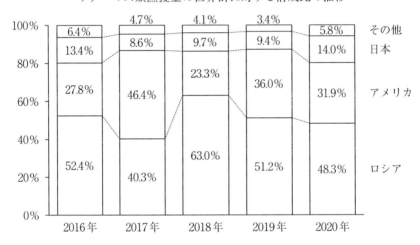

1. 2016年から2020年までの期間で，ロシアのサケ・マス類漁獲量が最も多い年は，800,000トンを超えている。

2. 2020年のアメリカのサケ・マス類漁獲量は，2016年のアメリカのサケ・マス類漁獲量の約1.15倍である。

3. 2016年から2020年までの期間で，日本のサケ・マス類漁獲量が最も少ない年は，2017年である。

4. 2019年のロシアのサケ・マス類漁獲量は，2019年の日本のサケ・マス類漁獲量の6倍を超えている。

5. 2017年のアメリカのサケ・マス類漁獲量を100とする指数で表すと，2018年のアメリカのサケ・マス類漁獲量の指数は，50を下回っている。

23 日本国憲法が規定する基本的人権に関する記述として，最も妥当なものはどれか。
1. 生命，自由及び幸福追求に対する国民の権利については，常に立法その他の国政の上で，最大の尊重を必要とする。
2. 栄誉，勲章その他の栄典の授与はいかなる特権も伴わず，栄典の授与は現にこれを有し，又は将来これを受ける者の一代に限り，その効力を有する。
3. 選挙人は選挙における投票の選択に関して公的には責任を問われないが，私的には責任を問われる。
4. すべて国民は法律の定めるところにより，その能力を問わずに等しく教育を受ける権利を有する。
5. 勤労者の団結する権利及び団体交渉をする権利は保障されるが，その他の団体行動をする権利は保障されない。

24 日本の内閣の機能について誤っているものとして，最も妥当なものはどれか。
1. 予算を編成し国会に提出する。
2. 最高裁判所長官を指名する。
3. 法律の範囲内で政令を定める。
4. 憲法改正の発議を行う。
5. 天皇の国事行為に対して助言と承認を行う。

25 日本の財政の役割と租税に関する記述として，最も妥当なものはどれか。
1. 道路や公園などは，非競合性や非排除性をもたない公共財であるため，市場に任せていては供給されず，政府が供給する必要がある。
2. 財政投融資は，2001年度以降，郵便貯金，厚生年金，国民年金などの安定した資金を財源として活用している。
3. 累進課税制度や雇用保険制度は，不況期には有効需要を拡大し，好況期には有効需要を抑えるなど，自動安定化装置（ビルト・イン・スタビライザー）の役割を果たしている。
4. 消費税は，税金の納入者は消費者だが，税を負担するのは販売事業者であるから，間接税に該当する。
5. 所得税などで採用されている累進課税制度は，高所得者ほど税負担を重くすることで，税負担の水平的公平を図っている。

26 日本の環境問題に関する記述として，最も妥当なものはどれか。

1. 汚染者負担の原則（PPP）は，汚染物質のもたらす社会的費用を市場に内部化し，社会的費用に相当する額を企業などに負担させることである。

2. 日本では政府が中心となって環境アセスメント（環境影響評価）を実施しているが，環境アセスメントの実施について規定した法律は制定されていない。

3. 3Rとはリユース，リサイクル，リデュースのことであり，この順番で優先的に取り組むことが求められている。

4. 四大公害裁判は，救済は被害者の原状回復をもって行うべきであるとする被害者救済の原則を確立したが，金銭的補償については証拠が不十分であるとして認めなかった。

5. 2011年の福島第一原発事故をきっかけとして，2012年に環境基本法が制定され，これをもとに環境基本計画も策定されている。

27 日本の育児休業制度に関するA～Dの記述のうち，正しいもののみを選んだ組合せとして，最も妥当なものはどれか。

A：子が原則3歳に達するまで，男女労働者は育児休業を取得する法的権利をもつ。

B：男性労働者は，子の出生後に産後パパ育休（出生時育児休業）を取得することができる。

C：育児休業の取得を理由とする解雇その他の不利益取扱いは，法律で禁止されている。

D：育児休業中も企業は労働者に賃金を支払わなければならない。

1. A
2. A・B・C
3. B・C
4. B・D
5. C・D

28 20世紀前半のロシアとソヴィエト連邦に関する出来事について，A〜Eが起きた順に並べ替えたものとして，最も妥当なものはどれか。

A：ロシア，ウクライナ，ベラルーシ，ザカフカスの4つのソヴィエト共和国が連合してソヴィエト社会主義共和国連邦（ソ連）が成立した。

B：ロシア革命（二月革命・十月革命）が勃発した。十月革命では，ボリシェヴィキがレーニンとトロツキーの指導下で武装蜂起して臨時政府を倒し，ソヴィエト政権を樹立した。

C：サライェヴォ事件を契機に第一次世界大戦が勃発し，三国協商側陣営として参戦した。

D：スターリンが，ネップにかわって社会主義経済の建設をめざす第1次五か年計画を開始した。

E：ドイツと講和会議を開き，ブレスト＝リトフスク条約で単独講和を締結した。

1. B→A→C→E→D
2. B→C→E→D→A
3. C→B→A→D→E
4. C→B→E→A→D
5. D→C→B→E→A

29 世界恐慌時に，各国が受けた影響や対応策に関するア〜エの記述の正誤の組合せとして，最も妥当なものはどれか。

ア：アメリカ合衆国では，フランクリン＝ローズヴェルト大統領がTVA（テネシー川流域開発公社）やNIRA（全国産業復興法），AAA（農業調整法），ワグナー法等を内容とするニューディール政策を実施した。

イ：フランスでは，マクドナルドの挙国一致内閣が成立し，オタワ連邦会議を開催して排他的なブロック経済を実施した。

ウ：ソ連では，社会主義の計画経済に基づく五か年計画が始まったところで世界恐慌が波及し，工業生産力が落ち込むなど経済に大きな打撃を受けた。

エ：ドイツでは，アメリカ資本の撤退を受け，深刻な経済状況に陥った。ヒトラー率いるナチス党が政権を獲得し，土木工事や軍事産業の拡大により失業者を救済し，対外強硬策をとった。

147

	ア	イ	ウ	エ
1.	正	正	誤	正
2.	正	誤	誤	正
3.	正	誤	正	正
4.	誤	誤	正	誤
5.	誤	正	正	誤

30 明治時代後半の出来事について，A～Eが起きた順に並べ替えたものとして，最も妥当なものはどれか。

A：日露戦争

B：三国干渉

C：日清戦争

D：韓国併合

E：日英同盟

 1. A→B→E→C→D

 2. A→D→C→B→E

 3. C→B→E→A→D

 4. C→D→B→E→A

 5. D→C→B→E→A

31 太平洋戦争に関する記述として，最も妥当なものはどれか。

 1. 日本は，1942年6月，ミッドウェー海戦に勝利をおさめたことをきっかけに，約半年間でフィリピン・ジャワ・ビルマ等と南太平洋一円にわたる広大な地域を占領した。

 2. 日本にとっての戦争の目的とは，「大東亜共栄圏」の建設によりアジア各国を日本の統治下に治めて，文化・経済の発展を援助することであった。

 3. 戦況が悪化すると政府は動員体制を強化した。1943年には学徒出陣が始まり，中等学校以上の生徒には勤労動員が命じられたが，女子は対象外とされていた。

 4. 1945年にはB29爆撃機による本土空襲が激化し，3月の東京大空襲をはじめ，無差別爆撃にさらされた。翌4月からは沖縄本島へのアメリカ軍上陸が始まり，民間人をまきこんだ悲惨な戦いがくりひろげられた。

 5. 1945年8月には，アメリカが広島と長崎に原子爆弾を投下し，ソ連も

日ソ中立条約を破って参戦。その後，日本に無条件降伏を求めるポツダム宣言が発表されると政府は直ちにそれを受諾した。

32 **エネルギー・鉱産資源に関する記述として，最も妥当なものはどれか。**

1. かつて石油による利益の大部分を先進国に持ち去られていた西アジアの産油国に資源ナショナリズムの動きが高まり，1960年に国際石油資本（OPEC）が結成された。OPECは，第四次中東戦争の際に石油価格を引き上げ，石油危機（オイルショック）を生じさせた。

2. 天然ガスは，石炭や石油と同じ化石燃料だが，石炭や石油に比べて熱量が低く，二酸化炭素の排出量が多い。しかし，石油の代替エネルギーとして開発が進んでおり，アメリカ合衆国とロシアが二大生産国となっている。

3. 原子力発電は石油代替エネルギーとして，石油危機以降各国でその比重が高まり，2008年には，世界の総発電量に占める比率はほぼ54％に達した。

4. バイオマスエネルギーとは生物を起源とするエネルギーのことで，家畜の糞尿などから得られるメタンガス，トウモロコシやサトウキビなどを発酵させてつくるバイオエタノールなどがある。

5. レアメタルとは，ダイヤモンド・金・銀など高価な鉱物資源の総称であり，その資源は都市で廃棄される家電製品や携帯電話などの電子機器に多く存在するため，これを鉱山に見立てて都市鉱山という。

33 **中国に関するア〜ウの記述について，正誤の組合せとして最も妥当なものはどれか。**

ア：第二次世界大戦後，社会主義の道を進んだ中国は，1970年代末から市場経済を取り入れる経済改革・対外開放政策を始め，沿岸部のアモイなどに外国企業の進出を受け入れる経済特区が設けられた。その結果，中国経済は著しく成長し，2010年にはGDPでアメリカ合衆国に次ぐ世界第2位となった。

イ：中国の人口の約9割は漢族が占めているが，それ以外に55の少数民族が居住している。少数民族の多い地域には民族自治区が置かれているが，チベット仏教を信仰するチベット族の自治区，イスラム教を信仰するウイグル族の自治区では民族対立が深刻化し，近年は特にウイグル族に対する人権侵害が問題となっている。

ウ：2021年の中国の人口は14億人弱で，14億4,000万人の人口を抱えるインドに次ぐ世界第2位であり，その2か国で世界人口の約36％を占めている。中国では，人口抑制のために1979年から一人っ子政策を進めてきたが，その効果は上がっておらず，2020年代後半にはインドを抜いて世界一の人口になると予想されている。

	ア	イ	ウ
1.	正	正	誤
2.	正	誤	誤
3.	誤	正	誤
4.	誤	正	正
5.	誤	誤	正

34 下線部のカタカナを漢字で表したものとして，最も妥当なものはどれか。

1. イジョウ気象が頻発する　　—　　異状
2. 校庭を一般にカイホウする　　—　　解放
3. 留学生とコウカンする　　—　　交歓
4. アンショウ番号を確かめる　　—　　暗唱
5. 値段のケントウをつける　　—　　検討

35 四字熟語の読み仮名が正しいものとして，最も妥当なものはどれか。

1. 鎧袖一触（がいしょういっしょく）
2. 不撓不屈（ふぎょうふくつ）
3. 他力本願（たりょくほんがん）
4. 不言実行（ふごんじっこう）
5. 深謀遠慮（しんぼうえんりょ）

36 対義語の組合せが正しいものとして，最も妥当なものはどれか。

1. 壮健　　—　　屈強
2. 一般　　—　　全般
3. 供給　　—　　配布
4. 平易　　—　　単純
5. 集中　　—　　分散

37 3桁の自然数のうち，3でも5でも割り切れないものの個数として，最も妥当なものはどれか。

1. 60個
2. 360個
3. 420個
4. 480個
5. 840個

38 △ABCにおいて，AB＝x，BC＝$x+2$，CA＝$x+1$，∠BAC＝120°のとき，xの値として最も妥当なものはどれか。

1. 1
2. $\dfrac{5}{4}$
3. $\dfrac{3}{2}$
4. $\dfrac{7}{4}$
5. 2

39 2次関数$y＝ax^2+bx+c$をx軸方向に2，y軸方向に3平行移動し，さらにx軸について対称移動した2次関数を表す式が$y＝2x^2-3x-1$となった。このとき，$a+b+c$の値として最も妥当なものはどれか。

1. 7
2. -1
3. 1
4. -7
5. -11

[40] 電磁気に関する記述として，最も妥当なものはどれか。

1. 電気には正負の2種類があり，同種の電気は引き合い，異種の電気はしりぞけ合う。

2. 分極によって不導体の表面には帯電体に近い側に帯電体と同符号の電荷が，遠い側には異符号の電荷が現れる。これを誘電分極という。

3. コンデンサーにおいて，並列接続では各コンデンサーに加わる電圧は等しく，蓄えられる全電気量は各コンデンサーの電気量の和になる。一方で直列接続では各コンデンサーに蓄えられる電気量が等しく，全体に加わる電圧は各コンデンサーの電圧の和に等しい。

4. 磁場の向きに弱く磁化されて磁場を取り除くと磁化も残らないアルミニウムや空気などの物質は反磁性体，磁場と逆向きに弱く磁化される水や炭素などの物質は常磁性体という。

5. 誘導起電力は，誘導電流のつくる磁場がコイルを貫く磁束の時間的な変化をすすめる方向に生じる。

[41] 熱力学に関する記述として，最も妥当なものはどれか。

1. ボイル・シャルルの法則において，温度が一定の条件下では気体の圧力は気体の体積に反比例し，圧力が一定の条件下では気体の体積は絶対温度に比例する。

2. セルシウス温度と絶対温度の間では，（セルシウス温度）－（絶対温度）＝ 273 の関係が成り立つ。

3. 熱力学第一法則において，気体が吸収する熱：Q，内部エネルギー変化：ΔU，気体が外部からされる仕事：Wの間では，$Q = \Delta U + W$の関係となる。

4. 気体の種類によっては，定圧モル比熱より定積モル比熱を引いた差は，気体定数に等しくなる。これをマイヤーの関係という。

5. 熱の吸収や放出を繰り返すサイクルにより，気体が外部に仕事をする装置を熱機関といい，吸収した熱に対する1つのサイクルで外部にする仕事の割合を熱効率という。この熱効率が1の熱機関を第一種永久機関という。

42 亜鉛6.5 [g] に 0.50 [mol/L] の塩酸200 [mL] を加えて水素を発生させた。このときの化学反応式は次のとおりである。

$$Zn + 2HCl \rightarrow ZnCl_2 + H_2$$

このとき，発生した水素の標準状態での体積 [L] として，最も妥当なものはどれか。

ただし，原子量をH = 1.0，Cl = 35.5，Zn = 65.0とし，標準状態における気体1 [mol] あたりの体積は 22.4 [L/mol] とする。

1. 0.56 [L]
2. 1.12 [L]
3. 2.24 [L]
4. 4.48 [L]
5. 5.60 [L]

43 イオン結晶に関する記述として，最も妥当なものはどれか。

1. イオン結晶に電気伝導性はないが，水に溶かしたり融解させたりすると電気が通るようになる。
2. イオン結晶は静電気力でイオンどうしが結びついているので，分子結晶や共有結合結晶より強い結合をもつ結晶である。
3. 陽イオンは金属元素から生成するので，それを含むイオン結晶は金属結晶と同じような展性・延性をもつ。
4. イオン結晶は物質により常温・常圧で固体・液体・気体の3つの状態のものがあり，温度を変えることによって三態間の変化が可能である。
5. 塩化ナトリウムの結晶が無色・透明であるように，すべてのイオン結晶は同様に無色・透明な結晶である。

44 血糖濃度に関する記述として，最も妥当なものはどれか。

1. 血液中に含まれるグリコーゲンを血糖といい，血液中のグリコーゲン濃度を血糖濃度という。
2. ヒトの血糖濃度は，およそ0.1％でほぼ安定している。食事をとると，血糖濃度は変化するが，普通は元の安定した濃度に戻る。
3. 血糖濃度が上昇すると，ランゲルハンス島のB細胞ではグルカゴンの分泌が促進される。

4. 血糖濃度が低下すると間脳視床下部がこの情報を受け取り，交感神経を通じてすい臓のランゲルハンス島のA細胞からのアドレナリンの分泌を促す。

5. 何らかの原因で血糖濃度を調節するしくみが正常にはたらかなくなると，血糖濃度が低下することがある。このような状態が慢性的になると，糖尿病と診断される。

45 日本のバイオームに関する記述として，最も妥当なものはどれか。

1. 沖縄を含む南西諸島や小笠原諸島には亜熱帯多雨林が分布し，木生シダ類のヘゴや，アコウ，ガジュマルが見られる。

2. 九州から関東・北陸の低地には照葉樹林が見られる。照葉樹林を構成する主な樹種は，オリーブやコルクガシなどである。

3. 関東内陸から東北地方，北海道南部には，タブノキ，スダジイ，アラカシなどを主とする夏緑樹林が分布する。

4. 北海道東北部には針葉樹林が分布する。針葉樹林を構成する主な樹種は，ブナ，ミズナラ，カエデ類である。

5. 標高に応じたバイオームの分布を垂直分布といい，本州中部の高山は標高2500m付近までの丘陵帯と，それよりも標高が高い亜高山帯におおまかに区分される。

《 解 答 ・ 解 説 》

1 3

解説 出典は石田英敬著『現代思想の教科書—世界を考える知の地平15章』。内容一致問題である。「視覚メディア」「聴覚メディア」など，本文にあったキーワードがどの選択肢にも含まれているので，惑わされないよう注意しよう。

2 5

解説 出典は吉澤弥生著『芸術は社会を変えるか？—文化生産の社会学からの接近』。内容一致問題である。誤答には，本文の内容に反するところや過

剰に書いているところが必ずある。正解を探すだけでなく，誤答を探して消去法で絞り込むとよい。

③ 5

解説　出典は井手英策，宇野重規，坂井豊貴，松沢裕作著『大人のための社会科—未来を語るために』。要旨把握問題である。要旨とは，文章全体の中で筆者が言いたいことをまとめたものであり，部分的に合致していても要旨とはいえない。一つ一つの選択肢を本文と照らし合わせて，最も適切なものを選ぼう。

④ 2

解説　出典は信原幸弘著『情動の哲学入門—価値・道徳・生きる意味』。空欄補充問題である。「本能」「情動」「感情」「理性」などの用語が，本文でどのような意味で用いられているかを整理するとよい。

⑤ 1

解説　出典はポール・ナース著／竹内薫訳『WHAT IS LIFE?（ホワット・イズ・ライフ?）—生命とは何か』。文章を並べ替える問題である。最初がBDE，最後がABEのそれぞれ3択になっているのが大きなヒントになる。どう並べ替えればスムーズに文章がつながるかを考えよう。

⑥ 4

解説　出典はニーナ・ウェグナー著『誰かに話したくなる「世の中のなぜ？」』。内容一致問題である。紛らわしい選択肢となっているが，魚が休みを取るとき（睡眠するとき），目を閉じるか否か，そのときの体の活動はどうなっているのかを読み取る。人間と比較する表現として，like～，またはas well as～，not only～but also…などが使われていると思われる。

⑦ 3

解説　Aが，MarilinにMasakoを紹介している場面。
A：「Marilin，こちらMasakoです」。
B（Marilin）：「こんにちは，Masako。初めまして」。

C（Masako）：「ごめんなさい，あなたの名前をよく聞き取れませんでした」。ここでのcatchは，「聞き取る，（情報）を得る」という意味。

8 5

解説 the ninth month of the yearは「1年の9番目の月」という意味。選択肢から9月を選ぶ。

9 3

解説 例えば，国語が得意であることを国，国語が得意でないことを$\overline{国}$と表すことにする。これより，わかっていることア〜エから，数→理…①，社→$\overline{理}$…②，数→$\overline{英}$…③，国→$\overline{英}$…④　また，命題とその対偶とは真偽が一致することから，$\overline{理}$→$\overline{数}$…①′，理→$\overline{社}$…②′，英→$\overline{数}$…③′，英→$\overline{国}$…④′　②，①′の順に組み合わせると，社→$\overline{理}$→$\overline{数}$，つまり「社会が得意な者は数学が得意でない。」であり，「1．社会が得意な者は数学が得意である。」はいえない。命題とその逆の真偽は必ずしも一致しないから，④の逆の英→国，つまり「2．英語が得意な者は国語が得意である。」は確実にはいえない。④，③′，①，②′の順に組み合わせると，国→$\overline{英}$→$\overline{数}$→$\overline{理}$→$\overline{社}$，つまり「3．国語が得意な者は社会が得意でない。」は確実にいえる。命題とその逆の真偽は必ずしも一致しないから，③′の逆の数→英，つまり「4．数学が得意な者は英語が得意である。」は確実にはいえない。④，③′，①の順に組み合わせると，国→$\overline{英}$→$\overline{数}$→$\overline{理}$…⑤　命題とその逆の真偽は必ずしも一致しないから，⑤の逆の理→国，つまり「5．理科が得意な者は国語が得意である。」は確実にはいえない。

10 2

解説 問題の条件と，わかっていることア，エ，オより，表1のことがわ

表1

	野球	サッカー	ラグビー	バレーボール	バスケットボール	計
A	×	○	○	×	○	3
B	○	×				≧2
C	○	×				≧2
D	×	×				≧2
計	2	1	2	2	3	10

かる。次に，わかっていることイの，AとBが選んだ同じ球技をバスケットボールとすると，BとDが選んだ同じ球技は，わかっていることウを考慮するとバレーボールとなり，わかっていることエを考慮すると，CとDの残りの球技が決まらない。よって，AとBが選んだ同じ球技はラグビーと決まり，最終的に表2のように決まる。以上より，「Bは，ラグビーを選んだ」ことが確実にいえる。

表2

	野球	サッカー	ラグビー	バレーボール	バスケットボール	計
A	×	○	○	×	○	3
B	○	×	○	○	×	3
C	○	×	×	×	○	2
D	×	×	×	○	○	2
計	2	1	2	2	3	10

11 3

解説 問題の条件より，$A-E=20$…①，$A-C=11$…②，$B-E=13$…③，$C=28$…④，$(A+B+C+D+E)÷5=28$…⑤　①～⑤の連立方程式を解くと，$(A, B, C, D, E)=(39, 32, 28, 22, 19)$
ここで，各選択肢について吟味をしていく。　1：誤り。AとDの所要時間の差は$39-22=17$［分］である。　2：誤り。BとCの所要時間の差$32-28=4$［分］は，CとEの所要時間の差$28-19=9$［分］の$4÷9=0.4…$［倍］である。　3：正しい。CとDの所要時間の差$28-22=6$［分］は，DとEの所要時間の差$22-19=3$［分］のちょうど$6÷3=2$［倍］である。　4：DとEの所要時間の差は$22-19=3$［分］である。　5：BとDの所要時間の差$32-22=10$［分］と，AとBの所要時間の差$39-32=7$［分］は等しくない。

12 2

解説 わかっていることア～ウより，$A>B$…①，$E>C$…②，$A>D$…③，$A>E$…④，$A=D+E$…⑤　①～④より，Aに入っているコインの枚数は最も多い5枚である。次に，⑤より，DとEに入っているコインの枚数は1枚と4枚の場合と，2枚と3枚の場合が考えられる。DとEに入っているコインの枚数が1枚と4枚の場合，②を考慮すると，表1と表2の2通りが考えられる。

表1

	1枚	2枚	3枚	4枚	5枚
箱A					○
箱B		○			
箱C			○		
箱D	○				
箱E				○	

表2

	1枚	2枚	3枚	4枚	5枚
箱A					○
箱B			○		
箱C		○			
箱D	○				
箱E				○	

DとEに入っているコインの枚数が2枚と3枚の場合，②を考慮すると，表3と表4の2通りが考えられ，最終的に表1～表4の4通りが考えられる。

表3

	1枚	2枚	3枚	4枚	5枚
箱A					○
箱B				○	
箱C	○				
箱D		○			
箱E			○		

表4

	1枚	2枚	3枚	4枚	5枚
箱A					○
箱B				○	
箱C	○				
箱D			○		
箱E		○			

ここで各選択肢について吟味をしていく。　1：誤り。BとCに入っているコインの枚数の和は5枚であり，4枚ではない。　2：正しい。Bに入っているコインの枚数は2枚と3枚と4枚の場合が考えられ，1枚ではない。　3：誤り。CとDに入っているコインの枚数の和は3枚と4枚の場合が考えられる。4枚であるとは確実にはいえない。　4：誤り。Cに入っているコインの枚数は1枚と2枚と3枚の場合が考えられる。1枚ではないとは確実にはいえない。

5：誤り。Dに入っているコインの枚数が1枚であるとき，Bに入っているコインの枚数は2枚と3枚の場合が考えられる。2枚であるとは確実にはいえない。

13 4

【解説】

図1

図2

図3

図1の太線で囲まれた直角三角形が12個，図2の太線で囲まれた直角三角形が12個，図3の太線で囲まれた直角三角形が12個，全部で12 + 12 + 12 = 36〔個〕の直角三角形が含まれる。

14 3

解説　A，B，D，Eの4枚の図形を隙間なく敷き並べて，右図のような長方形を作ることができる。

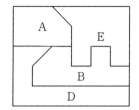

15 4

解説　A：B = 5：7より，A = 5k，B = 7kとおける。5と7は互いに素であるから，AとBの最小公倍数は5 × 7 × k = 35kと表せる。よって，問題の条件より，35k = 280　整理して，k = 8

以上より，A + B = 5k + 7k = 12k = 12 × 8 = 96である。

16 3

解説　静水での船の速さをa，川の流れの速さをb，川の上流P地点から下流Q地点までの道のりをcとする。川の上流P地点から下流Q地点まで下るのにかかる時間は20分だから，$\dfrac{c}{a+b} = 20$ ⇔ $\dfrac{a+b}{c} = \dfrac{1}{20}$ ⇔ $\dfrac{a}{c} + \dfrac{b}{c} = \dfrac{1}{20}$ …①

同様にして，Q地点からP地点まで上るのにかかる時間は30分だから，

$\dfrac{c}{a-b} = 30$ ⇔ $\dfrac{a}{c} - \dfrac{b}{c} = \dfrac{1}{30}$ …②

①－②より，$\dfrac{2b}{c} = \dfrac{1}{60}$ ⇔ $\dfrac{c}{2b} = 60$

よって，P地点からQ地点まで，船を漕がずに進むときにかかる時間は，

$\dfrac{c}{b} = \dfrac{c}{2b} \times 2 = 60 \times 2 = 120$〔分〕である。

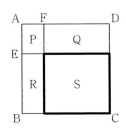

17 3

解説 AE = a，AF = b とする。P：Q = 12：36 = 1：3より，AF：FD = 1：3だから，FD = 3AF = 3b

P：R = 12：24 = 1：2より，AE：EB = 1：2 だから，EB = 2AE = 2a

四角形ABCDは正方形だから，AB = ADより，

AE + EB = AF + FD $\Leftrightarrow$ $a + 2a = b + 3b$ $\Leftrightarrow$ $3a = 4b$ $\Leftrightarrow$ $b = \dfrac{3}{4}a$

P = 12cm²より，AE・AF = $ab = a \cdot \dfrac{3}{4}a = \dfrac{3}{4}a^2 = 12$ $\Leftrightarrow$ $a^2 = 16$

$a > 0$より，$a = 4$ これを $b = \dfrac{3}{4}a$ に代入して，$b = \dfrac{3}{4}a = \dfrac{3}{4} \times 4 = 3$

以上より，長方形Sの周の長さは，2(EB + FD) = 2(2a + 3b) = 2(2 × 4 + 3 × 3) = 34 ［cm］である。

18 3

解説 すべての硬貨の使い方は，$3^3 - 1 = 26$ ［通り］

このうち，（1円硬貨をa枚，50円硬貨を2枚，100円硬貨を0枚使って支払うことができる金額）＝（1円硬貨をa枚，50円硬貨を0枚，100円硬貨を1枚使って支払うことができる金額）であり，（1円硬貨をa枚，50円硬貨を2枚，100円硬貨を1枚使って支払うことができる金額）＝（1円硬貨をa枚，50円硬貨を0枚，100円硬貨を2枚使って支払うことができる金額）であり，それぞれにa = 0，1，2の3通りずつあるから，釣銭なしで支払うことができる金額は26 − 3 × 2 = 20 ［通り］ある。

19 2

解説 1：誤り。2018年のコーヒー豆の生産量は，2018年のコーヒー豆，カカオ豆，茶の生産量合計の $\dfrac{10{,}303}{10{,}303 + 5{,}252 + 6{,}338} \times 100 = 47. \cdots$ ［%］である。 2：正しい。2016年の生産量に対する2020年の生産量の増加率が最も大きいのは，$\dfrac{5{,}757 - 4{,}467}{4{,}467} \times 100 = 28. \cdots$ ［%］のカカオ豆である。 3：誤り。2016年から2020年までの期間で，コーヒー豆の生産量がカカオ豆の生産

量の2倍を超えている年は，2016年の $\dfrac{9,222}{4,467} = 2.06\cdots$ ［倍］の1回である。

4：誤り。2017年から2019年までの合計は，茶の生産量の方がカカオ豆の生産量より $(6,048 + 6,338 + 6,762) - (5,278 + 5,252 + 5,615) = 3,003$ ［千トン］多い。　5：誤り。2016年の茶の生産量を100とする指数で表すと，2018年の茶の生産量の指数は $100 \times \dfrac{6,338}{5,954} = 106.\cdots$ である。

---

20 3

解説 1：誤り。2018年及び2019年の，中国の自動車生産台数が世界総計に占める割合は，30％を下回っている。　2：誤り。2017年から2021年までの，アメリカの1年当たりの平均自動車生産台数は，$\dfrac{11,190 + 11,315 + 10,893 + 8,821 + 9,167}{5} = 10,277.\cdots$ ［千台］である。　3：正しい。2017年のドイツの自動車生産台数を100とする指数で表すと，2021年のドイツの自動車生産台数の指数は，$100 \times \dfrac{3,309}{5,646} = 58.\cdots$ である。　4：誤り。2021年の日本の自動車生産台数7,847千台は，インドと韓国の自動車生産台数の合計 $4,399 + 3,462 = 7,861$ ［千台］より少ない。　5：誤り。2020年の自動車生産台数の対前年減少数は，アメリカが $10,893 - 8,821 = 2,072$ ［千台］，日本が $9,685 - 8,068 = 1,617$ ［千台］で，アメリカの方が大きい。

---

21 1

解説 1：正しい。2016年から2020年までの年で，出火件数全体に占める林野火災の割合が最も大きかったのは，2019年の $\dfrac{1,391}{21,003 + 1,391 + 3,585 + 11,704} \times 100 = 3.6\cdots$ ［％］である。　2：誤り。2016年の車両火災の出火件数を100とする指数で表すと，2020年の車両火災の出火件数の指数は，$100 \times \dfrac{3,466}{4,053} = 85.\cdots$ である。　3：誤り。2020年の出火件数の対前年減少数は，車両火災が $3,585 - 3,466 = 119$ ［件］，林野火災が $1,391 - 1,239 = 152$ ［件］で，林野火災の方が多い。　4：誤り。2020年の建物火災の出火件数減少率は，2016年に対する減少率が $\dfrac{20,991 - 19,365}{20,991} \times 100 = 7.74\cdots$ ［％］，2019年に対する減少率が $\dfrac{21,003 - 19,365}{21,003} \times 100 = 7.79\cdots$ ［％］で，2019年に対する減少率の方

が大きい。　5：誤り。2016年のその他の出火件数は，建物火災の出火件数
の$\frac{10,310}{20,991} \times 100 = 49.\cdots$［％］である。

22 3

解説 ＼ 1：誤り。2016年から2020年までの期間で，ロシアのサケ・マス類
漁獲量が最も多いのは，2018年の$1,138,305 \times \frac{63.0}{100} \fallingdotseq 720,000$［トン］である。

2：誤り。2020年のアメリカのサケ・マス類漁獲量は，2016年のアメリカのサ
ケ・マス類漁獲量の約$\frac{712,795 \times 31.9}{930,681 \times 27.8} \fallingdotseq 0.9$［倍］である。　3：正しい。2016
年から2020年までの期間で，日本のサケ・マス類漁獲量が最も少ないのは，
2017年の$993,729 \times \frac{8.6}{100} \fallingdotseq 85,000$［トン］である。　4：誤り。2019年のロシ
アのサケ・マス類漁獲量は，2019年の日本のサケ・マス類漁獲量の$\frac{51.2}{9.4} =$
$5.4\cdots$［倍］である。　5：誤り。2017年のアメリカのサケ・マス類漁獲量を
100とする指数で表すと，2018年のアメリカのサケ・マス類漁獲量の指数は，
$100 \times \frac{1,138,305 \times 23.3}{993,729 \times 46.4} = 57.\cdots$である。

23 2

解説 ＼ 日本国憲法に関する出題。　1：「常に」という部分が誤り。「公共の
福祉に反しない限り」が正しい。（第13条）　3：このような規定はない。選
挙に関しては「普通選挙」「平等選挙」「直接選挙」「秘密選挙」の4つの原則
が問われやすい。　4：「問わず」が誤り。「その能力に応じて」と記載されて
いる。（第26条）　5：「団結」「団体交渉」「団体行動」をする権利が認めら
れている。労働三権のことである。（第28条）

24 4

解説 ＼ 内閣の機能に関する出題。正しいものではなく誤っているものを選
ぶことにも注意。このような問題は「国会の機能」「内閣の機能」「裁判所の
機能」をそれぞれ区別しているかどうかを見ている。特に「国会」と「内閣」
は紛らわしいものもある（例えば，条約の締結は「内閣」であるが，条約の承

認については「国会」の機能である）。「憲法改正の発議」は「国会」の機能である。

25 3

解説 財政と租税に関する出題。　1：「非競合性」は不特定多数の人，誰もが使える財。「非排除性」は対価を支払わない人を排除できない財。これら二つを両方持っているものを公共財という。「もたない」と説明されているので誤り。　2：2001 年以降，郵便貯金や年金からの財源を廃止した。　4：消費者が負担し，販売事業者が納税する。説明が反対になっている。　5：「水平的」ではなく「垂直的」である。「水平的」は字の通り「等しい負担」である。代表例は消費税である。

26 1

解説 環境問題に関する出題。　2：「法律は制定されていない」が誤り。「環境影響評価法（環境アセスメント法）」というものがある。　3：3R の三つは正しいが順番が誤り。「リデュース→リユース→リサイクル」という順番である。　4：「認めなかった」という部分が誤りである。　5：環境基本法は1993 年に制定されている。

27 3

解説 育児休業制度に関する出題。　A：育児休業を取得できるのは原則として子どもが 1 歳になるまでの間である。復職後に利用できる制度例として，子どもが 3 歳まで，短時間勤務制度や所定外労働を免除する制度がある。D：賃金について，支払義務はないが育児休業給付金はある。

28 4

解説 ロシアとソヴィエト連邦に関する出題。古い順に並べ替える問題は，日々複数の出来事を自分なりに整理することで知識として定着する。既に作成されている年表を見て覚えるだけではなく，その中に書かれている一部分をぬき出して整理していく作業も大切である。A：1922 年，B：1917 年，C：1914年，D：1928 年，E：1918 年である。

29 2

解説 世界恐慌時の各国の動きに関しての出題。　ア：正しい。特にニューディール政策における具体的な政策は確認しておくこと。　イ：誤り。「フランス」ではなく「イギリス」である。ここを置き換えると正しい説明になる。ウ：誤り。「経済に大きな打撃を受けた」が誤り。計画経済活動を実施していたため，世界恐慌の影響は受けなかった。　エ：正しい。

30 3

解説 明治時代後半の出来事に関する出題。歴史を古い順に流れとして覚えていくことは大切なことであるが，例えば「国内経済」や「戦争」のように，一つのテーマに関する流れを理解することも大切である。今回は対外関係にしぼっている。　A：1904年，B：1895年，C：1894年，D：1910年，E：1902年。

31 4

解説 太平洋戦争に関する出題。　1：「ミッドウェー海戦に勝利」が誤り。「敗北」である。以後日本は守勢に立たされるので，以降の記述も誤りになる。　2：「日本の指導下において，経済的・文化的共同体を組織しようとする」考えである。　3：女子も対象であった。　5：ポツダム宣言の発表は7月26日である。日本が受け入れたのは8月14日であった。

32 4

解説 エネルギー・鉱産資源に関する出題。　1：OPECは「石油輸出国機構」である。国際石油資本は石油メジャーともいう。　2：「二酸化炭素の排出量が多い」が誤り。石油や石炭と比べて「少ない」のである。　3：占める比率割合が誤り。石炭やガスが中心であり，世界的に見れば原子力よりも水力の方が上回っている。　5：金や銀はレアメタルに含まれない。「白金・リチウム・ゲルマニウム」などがレアメタルにあてはまる。

33 1

解説 中国に関する出題。ア・イ：正しい。　ウ：誤り。人口に関する問題は頻出である。日本の人口の推移も確認しておくとよい。もともとは中国が世界人口1位であった。その後，一人っ子政策により人口が抑制された。

この政策は緩和されたが依然として少子化は止まっていない。その流れで2023年にインドが世界人口1位になったのである。

34 3

解説　1：「異常」，2：「開放」，4：「暗証」，5：「見当」が正しい。

35 5

解説　1：「鎧袖一触（がいしゅういっしょく）」は，相手をたやすく打ち負かすこと。　2：「不撓不屈（ふとうふくつ）」は，どんな困難にもくじけないこと。3：「他力本願（たりきほんがん）」は，他人の力で望みをかなえようとすること。4：「不言実行（ふげんじっこう）」は，やるべきことを黙って行うこと。

36 5

解説　1：「壮健」の対義語は「病弱」，「屈強」の対義語は「軟弱」。　2：「一般」の対義語は「特殊」，「全般」の対義語は「個別」。　3：「供給」の対義語は「需要」，「配布」の対義語は「回収」。　4：「平易」の対義語は「難解」，「単純」の対義語は「複雑」。

37 4

解説　3桁の自然数 $999 - 100 + 1 = 900$ 個のうち，3の倍数は $\{3 \times 34 = 102, 3 \times 35 = 105, \cdots, 3 \times 333 = 999\}$ より $333 - 34 + 1 = 300$ 個，5の倍数は $\{5 \times 20 = 100, 5 \times 21 = 105, \cdots, 5 \times 199 = 995\}$ より $199 - 20 + 1 = 180$ 個，3と5の公倍数の15倍数は $\{15 \times 7 = 105, 15 \times 8 = 120, \cdots, 15 \times 66 = 990\}$ より $66 - 7 + 1 = 60$ 個だから，3桁の自然数のうち，3または5で割り切れるものの個数は $300 + 180 - 60 = 420$ 個。よって，3桁の自然数のうち，3でも5でも割り切れないものの個数は $900 - 420 = 480$ 個である。

38 3

解説　余弦定理より，$BC^2 = CA^2 + AB^2 - 2 \cdot CA \cdot AB \cdot \cos \angle BAC$ ⇔ $(x + 2)^2 = (x + 1)^2 + x^2 - 2 \cdot (x + 1) \cdot x \cdot \cos 120°$　整理して，$2x^2 - x - 3 = 0$　$(x + 1)(2x - 3) = 0$　$x = AB > 0$ より，$x = \dfrac{3}{2}$

39　5

解説 2次関数$y = 2x^2 - 3x - 1$をx軸について対称移動し，さらにy軸方向に-3，x軸方向に-2平行移動した2次関数を表す式は$y = ax^2 + bx + c$となるから，$ax^2 + bx + c = -\{2(x + 2)^2 - 3(x + 2) - 1\} - 3$　これに$x = 1$を代入して，$a \cdot 1^2 + b \cdot 1 + c = -\{2(1 + 2)^2 - 3(1 + 2) - 1\} - 3$　よって，$a + b + c = -11$である。

40　3

解説 1：同種の電気はしりぞけ合い，異種の電気は引き合うので誤り。2：誘電分極とは，帯電体に近い不導体の表面に帯電体と異種の電荷が，遠い側に同種の電荷が発生する現象なので誤り。　4：磁場と逆向きに弱く磁化される物質は反磁性体，磁場と同じ向きに弱く磁化される物質は常磁性体である。またアルミニウムや空気（空気中の酸素）は常磁性体，水や炭素は反磁性体であるため誤り。　5：誘導起電力は，誘導起電力のつくる磁場が磁束の変化を妨げる方向に働くので誤り。

41　1

解説 2：0℃が絶対温度の273Kに相当するので，正しくは（絶対温度）−（セルシウス温度）= 273となり誤り。　3：熱力学第一法則の関係式は$\Delta U = Q + W$となるので誤り。　4：定圧モル比熱から定積モル比熱を引いた値は気体定数に等しくなるマイヤーの関係は気体の種類に関係なく成り立つので誤り。　5：熱機関は燃料を燃焼させて得た熱エネルギーを仕事に変換する装置なので誤り。

42　2

解説 亜鉛6.5gは0.10mol，0.50mol/Lの塩酸200mLに含まれる塩化水素は0.10molである。反応式より，亜鉛と塩化水素は1：2の物質量の比で反応するので，塩化水素0.10molに対し亜鉛は0.050molだけ反応し，残りの0.050molは反応せずに残る。0.050molの亜鉛と0.10molの塩化水素が反応したときに発生する水素は0.050molで，その標準状態における体積は$22.4 \times 0.050 = 1.12$〔L〕である。

43 1

解説　2：イオン結合は金属結合より強い結合ではあるが共有結合よりは弱いので誤り。　3：イオン結晶には展性・延性はないので誤り。　4：イオン結晶は常温・常圧ですべて固体なので誤り。　5：イオン結晶には硫酸銅五水和物（青色）のように有色のものもあるので誤り。

44 2

解説　1：血液中に含まれるグルコースを血糖といい，その濃度が血糖濃度であるので誤り。　3：血糖濃度が上昇すると，すい臓のランゲルハンス島のB細胞からインスリンの分泌が促進されるので誤り。　4：血糖濃度が低下すると，交感神経を通してすい臓のランゲルハンス島のA細胞からグルカゴンが分泌されるので誤り。　5：慢性的に血糖濃度が高い状態になると糖尿病と診断されるので誤り。

45 1

解説　2：照葉樹林を構成する主な樹種は，タブノキ，スダジイ，アラカシなどであるので誤り。なお，オリーブやコルクガシは硬葉樹林でみられる樹種である。　3：夏緑樹林を構成する樹種は，ブナ，ミズナラ，カエデなどであるので誤り。　4：針葉樹林を構成する樹種は，エゾマツ，トドマツ，シラビソなどなので誤り。　5：垂直分布では標高700mまでが丘陵帯，700〜1500mが山地帯，1500〜2500mが亜高山帯，それより標高が高いところが高山帯と区分されているので誤り。

令和4年度　消防職Ⅲ類 実施問題

1 次の文章を読んで，以下の問に答えなさい。

［この問題は，著作権の関係により，掲載できません。］

（ひとはなぜ「認められたい」のか— 承認不安を生きる知恵　山竹伸二　著）

問　この文章の要旨として，最も妥当なのはどれか。

1. 「自意識過剰」の状態が苦しいのは，自分が周囲の人たちにどう見られているのか，受け入れられているのか，といった承認の不安をともなうからである。
2. 他人からどう見られているのかを気にしすぎてしまうと，どんどん不安になってしまうので，他者は気にせず自分を信じて堂々とふるまうのがよい。
3. 自分は特別だと思っている自信過剰な人は，たいていは他者の目を気にせず，根拠のない自己像に固執しているだけである。
4. 自分に自信がもてない自意識の弱い人は，周囲の人々の反応に対して過敏になり，批判や軽蔑を過剰に怖れるようになってしまう。
5. 自意識過剰という不安を解消するためには，自分のことばかりに意識を向けず，周りの他者にも気を配るようにすべきである。

2 次の文章を読んで，以下の問に答えなさい。

［この問題は，著作権の関係により，掲載できません。］

（元素周期表で世界はすべて読み解ける—宇宙，地球，人体の成り立ち　　　　　　　　　　　　　　　　吉田たかよし　著）

問　この文章の要旨として，最も妥当なのはどれか。

1. 「食塩欲求」によって私たちはナトリウムばかりを食べすぎてしまうので，カリウムも豊富に取ることでバランスをとる必要がある。
2. 私たちがついナトリウムを取りすぎてしまう理由は，脳の中にナトリウムを欲する特別な機能があるからである。
3. 私たちの脳内には，ナトリウムやカリウムを取りすぎないように調整す

　　る機能があるが，詳しいメカニズムはまだわかってない。
 4.　ナトリウムもカリウムも私たちの健康のために不可欠な要素であるので，不足しないように気を付けなくてはならない。
 5.　カリウムは取りすぎても尿から出ていくだけなので問題はないが，ナトリウムは取りすぎると健康を害する可能性がある。

3　次の文章を読んで，以下の問に答えなさい。

［この問題は，著作権の関係により，掲載できません。］

　　　　　（世襲の日本史―「階級社会」はいかに生まれたか　本郷和人　著）
問　この文章の要旨として，最も妥当なのはどれか。
 1.　「立身出世」を合い言葉にして，全国の才能を用いて国を豊かにしようとする明治政府の登場は，当時においては実に画期的であった。
 2.　明治の元勲たちは，自分の地位や財産を子孫に世襲しなかったので，明治時代は能力主義が徹底されていた，といえる。
 3.　たとえばイギリスで顕著だったように，強固な階級社会がまかり通っていた世界のなかで，明治政府は実に民主的な社会であった。
 4.　明治政府は「藩閥政治」であると批判されることもあったが，町民や農民が登用されることもあったので，その批判は的外れである。
 5.　家や地位よりも才能を重んじる社会が明治時代には一時的に存在した，というのは歴史的にはかなりインパクトがある。

4　次の文章を読んで，以下の問に答えなさい。

［この問題は，著作権の関係により，掲載できません。］

　　　　　（生き物をめぐる４つの「なぜ」　長谷川眞理子　著）
問　この文章の要旨として，最も妥当なのはどれか。
 1.　「心の理論」とは，たとえ具体的な根拠がなくても，他人が何を考えているのか，何を感じているのかを創造できる機能のことである。
 2.　自分以外の他者がいて，その人も自分と同じように考えたり感じたりしている，ということが理解できなければ，道徳的に行動することはできない。

3. 表情や言葉などが何を意味しているのかを理解し，他者の心を推測する機能は，人間だけがもつ特有のものである。

4. 私たちが，他者の表情や言葉などを手がかりにしてその心の状態を推測できるのは，「心の理論」を働かせているからである。

5. 私たちは，他者の心を常に意識しながら暮らしているので，他者の行動や表情に敏感になり，それが「心の理論」の元となっている。

5 次の文章を読んで，以下の問に答えなさい。

［この問題は，著作権の関係により，掲載できません。］

（悩みを自分に問いかけ，思考すれば，すべて解決する　小川仁志　著）

問　この文章の要旨として，最も妥当なのはどれか。

1. 人間は，はじめて目にするものや経験するものに自分なりに意味をつけていくことで，それらを徐々に意味あるものにしていく。

2. 哲学とは物事の正体を明らかにすることであり，問い続けることでその正体を明らかにしていくことでもある。

3. 自由とは何かを知りたければ，まず「自由とは何か？」とひたすら問い続ける必要があり，その同じ問いの繰り返しこそ哲学である。

4. 物事の本質というのは誰にとっても同じものであり，哲学とはその本質を明らかにする営みのことである。

5. 物事の本質を探究するためには，言葉によって問いを投げかける相手である他者が必ずいなくてはならない。

6 次の会話文の　　　　　に当てはまる正しい英文として，最も妥当なのはどれか。

A：Hello. Can I speak to Ann, please?

B：I'm sorry, she's out right now. Can I take a message?

A：Yes. Could you ask her to call Mike?

B：OK. 　　　　　

A：Thank you. Good-bye.

B：Good-bye.

1. I'm afraid you have the wrong number.
2. I'll call back later.
3. Would you like to leave a message?
4. I'll give her your message.
5. Can you hold on?

7 次の英文の（　　　）に当てはまる正しい語句として，最も妥当なのはどれか。

Tom（　　　）to visit Canada next month.

1. go
2. going
3. went
4. will
5. is going

8 次の英文が完成した文になるように，文意に沿って [　] 内の単語を並び換えたとき，[　] 内で 2 番目と 4 番目にくる組合せとして，最も妥当なのはどれか。

I've never [beautiful / such / seen / flower / a].

	2番目	4番目
1.	such	beautiful
2.	such	a
3.	a	beautiful
4.	flower	a
5.	a	flower

[9] 次のア〜ウの命題が真であるとき，確実にいえることとして，最も妥当なのはどれか。

ア　手品が得意な者は，手先が器用である。

イ　料理が得意な者は，無駄遣いをしない。

ウ　料理が得意でない者は，手先が器用でない。

　　1.　手品が得意な者は，無駄使いをする。

　　2.　料理が得意でない者は，手品が得意である。

　　3.　無駄遣いをする者は，手品が得意でない。

　　4.　無駄遣いをしない者は，手先が器用である。

　　5.　手先が器用な者は，手品が得意でない。

[10] A〜Eの5人が短距離走を行った。その結果について，各人が次のように述べているが，全員がそれぞれの発言において，半分は本当のことを言い，半分はうそを言っている。このとき，確実にいえることとして，最も妥当なのはどれか。ただし，同着の者はいなかったものとする。

A「私は3位で，Bは1位である。」

B「私は2位で，Cは4位である。」

C「私は4位で，Dは5位である。」

D「私は2位で，Eは5位である。」

E「私は1位で，Dは3位である。」

　　1.　Aは3位である。

　　2.　Bは1位である

　　3.　Cは4位である。

　　4.　Dは3位である。

　　5.　Eは5位である。

[11] A〜Fの6チームがサッカーの総当たり戦を行ったところ，次のア〜ウのような結果になった。このとき確実にいえることとして，最も妥当なのはどれか。

ア　引き分けた試合はなかった。

イ　A，B，Cはそれぞれ4勝1敗だった。

ウ　Dは2勝3敗だった。

1. AはBに敗れ，Dに勝った。
2. BはCに敗れ，Eに勝った。
3. CはAに敗れ，Fに勝った。
4. DはAに敗れ，Eに勝った。
5. EはDに敗れ，Aに勝った。

12 ある年の10月23日が土曜日だったとすると，その前年の大晦日の曜日として，最も妥当なのはどれか。ただし，ある年はうるう年ではないものとする。
　1. 月曜日
　2. 火曜日
　3. 水曜日
　4. 木曜日
　5. 金曜日

13 Aの家とBの家は離れた位置にあり，Cの家について，Aの家との距離はBの家との距離の2倍であることがわかっている。Cの家が存在する可能性のある位置を実線で図示したものとして，最も妥当なのはどれか。

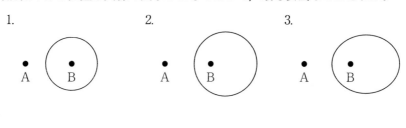

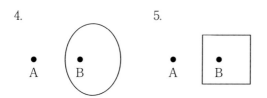

14 下の正多面体に関する表で正しい数値又は語句の組合せになっている
ものとして，最も妥当なのはどれか。

	頂点の数	辺の数	面の形	頂点に集まる面の数
正四面体	4	8	正三角形	3
正六面体	6	12	正方形	3
正八面体	6	12	正三角形	4
正十二面体	20	30	正六角形	3
正二十面体	12	30	正三角形	6

1. 正四面体
2. 正六面体
3. 正八面体
4. 正十二面体
5. 正二十面体

15 質量の異なる4つのおもりを3個ずつ使って，4つの異なる組合せを作
る。出来上がった4つの組合せについて，3個のおもりの質量の合計を量
ると，307g，316g，345g，409gであった。このとき，4つのおもりのう
ち一番重いおもりと一番軽いおもりの質量の差として，最も妥当なのはど
れか。

1. 100 g
2. 102 g
3. 104 g
4. 106 g
5. 108 g

16　A，B，Cの3人の所持金の比はA：B：C＝7：3：2である。AがB
に1400円をあげたところ3人の所持金の比がA：B：C＝21：19：8と
なった。このとき，Aの最初の所持金として，最も妥当なのはどれか。

1.　5200円
2.　5400円
3.　5600円
4.　5800円
5.　6000円

17　下の図において，点Oは△ABCの外心である。∠OBC＝35°のとき，
∠BACの大きさとして，最も妥当なのはどれか。

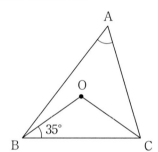

1.　50°
2.　55°
3.　60°
4.　65°
5.　70°

18　TOUKYOUの7文字を1列に並べるとき，並べ方の総数として，最も
妥当なのはどれか。

1.　630通り
2.　1260通り
3.　1680通り
4.　2520通り
5.　5040通り

19 下の資料は，アイスクリーム支出金額と食料費支出金額に占めるアイスクリーム支出金額の割合（食料費比率）についてまとめたものである。この資料から判断できることとして，最も妥当なのはどれか。

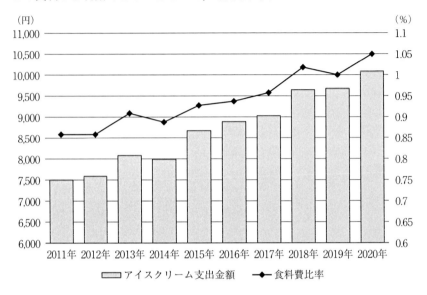

1. 2014年の食料費は，1,000,000円を超えている。
2. 2012年の食料費支出金額は，2011年の食料費支出金額より減っている。
3. 2020年のアイスクリーム支出金額は，2011年のアイスクリーム支出金額に比べて30％以上増えている。
4. アイスクリーム支出金額は年々増加し続け，2020年は前年より10％増えている。
5. アイスクリーム支出金額は，2011年からの5年間で2,000円以上増えた。

20 下の資料は，2020年と2021年の日本の木材（製材品）輸出相手国の上位10か国をまとめたものである。この資料から判断できることとして，最も妥当なのはどれか。ただし，日本の2020年の輸出総額は7,042,187千円，2021年の輸出総額は10,347,396千円である。

2020年				2021年			
順位	国名	輸出量 (m³)	輸出額 (千円)	順位	国名	輸出量 (m³)	輸出額 (千円)
1	中国	65,558	1,602,875	1	米国	60,589	3,624,818
2	米国	53,230	2,615,231	2	フィリピン	58,555	2,824,691
3	フィリピン	27,411	1,123,340	3	中国	56,583	1,566,028
4	台湾	11,638	503,976	4	台湾	13,749	560,216
5	韓国	11,286	723,787	5	韓国	12,887	927,076
6	ベトナム	1,936	107,522	6	カナダ	4,369	312,912
7	インドネシア	1,777	160,272	7	ベトナム	1,916	88,375
8	タイ	885	100,526	8	インドネシア	1,572	183,810
9	ニュージーランド	344	25,122	9	タイ	1,213	102,994
10	インド	267	2,316	10	マレーシア	516	22,367

1. 2021年の日本の輸出総額に占める米国の輸出額は，30％に満たない。

2. 2021年の上位10か国の中で，輸出量に対する輸出額の割合が最も大きいのは韓国である。

3. 2020年の上位10か国への輸出量の合計に占める中国の輸出量は，40％に満たない。

4. 2020年と比較して2021年の輸出額が増加した国は，5か国のみである。

5. 2020年に対する2021年の輸出額の増加率が最も大きいのは，米国である。

21 下の資料は，2016年におけるきのこ類の価格と対前年増減率をまとめたものである。この資料から判断できることとして，最も妥当なのはどれか。

	なめこ	えのきたけ	ひらたけ	まいたけ	まつたけ	エリンギ
価格（円/kg）	457	235	424	722	22,467	513
対前年増減率（%）	7.5	− 9.6	− 3.6	11.4	− 14.4	7.5

1. 2015年のなめこの価格は，400（円/kg）未満である。
2. 2015年において，ひらたけの価格はえのきたけの価格の2倍を上回っている。
3. 2016年のまいたけの価格は，前年より100（円/kg）以上高い。
4. 2015年のまつたけの価格は，30,000（円/kg）より高い。
5. 2015年において，エリンギの価格の方がひらたけの価格より高い。

22 下の資料は，ある検定試験の結果を示したものである。この資料から判断できることとして，最も妥当なのはどれか。

	第1回		第2回		第3回	
	受験者数（人）	合格率（%）	受験者数（人）	合格率（%）	受験者数（人）	合格率（%）
1級	1,191	7.8	1,024	10.4	1,051	5.9
準1級	4,946	15.4	4,605	13.4	5,469	17.4
2級	52,817	18.0	45,049	22.2	50,388	24.0
準2級	92,894	29.0	93,759	34.7	86,030	36.8
3級	139,832	45.0	175,245	45.7	128,141	45.0

1. 第1回から第3回までの3級の試験で，合格者数が最も多かったのは第1回である。
2. 第1回かち第3回までの準2級の試験で，不合格者数が最も多かったのは第1回である。
3. 第1回から第3回までの2級の試験は，合格者の平均人数が10,000人を下回っている。
4. 準1級の合格者数は，第1回から第3回まで増加し続けている。
5. 1級の試験についてみると，第3回の合格者数は，第2回の合格者数の半分を下回っている。

23 **日本の国会の権限として，最も妥当なのはどれか。**

1. 予算の作成
2. 国務大臣の任命
3. 最高裁判所長官の指名
4. 弾劾裁判所の設置
5. 天皇の国事行為に対する助言と承認

24 **国際連合に関する記述として，最も妥当なのはどれか。**

1. 国際連合は，ダンバートン・オークス会議で国連憲章が採択され，日本を含む51か国を原加盟国として発足した。
2. 安全保障理事会では，国際平和と安全の維持のための決議をすることができるが，実質事項を決議する際には，常任理事国が拒否権を行使することができる。
3. 国際連合には，国連教育科学文化機関（UNESCO）や，世界保健機関（WHO），世界貿易機関（WTO），国際原子力機関（IAEA）といった主要機関がある。
4. 国際連合の決定は加盟国への勧告に過ぎないため，侵略国に対して経済制裁を強制することはできないし，武力を用いた制裁もすることができない。
5. 平和維持活動（PKO）は，平和の維持が目的であるため，医師団などの派遣を行うことはできるが，平和維持のための軍や監視団の派遣をすることはできない。

25 **国際経済に関する記述として，最も妥当なのはどれか。**

1. 第二次世界大戦後，発展途上国の多くは政治的に独立し，経済的には農産物に依存するモノカルチャー経済に特化することで，先進国との経済格差を縮小させることができた。

2. 1960年代，国際連合の常設機関として国連貿易開発会議（UNCTAD）が設置され，初代事務局長ベバリッジは「援助より貿易を」を理念として，一般特恵関税の廃止を提唱した。

3. 1960年代，産油途上国が組織する石油輸出国機構（OPEC）に対して，先進国は国際石油資本（石油メジャー）を結成し，原油の生産量や価格の決定を主導しようとした。

4. 1974年，「新国際経済秩序（NIEO）樹立に関する宣言」が採択され，この宣言には資源国有化の権利，途上国に対する不利な交易条件の改善などがもりこまれた。

5. 途上国の中でも，産油国・NIES諸国と呼ばれる工業化に成功した国と，後発発展途上国や発展途上国相互間の経済格差による諸問題を，南北問題という。

26 **2021年9月に開催された首脳会談に関する次の記述で，[A]～[E]に当てはまる語句の組合せとして，最も妥当なのはどれか。ただし，同一の記号には同一の語句が入るものとする。**

日本とアメリカ，[A]，[B]の4か国（クアッド）が初の対面式による首脳会談を開催した。会談は，日本から[C]首相，アメリカから[D]大統領，[A]からモリソン首相，[B]からモディ首相が出席した。4か国の首脳は，共同声明で[E]を念頭に「我々は法の支配，航行の自由，紛争の平和的解決，民主的価値を支持する」と強調し，海洋安全保障をめぐっては，「東シナ海，南シナ海を含む海洋秩序への挑戦に対処する」と明記した。

	A	B	C	D	E
1.	オーストラリア	インド	菅	バイデン	中国
2.	ロシア	インド	岸田	バイデン	中国
3.	オーストラリア	ロシア	菅	バイデン	北朝鮮
4.	インド	オーストラリア	岸田	トランプ	ロシア
5.	オーストラリア	ロシア	菅	トランプ	北朝鮮

27 日本の近年の雇用情勢に関する次のア～ウの記述の正誤の組合せとして，最も妥当なのはどれか。

ア　厚生労働省が発表した雇用動向調査によると，2020年は離職率が入職率を9年ぶりに上回った。

イ　2021年4月に施行された改正高年齢者雇用安定法では，70歳までの就労機会の確保が企業の努力義務とされた。

ウ　厚生労働省と文部科学省の発表によると，2021年に卒業した大学生の就職率は98.0％で，前年を2.0ポイント上回った。

	ア	イ	ウ
1.	誤	誤	正
2.	正	誤	誤
3.	誤	正	正
4.	正	誤	正
5.	正	正	誤

28 19世紀～20世紀はじめの欧米の文化に関する記述として，最も妥当なのはどれか。

1. アダム＝スミスの流れを引くベンサムやリカードらは，経済の一般法則を研究し，今日の経済学の原型となる古典派経済学を確立した。

2. カントによって確立されたドイツ観念論哲学は，フィヒテを経てヘーゲルの弁証法哲学に大成された。

3. ドイツのライト兄弟は，石油を動力としたディーゼル機関をつくり，20世紀にはアメリカのダイムラーが，プロペラ飛行機を発明した。

4. イギリスでは，経験論の伝統を継いで「最大多数の最大幸福」を主張するマルクスやミルらによる功利主義の哲学が盛んになった。

5. メンデルは1859年に『種の起源』を発表して，自然淘汰による適者生存を鍵とする進化論を提唱し，ダーウィンは遺伝の法則を発見した。

29 インドの植民地化に関する次のア～ウの記述の正誤の組合せとして，最も妥当なのはどれか。

ア　1857年，北インドを中心に東インド会社のインド人傭兵であるイェニチェリが反乱をおこし，さらにイギリス支配下で没落した旧支配層なども反乱に加わって大反乱へと発展した。

イ　イギリス東インド会社は，領主層・地主層に土地所有権を与えて納税させるライーヤトワーリー制（ライヤットワーリー制）をベンガル管区で実施し，地税を徴収した。

ウ　イギリスは，1858年に東インド会社を解散してインドを直接統治下におき，1877年にヴィクトリア女王がインド皇帝に即位したことで，イギリス支配下のインド帝国が成立した。

	ア	イ	ウ
1.	誤	正	正
2.	正	正	誤
3.	誤	正	誤
4.	誤	誤	正
5.	正	誤	正

30 18世紀はじめの幕政に関する次の記述で，　A　～　D　に当てはまる語句の組合せとして，最も妥当なのはどれか。ただし，同一の記号には同一の語句が入るものとする。

6代将軍徳川家宣と7代将軍徳川家継の治世は，　A　と呼ばれ，側用人の間部詮房が実権をもち，朱子学者の　B　が侍講として活躍した。

　B　は，幕府と朝廷の関係において，　C　を創設したり家継と皇女の婚約をまとめたりすることによって，天皇家との結びつきを強めたほか，これまで積極策をとっていた貿易面では，1715年に　D　を発して，長崎貿易の額を制限して金銀の流出を防ごうとした。

	A	B	C	D
1.	正徳の治（政治）	新井白石	閑院宮家	海舶互市新例
2.	田沼政治	荻原重秀	閑院宮家	海舶互市新例
3.	正徳の治（政治）	新井白石	伏見宮家	薪水給与令
4.	田沼政治	新井白石	伏見宮家	海舶互市新例
5.	正徳の治（政治）	荻原重秀	伏見宮家	薪水給与令

31 **明治時代に関する記述として，最も妥当なのはどれか。**

1. 1868年，新政府は五榜の掲示を公布して国策の基本を示し，民衆に対しては五箇条の誓文を出して，儒教的道徳を説き，徒党・強訴やキリスト教などを禁じた。

2. 新政府は，幕府から引き継いだ不平等条約を改正するために，西郷隆盛を大使とし，木戸孝允・大久保利通・伊藤博文・山口尚芳を副使とする使節団を欧米に派遣した。

3. 1868年，新政府は祭政一致と神祇官再興を布告するとともに，神仏分離令を出して，古代以来の神仏習合を禁じて仏教を国教とする方針をとった。

4. 通信や海運の発展のため政府は，岩崎弥太郎の建議のもと，1871年に飛脚にかわる官営の郵便制度を発足させ，海運面では前島密の三菱（郵便汽船三菱会社）を保護した。

5. 新政府は金融制度形成のため，渋沢栄一が中心となって1872年に国立銀行条例を制定して，民間の資本で金貨と交換できる兌換銀行券を発行させようとした。

32 **西岸海洋性気候に関する記述として，最も妥当なのはどれか。**

1. 北半球にしか存在しない大陸性の気候で，気温の年較差が大きく，長く寒冷な冬と比較的温暖な夏が特徴である。タイガと呼ばれる針葉樹林を形成する。

2. 年降水量は比較的少なく，特に夏は高温となり乾燥する。そのため耐乾性の強い常緑樹が育つ。オリーブやブドウ，コルクガシなどが栽培されている。

3. 赤道低圧帯などの影響で，冬は降水量が少なく，夏に降雨が多い。温帯に属するが，低地の夏は熱帯並みに暑い。常緑広葉樹が茂る。アジアでは稲作も行われている。

4. 偏西風の影響で，冬も緯度の割には暖かく，気温の年較差は小さい。降水量も年間を通じて平均している。混合農業や酪農がおこなわれている。

5. 夏は高温となるものの，冬は地域にもよるが寒さが厳しいところもあり，降水量は年間を通じて多く，熱帯低気圧による風水害も多い。

33 東南アジア諸国に関する記述として，最も妥当なのはどれか。

1. 1967年に東南アジア諸国連合（ASEAN）が，インドネシア，タイ，ベトナム，ラオス，マレーシア，フィリピンの6か国により設立された。
2. タイでは，就業機会の乏しい地方の農村と都市との間で，経済的な格差が問題となってきている。
3. インドネシアでは，ドイ・モイ政策により経済の刷新が行われて工業化が進展している。
4. マレーシアでは，マレー人を優遇するルックイースト政策が行われている。
5. 近年マレーシアやインドネシアでは，工業化の進展に伴いアブラヤシのプランテーション農業が衰退してきている。

34 熟語の読み仮名とその意味の組合せとして，最も妥当なのはどれか。

1. 辣腕（らつわん）　—　極めて手厳しいこと。
2. 幇助（ふうじょ）　—　手助けすること。
3. 毀損（きそん）　—　遠慮すること。
4. 寓話（どうわ）　—　教訓的なたとえ話。
5. 敷衍（ふえん）　—　意味をおし広め説明すること。

35 対義語の組合せとその読み仮名がすべて正しいものとして，最も妥当なのはどれか。

1. 定刻（じょうこく）　—　刻限（こくげん）
2. 貫徹（かんてつ）　—　挫折（ざせつ）
3. 常住（じょうちゅう）　—　無常（むじょう）
4. 遺失（いしつ）　—　拾得（しゅとく）
5. 回想（かいそう）　—　追想（ついそう）

36 次の四字熟語とその意味の組合せとして，最も妥当なのはどれか。

1. 一気呵成　—　全力を尽くして物事をするさま。
2. 馬耳東風　—　見かけだけ立派で中身が伴わないこと。
3. 三拝九拝　—　言葉をうまく飾り顔色をつくろうこと。
4. 竜頭蛇尾　—　初めは勢いが盛んだが，終わりはふるわないこと。
5. 会者定離　—　一生に一度しか会う機会がないような不思議な縁。

37 $(3\sqrt{2}+\sqrt{10})(\sqrt{5}-\sqrt{2})$ を計算したものとして，最も妥当なのはどれか。

1. $6\sqrt{10}+5\sqrt{2}-2\sqrt{5}-3$
2. $6\sqrt{10}+2\sqrt{2}-\sqrt{5}-6$
3. $3\sqrt{10}+5\sqrt{2}-2\sqrt{5}-6$
4. $3\sqrt{10}+5\sqrt{2}-\sqrt{5}-6$
5. $3\sqrt{10}+2\sqrt{2}-2\sqrt{5}-3$

38 放物線 $y=2x^2+8x-9$ の頂点の座標として，最も妥当なのはどれか。

1. $(-1,\ -15)$
2. $(-1,\ -17)$
3. $(-2,\ -15)$
4. $(-2,\ -17)$
5. $(-2,\ -19)$

39 次の連立不等式を計算したものとして，最も妥当なのはどれか。

$$\begin{cases} -x+1<x+7 \\ 2x-5\leqq -x-2 \end{cases}$$

1. $-3<x\leqq 1$
2. $-1<x\leqq 3$
3. $-3<x\leqq -1$
4. $x\leqq -3,\ x<1$
5. $1<x$

40 下のグラフはある列車の時刻と速度の関係を表したものである。加速度が最も大きい時間における加速度として，最も妥当なのはどれか。

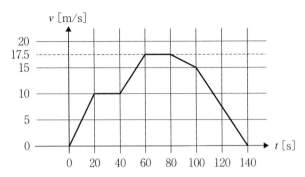

1. 0.45 [m/s²]
2. 0.50 [m/s²]
3. 0.55 [m/s²]
4. 0.60 [m/s²]
5. 0.65 [m/s²]

41 下の図は人がキャリーケースを運び，そのキャリーケースをネコが反対方向に引いている様子を表している。キャリーケースには水平から60°の方向に90 [N] の力，摩擦力10 [N]，ネコの力F [N] が働き，キャリーケースは一定の速さでまっすぐに人の進行方向に4.0 [m] 移動した。ネコが物体にした仕事 [J] として，最も妥当なのはどれか。

1. − 70 [J]
2. − 140 [J]
3. 35 [J]
4. 70 [J]
5. 140 [J]

42 大理石に希塩酸を注ぐと気体が発生する。この気体を水酸化カルシウム水溶液（石灰水）に通じると，水に溶けにくい白色の沈殿を生じる。発生した気体として，最も妥当なのはどれか。

1. 水素
2. 酸素
3. 二酸化炭素
4. 窒素
5. アンモニア

43 次のうち，正塩に分類されるものとして，最も妥当なのはどれか。

1. 炭酸水素ナトリウム
2. リン酸水素二ナトリウム
3. リン酸二水素ナトリウム
4. 酢酸ナトリウム
5. 塩化水酸化カルシウム

44 次のア～エのホルモンのうち，血糖濃度を上昇させる方向に働くもののみをすべて選んだ組合せとして，最も妥当なのはどれか。

ア　インスリン
イ　グルカゴン
ウ　アドレナリン
エ　糖質コルチコイド

1. ア，イ
2. ア，エ
3. イ，エ
4. ア，イ，ウ
5. イ，ウ，エ

45 DNAを構成するヌクレオチド鎖の構造として，最も妥当なのはどれか。ただし，丸はリン酸を，五角形は糖を，四角形は塩基を表しており，直線は結合を表している。

1.

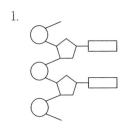

2.

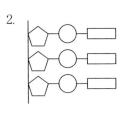

3.

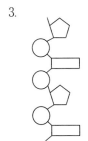

4.

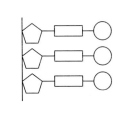

5.

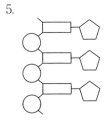

《 解 答 ・ 解 説 》

1 1

解説 出典は山竹伸二著『ひとはなぜ「認められたい」のか─承認不安を生きる知恵』。要旨把握問題である。作者の主張は一般的に本文冒頭か最後に述べられていることが多い。そのことに注意をして選択肢と本文を照らし合わせ，作者の主張を捉えるようにしたい。

2 2

解説 出典は吉田たかよし著『元素周期表で世界はすべて読み解ける─宇宙，地球，人体の成り立ち』。要旨把握問題である。「ナトリウム」と「カリウム」の役割について，丁寧に本文から読み取るようにしたい。

3 1

解説 出典は本郷和人著『世襲の日本史─「階級社会」はいかに生まれたか』。要旨把握問題である。主旨を述べるために用いた例文などは，たとえ内容が合致していても要旨とは言えないので注意するようにしたい。

4 4

解説 出典は長谷川眞理子著『生き物をめぐる4つの「なぜ」』。要旨把握問題である。「心の理論」というキーワードに着目をして，本文の要旨を読み解くようにしたい。

5 2

解説 出典は小川仁志著『悩みを自分に問いかけ，思考すれば，すべて解決する』。要旨把握問題である。「要旨」とは，文章全体の中で筆者が言いたいことをまとめたものであり，本文と部分的に合致していてもそれは要旨とはいえないので注意をすること。

6 4

解説 会話文の日本語訳は次の通り。

A「アンさんをお願いできますか」

B「すいませんが外出中です。伝言を承りましょうか」

A「はい，マイクさんに電話してもらえるように彼女に伝えてくれませんか」

B「〈空欄〉」

A「ありがとう，さようなら」

B「さようなら」

というやり取りをしているので，空欄には選択肢4の「彼女に伝えます」を入れるのが正しい。また，Hold on は「電話を切らずに待つ」という表現であるので覚えておきたい。

7 5

解説 Tom is going to visit Canada next month. は Tom will visit Canada next month. と同じ意味で，「トムは来月カナダに行く予定です」と，未来の予定を表す表現である。

8 1

解説 I have never seen such a beautiful flower. で「私はこれまでにこんな美しい花を見たことがない」という現在完了（経験）の表現である。

9 3

解説 「手品：手品が得意である」，「手先：手先が器用である」，「料理：料理が得意である」，「無駄遣い：無駄遣いをする」，また，「手品：手品が得意でない」，「手先：手先が器用でない」，「料理：料理が得意でない」，「無駄遣い：無駄遣いをしない」として条件をそれぞれ表すと，ア～ウの命題より，手品→手先…①，料理→無駄遣い…②，料理→手先…③

また，命題とその対偶とは真偽が一致することから，手先→手品…④，無駄遣い→料理…⑤，手先→料理…⑥

以上より，1：①，⑥，②の条件をつなげると，「手品→手先→料理→無駄遣い」だから，「手品→無駄遣い」は確実にはいえない。　2：③，④の条件をつなげると，「料理→手先→手品」だから，「料理→手品」は確実にはいえな

い。　3：⑤，③，④の条件をつなげると，「無駄遣い→料理→手先→$\overline{\text{手品}}$」だから，「無駄遣い→$\overline{\text{手品}}$」は確実にいえる。　4：⑥，②の条件をつなげると，「手先→料理→無駄遣い」より，「手先→$\overline{\text{無駄遣い}}$」だが，その逆の「$\overline{\text{無駄遣い}}$→$\overline{\text{手先}}$」が真であるとは確実にはいえない。　5：④より，「$\overline{\text{手先}}$→$\overline{\text{手品}}$」だから，「手先→$\overline{\text{手品}}$」は確実にはいえない。

10 3

解説 Aの発言の「私は3位で」がうそ，「Bは1位である」が本当と仮定すると，Bの発言の「私は2位で」がうそ，「Cは4位である」が本当となる。さらに，Cの発言の「私は4位で」が本当，「Dは5位である」がうそ，Eの発言の「私は1位で」がうそ，「Dは3位である」が本当，さらに，Dの発言の「私は2位で」がうそ，「Eは5位である。」が本当となる。以上より，それぞれの順位は右図①のようになる。

①
	\multicolumn{5}{c}{順位}
	1	2	3	4	5
A	×	○	×	×	×
B	○	×	×	×	×
C	×	×	×	○	×
D	×	×	○	×	×
E	×	×	×	×	○

次に，Aの発言の「私は3位で」が本当，「Bは1位である」がうそと仮定すると，Eの発言の「私は1位で」が本当，「Dは3位である」がうそとなる。さらに，Dの発言の「私は2位で」が本当，「Eは5位である。」がうそ，Cの発言の「私は4位で」が本当，「Dは5位である」がうそ，Bの発言の「私は2位で」がうそ，「Cは4位である」が本当となる。以上より，それぞれの順位は右図②のようになる。

②
	\multicolumn{5}{c}{順位}
	1	2	3	4	5
A	×	×	○	×	×
B	×	×	×	×	○
C	×	×	×	○	×
D	×	○	×	×	×
E	○	×	×	×	×

よって，図①，②より，「Cは4位である」ことが確実にいえる。

11 4

解説 Aが敗れた対戦チームによって，場合分けして考える。AがBに敗れた場合，下図①のことが確実にいえる。AがCに敗れた場合，下図②のことが確実にいえる。AがD（下図③），E（下図④），F（下図⑤）にそれぞれ敗れた場合，Cが2敗することになり，問題の条件に合わない。よって，下図①，②より，「DはAに敗れ，Eに勝った」ことが確実にいえる。

①

| | 対戦ゲーム | | | | | | 勝敗 | |
	A	B	C	D	E	F	勝	敗
A		×	○	○	○	○	4	1
B	○		×	○	○	○	4	1
C	×	○		○	○	○	4	1
D	×	×	×		○	○	2	3
E	×	×	×	×				
F	×	×	×	×				

計 15 15

②

| | 対戦ゲーム | | | | | | 勝敗 | |
	A	B	C	D	E	F	勝	敗
A		○	×	○	○	○	4	1
B	×		○	○	○	○	4	1
C	○	×		○	○	○	4	1
D	×	×	×		○	○	2	3
E	×	×	×	×				
F	×	×	×	×				

計 15 15

③

| | 対戦ゲーム | | | | | | 勝敗 | |
	A	B	C	D	E	F	勝	敗
A		○	○	×	○	○	4	1
B	×		○	○	○	○	4	1
C	×	×					4	1
D	○	×					2	3
E	×	×						
F	×	×						

計 15 15

④

| | 対戦ゲーム | | | | | | 勝敗 | |
	A	B	C	D	E	F	勝	敗
A		○	○	○	×	○	4	1
B	×		○	○	○	○	4	1
C	×	×					4	1
D	×	×					2	3
E	○	×						
F	×	×						

計 15 15

⑤

| | 対戦ゲーム | | | | | | 勝敗 | |
	A	B	C	D	E	F	勝	敗
A		○	○	○	○	×	4	1
B	×		○	○	○	○	4	1
C	×	×					4	1
D	×	×					2	3
E	×	×						
F	○	×						

計 15 15

12 4

解説 ある年の10月23日（土曜日）に対して，その前年の大晦日（12月31日）は，$(23-1)+30+31+31+30+31+30+31+28+31+1=296$［日前］である。よって，$296 \div 7 = 42$ あまり 2 より，土曜日の2日前の木曜日となる。

13 2

解説 問題の条件より，$AC:BC = 2:1$ である。一般に，2定点P，Qからの距離の比が $m:n$ である点の軌跡は，$m \neq n$ のとき，線分PQを $m:n$ の比に内分する点と外分する点を直径の両端とする円（アポロニウスの円）になる。よって，Cの家が存在する可能性のある位置は，線分ABを2:1の比に内分する点と外分する点を直径の両端とする円周上にある。したがって，選択肢2となる。

14 3

解説 正多面体に関する正しい表を下に示す。よって，正しい数値と語句の組み合わせとなっているのは正八面体である。

	頂点の数	辺の数	面の数	頂点に集まる面の数
正四面体	4	6	正三角形	3
正六面体	8	12	正方形	3
正八面体	6	12	正三角形	4
正十二面体	20	30	正五角形	3
正二十面体	12	30	正三角形	5

正四面体　　正六面体　　正八面体　　正十二面体　　正二十面体

15 2

解説 4つのおもりの質量をそれぞれag, bg, cg, dg ($a<b<c<d$) とする。

題意より，$a+b+c=307$…①，$a+b+d=316$…②，$a+c+d=345$…③，$b+c+d=409$…④

ここで，④－①より，$(b+c+d)-(a+b+c)=409-307$

整理すると，$d-a=102$

よって，4つのおもりのうち一番重いおもりと一番軽いおもりの質量の差$d-a$は102 [g] である。

16 3

解説 AがBに1400円をあげる前後で，A，B，Cの3人の所持金の合計は変わらないことに着目する。1400円をあげる前後の3人の所持金の比の合計を$7+3+2=12$と$21+19+8=48$の最小公倍数48にそろえると，1400円をあげる前の3人の所持金の比は，A：B：C＝$7:3:2=28:12:8$，1400円をあげた後の3人の所持金の比は，A：B：C＝$21:19:8=(28-7):$ $(12+7):8$だから，AがBにあげた1400円は比の7に相当することがわかる。

よって，Aの最初の所持金は，$1400\times\dfrac{28}{7}=5600$ [円] である。

17 2

解説 点Oは外心より，△OBCはOB＝OCの二等辺三角形である。よって，$\angle BOC=180°-2\angle OBC=180°-2\times35°=110°$

頂点A，B，Cは円Oの円周上にあることから，円周角の定理より，$\angle BAC=\dfrac{1}{2}\angle BOC=\dfrac{1}{2}\times110°=55°$

18 2

解説 Oを2文字，Uを2文字含む順列だから，同じものを含む順列の公式より，並べ方の総数は$\dfrac{7!}{2!2!}=\dfrac{7\cdot6\cdot5\cdot4\cdot3\cdot2\cdot1}{2\cdot1\cdot2\cdot1}=1260$ [通り] となる。

19 3

解説 1：誤り。2014年の食料費は，8,000［円］÷0.89［％］≒900,000［円］である。　2：誤り。（2011年の食料費比率）と（2012年の食料費比率）は等しいのに対して，（2011年のアイスクリーム支出金額）＜（2012年のアイスクリーム支出金額）であるから，（2011年の食料費支出金額）＜（2012年の食料費支出金額）である。　3：正しい。2020年のアイスクリーム支出金額10,100円は，2011年のアイスクリーム支出金額7,500円に比べて，$\frac{10,100-7,500}{7,500}\times100\div34$［％］増えている。　4：誤り。2014年のアイスクリーム支出金額は，2013年のアイスクリーム支出金額より減少している。　5：誤り。アイスクリーム支出金額は，2011年からの5年間で8,700［円］－7,500［円］＝1,200［円］増えた。

20 3

解説 1：誤り。2021年の日本の輸出総額に占める米国の輸出額は，$\frac{3,624,818}{10,347,396}\times100\div35$［％］である。　2：誤り。2021年の上位10か国の中で，輸出量に対する輸出額の割合は，韓国が$\frac{927,076}{12,887}\div72$，たとえばインドネシアは$\frac{183,810}{1,572}\div117$で，インドネシアの方が大きい。　3：正しい。2020年の上位10か国への輸出量の合計174,332m³に占める中国の輸出量65,558m³は，$\frac{65,558}{174,332}\times100\div37$［％］である。　4：誤り。2020年と比較して2021年の輸出額が増加した国は，米国，フィリピン，台湾，韓国，インドネシア，タイ，カナダ，マレーシアの8か国である。　5：誤り。2020年に対する2021年の輸出額の増加率は，米国が$\frac{3,624,818-2,615,231}{2,615,231}\div0.3\cdots$であるのに対して，カナダは2020年ランク外であったため，10位のインドの数値（カナダはこれよりも少ない値）を用いると$\frac{312,912-2,316}{2,316}>100$となる。

21 5

解説 1：誤り。2015年のなめこの価格は，$457 \div \left(1 + \dfrac{7.5}{100}\right) \fallingdotseq 425$ ［円/kg］である。　2：誤り。2015年において，ひらたけの価格$424 \div \left(1 + \dfrac{-3.6}{100}\right) \fallingdotseq$ 440［円/kg］に対し，えのきたけの価格は$235 \div \left(1 + \dfrac{-9.6}{100}\right) \fallingdotseq 260$［円/kg］で，ひらたけの価格はえのきたけのそれの$\dfrac{440}{260} \fallingdotseq 1.7$［倍］である。　3：誤り。2016年のまいたけの価格722［円/kg］は，前年の$722 \div \left(1 + \dfrac{11.4}{100}\right) \fallingdotseq 648$［円/kg］より，約$722 - 648 = 74$［円/kg］高い。　4：誤り。2015年のまつたけの価格は，$22{,}467 \div \left(1 + \dfrac{-14.4}{100}\right) \fallingdotseq 26{,}247$［円/kg］である。　5：正しい。2015年において，エリンギの価格$513 \div \left(1 + \dfrac{7.5}{100}\right) \fallingdotseq 476$［円/kg］の方が，ひらたけの価格$424 \div \left(11 + \dfrac{-3.6}{100}\right) \fallingdotseq 440$［円/kg］より高い。

22 2

解説 1：誤り。3級の試験で，第1回の合格者数は$139{,}832 \times \dfrac{45.0}{100} \fallingdotseq 63{,}000$［人］，第2回の合格者数は$175{,}245 \times \dfrac{45.7}{100} \fallingdotseq 80{,}000$［人］で，第2回の方が多い。　2：正しい。準2級の試験で，第1回の不合格者数は$92{,}894 \times \dfrac{71.0}{100} \fallingdotseq$ 66,000［人］，第2回の不合格者数は$93{,}759 \times \dfrac{65.3}{100} \fallingdotseq 61{,}200$［人］，第3回の不合格者数は$86{,}030 \times \dfrac{63.2}{100} \fallingdotseq 54{,}300$［人］で，第1回不合格者数が最も多い。3：誤り。2級の試験で，第1回の合格者数は$52{,}817 \times \dfrac{18.0}{100} \fallingdotseq 9{,}500$［人］，第2回の合格者数は$45{,}049 \times \dfrac{22.2}{100} \fallingdotseq 10{,}000$［人］，第3回の合格者数は$50{,}388 \times \dfrac{24.0}{100} \fallingdotseq 12{,}000$［人］で，合格者数の平均人数は$\dfrac{9{,}500 + 10{,}000 + 12{,}000}{3} =$ 10,500［人］である。　4：誤り。準1級の試験で，第1回の合格者数は$4{,}946 \times \dfrac{15.4}{100} \fallingdotseq 760$［人］，第2回の合格者数は$4{,}605 \times \dfrac{13.4}{100} \fallingdotseq 620$［人］で，第2回

は第 1 回に対して減少している。　5：誤り。1級の試験についてみると，第 3 回の合格者数 $1,051 \times \dfrac{5.9}{100} \fallingdotseq 60$ ［人］は，第 2 回の合格者数 $1,024 \times \dfrac{10.4}{100} \fallingdotseq 110$ ［人］の $\dfrac{60}{110} \fallingdotseq 0.54$ ［倍］である。

23 4

解説 国会の権限に関する問題である。国会と比較する形で，「内閣」と「裁判所」などの権能を知っておく必要がある。参考書などで確認をしておくとよい。1と3と5は内閣の権能である。2は内閣総理大臣の専決事項である。国会と内閣に関しては，条約の問題がよく出題される。条約を締結してくるのは内閣の仕事であるが，それを承認するかどうかを決めるのは国会の仕事である。

24 2

解説 1：日本は1956年の日ソ共同宣言の後に加盟した。原加盟国ではないので誤りである。　2：正しい。　3：主要機関とは，総会，安全保障理事会，信託統治理事会，国際司法裁判所，経済社会理事会，事務局である。4：「経済制裁を強制することはできないし，武力を用いた制裁もすることができない」という部分が誤りである。　5：「監視団の派遣をすることはできない」という部分が誤りである。

25 4

解説 1：「特化することで，先進国との経済格差を縮小させることができた」という部分が誤りである。　2：初代事務局長は，プレビッシュである。ベバリッジは，社会保障に関する報告「ベバリッジ報告」をまとめた人物として有名である。　3：石油メジャーに対抗するためにOPECが結成された。主導しようとしたのがOPECである。　4：正しい。　5：途上国の差は「南南問題」と言われている。

26 1

解説 A・B:「クアッド」では空欄を埋めるのは難しい。さらに読み進めて見ると、「モリソン首相」、「モディ首相」と書いてあるので、ここで「オーストラリア」、「インド」と答えを出せるようにしたい。 C:当時は菅義偉首相であった。 D:このときは既にバイデン氏がアメリカ大統領に就任していた。 E:直後の「海洋安全保障」、「東シナ海」、「南シナ海」という語句を手がかりにするとよい。

27 5

解説 雇用情勢に関する問題である。誤答の内容は多岐にわたるが、一年か二年ずれているものが多い。学習する際は、その年度の数値だけを見るのではなく、昨年・一昨年の数値も確認することが大切である。なお、ウに関しては2020年度の数値である。

28 2

解説 1:「今日の経済学の原型」という部分が誤りである。古典派経済学の後に新古典派経済学が登場した。 2:正しい。 3:ディーゼル機関を発明したのはディーゼル、プロペラ飛行機を発明したのがライト兄弟である。4:「最大多数の最大幸福」を主張したのはベンサムである。 5:『種の起源』を発表したのはダーウィンで、遺伝の法則を発見したのがメンデルである。

29 4

解説 インドの植民地化に関する問題である。高校の世界史レベルの内容も含まれているので、重要語句を中心に時代背景を考えながら確認するようにしたい。 ア:イェニチェリではなくシパーヒーである。イェニチェリはオスマン帝国の歩兵軍団のことである。 イ:ベンガル管区で実施されていたのは、ザミーンダーリー制である。ライヤットワーリー制は、マドラス管区やボンベイ管区で実施されていた。

30 1

解説 18世紀はじめの幕政に関する問題。新井白石に関する問題と考えてよい。 A・B:6代将軍・7代将軍の時代という説明があるので、そこから

「新井白石」の政治である「正徳の治」を導きたい。　C：「家継と皇女の婚約をまとめ」とあるので「閑院宮家」である。　D：「長崎貿易の額を制限して金銀の流出を防ごうとした」という部分から，「海舶互市新例」である。薪水給与令はもっと後の時代の法令である。

31　5

解説　1：五榜の掲示と五箇条の誓文が反対である。国策の基本が五箇条の誓文，民衆に対するものは五榜の掲示である。　2：西郷隆盛は参加しなかった。大使は岩倉具視であり，岩倉使節団と言われている。　3：神道を国教とした。　4：郵便制度の発足に尽力したのは前島密であり，三菱の創始者は岩﨑弥太郎である。　5：正しい。

32　4

解説　1：「タイガと呼ばれる針葉樹林を形成する」という内容から，亜寒帯気候（タイガ気候）である。　2：「夏は高温となり乾燥」，「オリーブ」などの栽培から，地中海性気候である。　3：「赤道低圧帯」，「温帯に属する」，「アジアでは稲作」という部分から，温暖冬季少雨気候である。　4：正しい。5：「夏は高温」，「寒さが厳しい」，「熱帯低気圧」という言葉から，亜寒帯の気候である。

33　2

解説　1：原加盟国は5カ国。インドネシア・タイ・シンガポール・マレーシア・フィリピンである。　2：正しい。　3：ドイ・モイ政策はベトナムで実施された。　4：マレー人を優遇する政策はブミプトラ政策である。日本や韓国の近代化を手本とする政策をルック・イースト政策という。　5：「アブラヤシのプランテーション農業が衰退してきている」が誤り。世界的にアブラヤシ（パーム油）の需要は増えている。

34　5

解説　1：「辣腕」は物事を的確に処理する能力があること。　2：読みは「ほうじょ」。　3：「毀損」は物をこわすこと，利益や体面などをそこなうこと。　4：読みは「ぐうわ」。

$\boxed{35}$ 2

解説 1：「定刻（ていこく）」の対義語は「随時」。　3：「常住」の読みは「じょうじゅう」。　4：「拾得」の読みは「しゅうとく」。　5：「回想」と「追想」は類義語。

$\boxed{36}$ 4

解説 1：「一気呵成」は文章や物事を一気に仕上げること。　2：「馬耳東風」は他人の意見や批評を聞き流すこと。　3：「三拝九拝」は何度も頭を下げること。　5：「会者定離」は会うものは必ず別れる運命にあること。

$\boxed{37}$ 3

解説

$$(3\sqrt{2} + \sqrt{10})(\sqrt{5} - \sqrt{2}) = 3\sqrt{2} \cdot \sqrt{5} - 3\sqrt{2} \cdot \sqrt{2} + \sqrt{10} \cdot \sqrt{5} - \sqrt{10} \cdot \sqrt{2}$$
$$= 3\sqrt{10} - 6 + 5\sqrt{2} - 2\sqrt{5}$$
$$= 3\sqrt{10} + 5\sqrt{2} - 2\sqrt{5} - 6$$

$\boxed{38}$ 4

解説 平方完成をすると，
$$y = 2x^2 + 8x - 9 = 2(x^2 + 4x) - 9 = 2\{(x + 2)^2 - 2^2\} - 9 = 2(x + 2)^2 - 8 - 9$$
$$= 2(x + 2)^2 - 17$$
より，頂点の座標は $(-2, -17)$

$\boxed{39}$ 1

解説 $\begin{cases} -x + 1 < x + 7 \cdots ① \\ 2x - 5 \leqq -x - 2 \cdots ② \end{cases}$　とする。

①を解くと，$x > -3 \cdots ③$

②を解くと，$x \leqq 1 \cdots ④$

よって，①，②の連立不等式の解は，③，④の共通部分の $-3 < x \leqq 1$ である。

$\boxed{40}$ 2

解説 $0 \sim 20$ ［s］が最も傾きが大きいので，加速度も大きい。
その間の加速度は，$10 \div 20 = 0.50$ ［m/s^2］となる。

41 2

解説 ネコがキャリーケースに及ぼす力の大きさは，進行方向とは反対向きに $90 \times \cos60° - 10 = 35$ [N] である。よってネコがキャリーケースにした仕事は，$-35 \times 4.0 = -140$ [J] となる。なお，ネコはキャリーケースが動いた向きと逆に力を及ぼしているので，仕事は負の値となる。

42 3

解説 石灰水に二酸化炭素を通じると，炭酸カルシウムの白色沈殿が生じて白濁する。

43 4

解説 酸のHや塩基のOHを含まない塩を正塩という。塩の名称についている「水素」は，酸のHを表しているので酸性塩である。塩基性塩の名称には塩基のOHを表す「水酸化」という語句が含まれる。正塩の名称にはそれらの語句は含まれない。

44 5

解説 グルカゴン，アドレナリン，糖質コルチコイドは血糖濃度を上昇させるホルモンである。インスリンは血糖濃度を低下させるホルモンである。

45 1

解説 ヌクレオチドの糖と別のヌクレオチドのリン酸が結合してヌクレオチドがつながり，ヌクレオチド鎖ができる。

消防職Ⅲ類 実施問題

1 次の文章を読んで，以下の問に答えなさい。

［この問題は，著作権の関係により，掲載できません。］

（学問の技法　橋本努　著）

問　この文章の要旨として，最も妥当なのはどれか。

1. 学問をする動機が卑俗では，本当に学んでいるとはいえない。
2. 「学問したい」という素直な欲求に従えば，すぐにでも学問を始められる。
3. 学問への動機や欲求がよりマシなものへと変化したとき，真の学問が始まる。
4. 学問するという生活スタイルを確立するためには，「内的動機」が必要である。
5. 学問をはじめる最初の動機は外的なものからでよく，それから内的になればいい。

2 次の文章を読んで，以下の問に答えなさい。

［この問題は，著作権の関係により，掲載できません。］

（時間とはなんだろう―最新物理学で探る「時」の正体　松浦壮　著）

問　この文章の要旨として，最も妥当なのはどれか。

1. 実際に時計を見なければ，私たちは時間の経過を感じることができない。
2. 私たちが時間の流れを認識するためには，物体の運動が必要である。
3. 徹夜をするなどして意識が薄れているときは，私たちは時間を認識できない。
4. 時間が流れているからこそ，物体は運動し，変化が起きる。
5. 私たちは，脳内にある体内時計を使って時間を認識している。

3 次の文章を読んで，以下の問に答えなさい。

［この問題は，著作権の関係により，掲載できません。］

（ツキの法則―「賭け方」と「勝敗」の科学　谷岡一郎　著）

問　この文章の要旨として，最も妥当なのはどれか。

1. 現実社会での競争において，いかさまをして勝ったとしても，それは真の勝者ではない。
2. 意識的に取り決められ，自発的に尊重される約束ごとがない文明はない。
3. 現実社会と離れたところで欲求を満たしたとしても，それは一時的な逃避でしかない。
4. 賭け事を除く「遊び」には，ストレスを解消し，気分転換を促す機能がある。
5. これからの社会においては，本当の意味での「遊び」が必要なものになる。

4 次の文章を読んで，以下の問に答えなさい。

［この問題は，著作権の関係により，掲載できません。］

（脳は美をどう感じるか―アートの脳科学　川畑秀明　著）

問　この文章の要旨として，最も妥当なのはどれか。

1. 歌舞伎の世界で記述による伝承を行わないのは，伝承手段を口伝に限定することによって，奥義としての深みを獲得するためである。
2. 美術学校や大学では，美術理論が大きく発展し，おおよそ人々が美しいと納得するだけの絵を描画する方法論を獲得したといえる。
3. 歌舞伎においては，基本的な動きや身のこなしが大切なのであって，些末な知識や断片的な理解は，かえって芸の質を下げるので不要である。
4. 面白さや美しさといった芸術のメッセージは，部分の関係によって生み出されるものであり，その意味で，全体は部分の総和以上だといえる。
5. ゲシュタルト心理学において大切なことは，個々の働きそれ自体であって，事物が主張する技術こそが，芸術の普遍性を支えるのである。

5 次の文章を読んで，以下の問に答えなさい。

［この問題は，著作権の関係により，掲載できません。］

（胎児の世界　三木成夫　著）

問　この文章の要旨として，最も妥当なのはどれか。

1. 過去を持たない生物は存在しないが，生物の宗族の家系図の扱いは粗雑であり，十代ほどさかのぼるとすぐにわからなくなってしまうものである。

2. 生物の家系図は万世一系の流れであるべきだが，人類は断片的な家系図しか持てていないので，その意味ではアメーバと人類は同等ではない。

3. 宗族発生を初めから見とおした人はだれもいないが，古生物学においては化石をたよりに類推を働かせてそれをさかのぼろうとしている。

4. 人々は化石などを手がかりに，自身が歩んできた進化の歴史をたどろうとしていて，その手法は考古学のものとは違い，古生物学独自のものである。

5. 人類の宗族発生をたどると，次第に手がかりの化石も減っていくが，科学的な分析さえすれば人類と哺乳類全体の祖先との区別を誤ることは決してない。

6 次の会話文のうち，◻◻◻に当てはまる正しい英文として，最も妥当なのはどれか。

A : You aren't eating anything.

B : I don't want to eat.

A : ◻◻◻

B : I have the chills. I think I have a fever.

A : That's too bad. I hope you get better soon.

1. How about you?

2. Would you do me a favor?

3. What's the matter?

4. How many do you have?

5. What do you make?

7 次の英文の（　　）に当てはまる正しい語句として，最も妥当なのはどれか。

I don't like this color. Please show me a red（　　）.

1. it
2. one
3. ones
4. any
5. some

8 次の英文が完成した文になるように，文意に沿って［　］内の単語を並び換えたとき，［　］内で2番目と4番目にくる組合せとして，最も妥当なのはどれか。

She ［to / be / speak / will / able］ English better.

	2番目	4番目
1.	be	speak
2.	able	be
3.	able	speak
4.	be	to
5.	speak	be

9 40人のクラスメイトに好きな科目のアンケートを実施したところ，英語が好きな者が36人，数学が好きな者が34人，国語が好きな者が30人いることがわかった。このとき，英語と数学と国語の3科目とも好きな者の最少人数として，最も妥当なのはどれか。ただし，すべての科目が好きではない者はいなかったものとする。

1. 12人
2. 15人
3. 20人
4. 24人
5. 28人

[10] 重さが異なる4つの分銅A，B，C，Dがある。DはAよりも重く，AとCの重さの合計よりもBが軽い。また，AとDの重さの合計はBと同じである。このとき，確実にいえることとして，最も妥当なのはどれか。

1. Cが最も軽い。
2. AはCよりも軽い。
3. Dが最も重い。
4. Bは2番目に重い。
5. CはDよりも軽い。

[11] 数枚のカードがある。このカードについて，A，B，Cの3人が次のように発言した。このとき，論理的に判断して，確実にいえることとして，最も妥当なのはどれか。

A「カードの中にはスペード，または，ハートのカードが含まれている。」
B「カードの中にはクラブとハートのカードが含まれている。」
C「カードの中には少なくとも2種類のカードが含まれている。」

1. Aが正しければ，Bも正しい。
2. Aが誤りであれば，Bは正しい。
3. Cが正しければ，AもBも正しい。
4. Bが誤りであれば，Aも誤りである。
5. Bが正しければ，Cも正しい。

[12] A〜Eの5人は，教師，警察官，弁護士，税理士，市職員のいずれか異なる職業に就いており，札幌，仙台，東京，名古屋，大阪のいずれか異なる都市に住んでいる。次のア〜クのことがわかっているとき，確実にいえることとして，最も妥当なのはどれか。

ア．A〜Eのうち男性は2人，女性は3人である。
イ．Aは東京に住んでいる40歳の男性である。
ウ．BとCは異性である。
エ．弁護士は大阪に住んでいる35歳の女性である。
オ．Cは35歳の市職員で，札幌に住んでいない。
カ．教師は仙台に住んでいる40歳の男性である。
キ．税理士は男性である。
ク．Eは40歳である。

1.　Aは警察官である。

2.　Bは女性で仙台に住んでいる。

3.　Cは大阪に住んでいる。

4.　Dは35歳で大阪に住んでいる。

5.　Eは40歳の教師である。

13　下の図Ⅰと図Ⅱは，黒い正方形6個と，透明な正方形10個を組合せてできた正方形である。図Ⅰと図Ⅱの正方形を，重ねて1つの正方形にするときに見える，黒い正方形の個数の最大値として，最も妥当なのはどれか。ただし，回転させても裏返してもよいものとする。

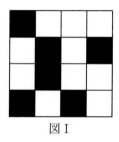
図Ⅰ

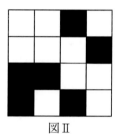
図Ⅱ

1.　8

2.　9

3.　10

4.　11

5.　12

14 下の図は，1本の針金を2か所で折り曲げたものを，正面から見たもの（図Ⅰ）と，右から見たもの（図Ⅱ）である。この針金を上から見たときの図として，最も妥当なのはどれか。

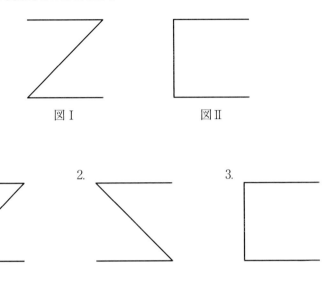

図Ⅰ   図Ⅱ

1.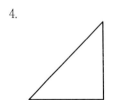

2.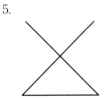

3.

4.

5.

下の図において, ∠ABP＝∠DCP＝90°, AB＝5, BC＝5とする。点Pが線分BC上を動く点であるとき, AP＋PDが最小の値13であるときのCDの値として, 最も妥当なのはどれか。

1. 7
2. 8
3. 9
4. 10
5. 11

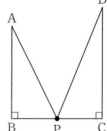

16 A, B, Cの3人がある試験を受けるとき, A, B, Cの合格する確率はそれぞれ $\frac{4}{5}$, $\frac{3}{4}$, $\frac{2}{3}$ とする。このとき, A, B, Cのうち, Aを含めた2人だけが合格する確率として, 最も妥当なのはどれか。

1. $\frac{2}{15}$

2. $\frac{1}{5}$

3. $\frac{4}{15}$

4. $\frac{1}{3}$

5. $\frac{2}{5}$

17 両親と子ども2人の4人家族がいる。今年の両親の年齢の和は子ども2人の年齢の和の3倍より2歳多い。5年後には両親の年齢の和は子供2人の年齢の和の2.5倍より4歳多くなる。現在の子ども2人の年齢の和として, 最も妥当なのはどれか。

1. 28歳
2. 31歳
3. 34歳
4. 37歳
5. 38歳

⑱ 5で割ると2余り，6で割ると3余り，8で割ると5余る3桁の自然数がある。この自然数のうち最小なものの各位の数の和として，最も妥当なのはどれか。

1. 6
2. 9
3. 12
4. 13
5. 16

⑲ 下の表は，献血者数とその年代別構成比を地域別にまとめたものである。この表から判断できることとして，最も妥当なのはどれか。ただし，表中の数値は端数処理しているため，合計が100%とならない場合がある。

	献血者数（人）	年代別構成比（％）					
		16～19歳	20～29歳	30～39歳	40～49歳	50～59歳	60～69歳
北海道	254,075	5.9	14.9	15.5	26.0	25.0	12.7
東北	337,931	5.8	15.1	17.7	26.4	25.1	9.9
関東甲信越	1,815,286	5.6	15.3	16.8	27.4	25.8	9.0
東海北陸	652,953	5.2	14.3	16.6	28.4	26.2	9.3
近畿	851,568	4.9	15.1	15.6	26.9	26.7	10.9
中四国	442,690	5.0	14.0	16.6	28.2	25.7	10.5
九州	571,985	5.6	13.9	17.6	27.6	24.6	10.7
全国合計	4,926,488	5.4	14.8	16.6	27.4	25.8	10.0

1. 北海道の30～39歳の献血者数は，5万人を超えている。
2. 東北の50～69歳の献血者数は，近畿の16～29歳の献血者数よりも少ない。
3. 全国合計の献血者数に占める関東申信越の献血者数の割合は40％を超えている。
4. 40～49歳の献血者数において，東海北陸は7つの地域の中で4番目に多い。
5. 年代別の献血者数では，中四国の献血者数の方が九州の献血者数よりも多い年代がある。

20 下のグラフは，ある地域のため池で捕獲された亀352匹の種類別内訳である。このグラフから判断できるア〜ウの記述の正誤の組合せとして，最も妥当なのはどれか。ただし，グラフ中の数値は小数点以下第2位を四捨五入しているため，100%とならない場合がある。

　　ア．ニホンイシガメは60匹以上捕獲された。

　　イ．クサガメの捕獲数はニホンスッポンの25倍以上である。

　　ウ．ミシシッピアカミミガメの
　　　捕獲数は200匹を超えている。

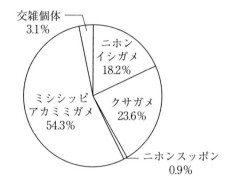

	ア	イ	ウ
1.	正	正	正
2.	正	正	誤
3.	正	誤	正
4.	誤	正	正
5.	誤	正	誤

21 下の表は，書籍新刊点数の推移をまとめたものである。この表から判断できることとして，最も妥当なのはどれか。

部門	平成27年	平成28年	平成29年	平成30年
総記	828	763	858	767
哲学	4,199	4,176	3,932	3,955
歴史・地理	3,953	3,685	3,404	3,530
社会科学	16,745	16,078	15,422	15,220
自然科学	6,044	5,639	5,757	5,325
工学・工業	4,327	4,391	4,176	3,906
産業	2,565	2,625	2,652	2,492
芸術・生活	12,939	13,299	12,676	11,856
語学	1,615	1,604	1,628	1,535
文学	13,478	13,270	13,327	13,048
児童書	4,305	4,319	4,350	4,721
学習参考書	5,447	5,190	4,875	5,306
総数	76,445	75,039	73,057	71,661

（単位：点）

1. 総数の対前年減少率は，平成28年のほうが平成30年よりも大きい。

2. 総数に占める工学・工業の割合は，いずれの年も総数に占める哲学の割合を上回っている。

3. 平成27年から平成30年の中で，平成29年の書籍新刊点数が最も多い部門は4つある。

4. 総数に占める割合が2番目に高い部門は，いずれの年も文学である。

5. 総数に占める児童書の割合が最も高いのは，平成30年である。

---

22 下のグラフは，道路交通事故の事故件数と負傷者数の推移をまとめたものである。このグラフから判断できることとして，最も妥当なのはどれか。

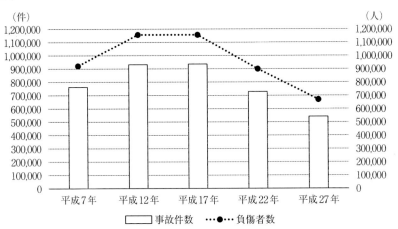

1. 平成7年の負傷者数は，平成27年の負傷者数の1.5倍を超えている。

2. 平成12年の事故件数は，平成7年の事故件数よりも30％以上増加している。

3. 平成17年の事故件数1件当たりの負傷者数は，1.5人に満たない。

4. 平成22年の負傷者数は，平成17年の負傷者数より30％以上減少している。

5. 平成27年の事故件数は，平成22年の事故件数よりも20万件以上減少している。

23 日本国憲法が定める基本的人権に関する記述として，最も妥当なのはどれか。

1. 日本国憲法は，法の下の平等の原則を定めているが，男女の平等や選挙権の平等，教育の機会均等などについての規定はなく，一般原則によって平等な社会の実現を目指している。
2. 日本国憲法は，個人の信教の自由を保障しているが，国が宗教活動を行うことについては何ら規定しておらず，国が特定の宗教団体に公金を支出することも禁止されていない。
3. 自白は本人が犯罪行為を認めたものであり，最も確実な証拠であることから，自己に不利益な唯一の証拠が本人の自白である場合でも，その者を有罪とし，また刑罰を科すことができる。
4. 日本国憲法は，公開裁判の原則や被告人が公平な裁判所の迅速な公開裁判を受ける権利を保障していることから，いかなる裁判であってもその対審を非公開で行うことは認められない。
5. 何人も，抑留又は拘禁された後，無罪の裁判を受けたときは，法律の定めるところにより，国にその補償を求めることができる。

24 我が国の裁判員制度に関する記述として，最も妥当なのはどれか。

1. 裁判員制度の対象となるのは，殺人などの重大な刑事事件の第一審に限られる。
2. 裁判員の候補者は，18歳以上の有権者から抽選で選ばれ，理由がなければ辞退できない。
3. 裁判員による裁判の構成は，原則として2人の裁判官と5人の裁判員からなる。
4. 裁判員と裁判官は，協同して有罪・無罪を判断し，量刑は裁判官のみで行う。
5. 裁判員には，評議の過程での意見などについて守秘義務があるが，違反しても罰則はない。

25 **国際経済機構に関する記述として，最も妥当なのはどれか。**

1. 国際通貨基金 (IMF) は，為替相場の安定や，発展途上国への開発資金の長期融資を通じて，世界貿易の促進と拡大を目的としている。

2. 国際復興開発銀行 (IBRD) は，戦災国の復興と，先進国間の経済協力のための短期資金を融資することを目的として設立された。

3. 経済協力開発機構 (OECD) は，開発援助委員会 (DAC) を下部機構にもち，経済成長の維持と発展途上国の経済発展を援助することを目的に設立された。

4. 世界貿易機関 (WTO) は，第二次世界大戦後に設立された世界貿易の中核的機関だったが，1995年に関税と貿易に関する一般協定 (GATT) に改組された。

5. 国連貿易開発会議 (UNCTAD) は，北半球の発展途上国と南半球の先進工業国の間の経済格差から生じる南北問題を解決するために開催され，発展途上国は一般特恵関税の撤廃などを求めた。

26 **我が国の政策に関する次のア～エの記述で，担当している省の組合せとして，最も妥当なのはどれか。**

ア．新型コロナウイルス感染症を診断するためのPCR検査について
イ．特別定額給付金について
ウ．Go To トラベル事業について
エ．Go To Eatキャンペーン事業について

	ア	イ	ウ	エ
1.	総務省	総務省	国土交通省	経済産業省
2.	厚生労働省	財務省	国土交通省	農林水産省
3.	厚生労働省	総務省	国土交通省	農林水産省
4.	厚生労働省	経済産業省	経済産業省	農林水産省
5.	総務省	財務省	経済産業省	経済産業省

27 **近年世界中で起きている民族問題や独立運動に関する記述として，最も妥当なのはどれか。**

1. アメリカのトランプ前大統領がイスラエルの首都をエルサレムと認定した。

2. イギリス北部のスコットランドではイギリスからの独立を住民投票で可

決し，政府もこれを承認したため，独立が達成された。

3. 中国北部では少数民族のクルド人が独立の是非を問う住民投票を行い，賛成多数で独立が可決された。

4. フランス北東部のカタルーニャ自治州では独立を目指す住民投票が行われ，賛成多数で独立が可決されたが，フランス政府はこれを認めなかった。

5. ラオスではイスラム系の少数民族ロヒンギャが迫害を受け，多くの難民がミャンマーに逃れている。

28　第二次世界大戦後の世界の動向に関する記述として，最も妥当なのはどれか。

1. アメリカは，ソ連の拡大に対抗する封じ込め政策であるトルーマン＝ドクトリンを宣言し，ギリシアとトルコへの援助を開始した。

2. ソ連や東欧諸国などはコミンテルン（共産党情報局）を結成して，アメリカや西側諸国の動きに対抗した。

3. 朝鮮戦争は，アメリカ中心の国連軍やソ連軍の介入により北緯38度線付近で膠着し，休戦協定により北の朝鮮民主主義人民共和国と南の大韓民国が成立した。

4. ソ連と東欧諸国は，コミンフォルム（経済相互援助会議）を組織して，社会主義諸国の経済的な結びつきを強めた。

5. ソ連と東欧諸国がワルシャワ条約機構を結成したのに危機感を抱いたアメリカは，それに対抗して西側12か国と北大西洋条約機構（NATO）を結成した。

29　ローマ＝カトリック教会に関する記述として，最も妥当なのはどれか。

1. 聖職者の中には，聖職を売買したり，妻帯したりするなど，教えに反する堕落行為を行う者が現れ，その象徴とされたのがシトー修道会であった。

2. 教皇グレゴリウス7世は聖職売買を禁止し，司教・修道院の院長などの聖職者を任命する権利（聖職叙任権）を世俗権力から教会の手に移して教皇権を強化しようとした。

3. カノッサの屈辱とは，神聖ローマ皇帝のハインリヒ4世と教皇との間に起こった抗争の結果，諸侯が皇帝側につき，ローマ教会を謝罪させた事件である。

4. 教皇と皇帝との対立は，カノッサの屈辱後も続いたが，教皇インノケンティウス３世の時にヴォルムス協約が交わされ，妥協が成立した。

5. ヴォルムス協約の結果，教会の権威は西ヨーロッパ社会全体に及ぶようになり，教皇権は13世紀のウルバヌス２世のとき絶頂に達した。

30 **10世紀から12世紀頃の武士・武家に関する記述として，最も妥当なのはどれか。**

1. 939年に関東で藤原純友が起こした乱と，同じ時期に平将門が瀬戸内海の海賊を率いて起こした乱を通じて，地方武士の組織は一層強化された。

2. 清原氏一族の争いに陸奥守であった源義家が介入し，藤原清衡の側について後三年合戦を平定したことで，源氏が東国の武家の棟梁と目されるようになった。

3. 1180年に以仁王と源頼政の挙兵から始まった治承・寿永の乱は，1192年の一の谷の戦いで平氏滅亡に至るまで続いた。

4. 北面の武士は，後三条天皇の時に直属の軍事力を組織するため御所に置かれ，武士の中央政界進出の足場となった。

5. 鳥羽上皇の死後，崇徳上皇と後白河天皇の対立から，崇徳方は源為義を，後白河方は平清盛，源義朝らを動員して，1159年に平治の乱が勃発した。

31 **我が国の近代の産業に関する記述として，最も妥当なのはどれか。**

1. 1897年に貨幣法を制定し，日露戦争の賠償金をもとに先進国と同じ銀本位制を確立して，欧米との貿易の円滑化を図った。

2. 賃金引き上げや労働条件の改善を求めるなか，政府は1911年に工場法を公布し，12歳未満の就業や，女性・年少者の深夜業を許可して労働条件を拡張した。

3. 欧米向けの輸出産業として発達した製糸業は，当初は簡単な装置による器械製糸であったが，富岡製糸場に導入されたことで座繰製糸が急速に発達した。

4. 近代工業の発達にともない公害問題が発生し，特に新潟県阿賀野川流域の農漁業に被害をもたらした足尾鉱毒事件は大きな社会問題となった。

5. 第１次西園寺内閣は，産業上・軍事上の理由から鉄道網の統一的管理を目指し，1906年に鉄道国有法を公布し，主要幹線の私鉄を国有化した。

[32] 地形に関する記述として，最も妥当なのはどれか。

1. 扇状地は，川が山地から平野に出た部分に粗い砂れきが堆積して形成された地形であり，扇央部では，河川が伏流して水を得やすいことから，水田が多く見られる。

2. 河川が海に流入する河口付近では，河川が運搬した砂や粘土が堆積されて，三角江（エスチュアリー）と呼ばれる低平な地形が形成される。

3. 安定陸塊では，地層がゆるく傾斜してそのかたさに硬軟がある場合に，カールとよばれる低い丘陵がつくられることが多く，パリ盆地が代表例である。

4. フィヨルドは，氷河によって侵食されてできたU字谷に海水が流入してできた入り江で，ノルウェーやチリなどに分布する。

5. カルスト地形は，石灰岩地域が雨や水による溶食によって形成されたものであり，モレーンと呼ばれるくぼ地や鍾乳洞などが見られる。

[33] 世界の人口に関する次の記述で，　A　～　E　に当てはまる語句の組合せとして，最も妥当なのはどれか。

人口の増減には，出生と死亡の差による　A　と，農村から都市への移動や，国境を越えた移動によって生じる　B　がある。

ある国や地域の構成は，年齢段階，男女別にグラフ化した人口ピラミッドにより理解することができ，人口ピラミッドには様々な型がある。

例えば，出生率や死亡率の高い発展途上国では，　C　が一般的である。一方，先進国では，出生率も死亡率も低下して多産多死から多産少死を経て，少産少死へと変化する人口転換が進行する。その後，人口増加率が低下すると　D　に，さらに出生率の低下が進むと　E　になり，人口の高齢化が進むことになる。

	A	B	C	D	E
1.	自然増減	社会増減	富士山型	釣り鐘型	つぼ型
2.	自然増減	社会増減	富士山型	つぼ型	釣り鐘型
3.	自然増減	社会増減	つぼ型	釣り鐘型	富士山型
4.	社会増減	自然増減	釣り鐘型	富士山型	つぼ型
5.	社会増減	自然増減	富士山型	釣り鐘型	つぼ型

34 対義語の組合せと漢字の読みがすべて正しいものとして，最も妥当なのはどれか。

1. 質素（しっそ）　　　―　　奢侈（ごうしゃ）
2. 概要（がいよう）　　―　　大意（たいい）
3. 寡黙（かもく）　　　―　　饒舌（じょうぜつ）
4. 公海（きんかい）　　―　　領海（りょうかい）
5. 明細（めいさい）　　―　　内訳（うちやく）

35 「万物は常に変化し，永久不変のものは一つもない現世のはかなさ」の意味を表す四字熟語として，最も妥当なのはどれか。

1. 諸行無常
2. 泰然自若
3. 広大無辺
4. 紆余曲折
5. 未来永劫

36 下線部の漢字の使い方が正しいものとして，最も妥当なのはどれか。

1. 費用が<u>懸</u>かる。
2. 紛争を<u>納</u>める。
3. 怪我が<u>下</u>で長く寝込む。
4. 委員会に<u>諮る</u>。
5. にわか雨に<u>会う</u>。

37 次の式を計算したものとして，最も妥当なのはどれか。

$$\frac{2\sqrt{3}}{3\sqrt{2}} + \frac{\sqrt{2}}{2\sqrt{3}}$$

1. $\sqrt{6}$
2. $\dfrac{\sqrt{6}}{2}$
3. $\dfrac{\sqrt{6}}{3}$
4. $\dfrac{2\sqrt{6}}{3}$
5. $\dfrac{\sqrt{6}}{4}$

38 2次関数 $y = -x^2 + 12x - 28$ の最大値，最小値に関する記述として，最も妥当なのはどれか。

1. 最大値はなく，最小値は $x = 6$ のときに8をとる。
2. 最大値はなく，最小値は $x = 12$ のときに28をとる。
3. 最小値はなく，最大値は $x = 6$ のときに8をとる。
4. 最小値はなく，最大値は $x = 12$ のときに28をとる。
5. 最小値も最大値もない。

39 次のア～オのうち，$\sin 75°$ と同じ値をとるもののみをすべて選んだ組合せとして，最も妥当なのはどれか。

ア．$\sin 15°$
イ．$\sin 105°$
ウ．$\cos 15°$
エ．$\cos 105°$
オ．$\tan 15°$

1. ア，ウ
2. ア，エ
3. イ，ウ
4. イ，エ
5. イ，オ

40 導体である物質の抵抗 R [Ω] に関する記述として，最も妥当なのはどれか。

1. 抵抗は導体の長さに反比例する。
2. 抵抗は導体の断面積に比例する。
3. 抵抗は導体の抵抗率に比例する。
4. 導体の抵抗率は温度に反比例する。
5. 温度が上昇するにつれ，導体の抵抗率は小さくなる。

41 質量 m [kg] の球状物体が空気抵抗を受けながら落下するとき，物体には鉛直上向きに空気抵抗 f [N] がかかり，速度 v [m/s] が小さい場合，この f は比例定数 k によって $f = kv$ と表され，空気抵抗の大きさは物体の落下する速さとともに大きくなり，やがて物体は一定の速度で落下する。このときの速度，終端速度 v_f の大きさとして，最も妥当なのはどれか。ただし，重力加速度は g [m/s^2] とする。

1. $\dfrac{mg}{k}$

2. $\dfrac{2mg}{k}$

3. $\dfrac{g}{k}$

4. $\dfrac{2g}{k}$

5. $\dfrac{m}{k}$

42 原子量，相対質量などに関する記述として，最も妥当なのほどれか。

1. 相対質量を決める基準は「質量数12の炭素原子 ^{12}C 1 [mol] の質量を12とする」という定義である。

2. 水素原子 ^1H の質量数と相対質量の比は2倍である。

3. 炭素の正確な原子量はちょうど11である。

4. 原子の相対質量には，単位がない。

5. 塩素には ^{35}Cl と ^{37}Cl の同位体が存在し，塩素の原子量は37を超える。

43 3価のイオンとして，最も妥当なのはどれか。

1. 硫化物イオン

2. 炭酸水素イオン

3. アンモニウムイオン

4. ヨウ化物イオン

5. アルミニウムイオン

44 動物の真核細胞にはないが，植物の真核細胞にはある構造として，最も妥当なのはどれか。

1. 核
2. 細胞膜
3. 細胞壁
4. 細胞質基質
5. ミトコンドリア

45 ヒトの体内環境は自律神経の働きにより無意識のうちに調節されている。副交感神経が働いている時の作用として，最も妥当なのはどれか。

1. 瞳孔が拡大する。
2. 気管支が拡張する。
3. 膵液の分泌が抑制される。
4. 胃・小腸の蠕動が抑制される。
5. 心臓の拍動が抑制される。

《 解 答 ・ 解 説 》

1 5

解説 出典は橋本努著『学問の技法』。要旨把握問題である。学問をする動機を，外的／内的に分けて論じている。それら二項の関係について，筆者がどのように捉えているのかを把握する必要があり，本文の論理構成に意識的になることが大切である。

2 2

解説 出典は松浦壮著『時間とはなんだろう－最新物理学で探る「時」の正体』。要旨把握問題である。本文中で提示されている具体例および一般論と，筆者の主張を区別することが大切である。各段落の役割，ならびに本文の論理構成に意識を向け，筆者の論の運びを捉えたい。

③ 5

解説 出典は谷岡一郎著『ツキの法則-「賭け方」と「勝敗」の科学』。要旨把握問題である。本文中の具体的な事例や想定される反論と，筆者の主張を区別しなければならない。接続詞や指示語に着目することで，本文の論理展開を押さえたい。

④ 4

解説 出典は川畑秀明著『脳は美をどう感じるか-アートの脳科学』。要旨把握問題である。歌舞伎の美を現代の美術と対比しながら論じている。この二項対立を通して，筆者の主張を捉える必要がある。具体例や一般論と，筆者の主張を明確に区別することが大切である。

⑤ 3

解説 出典は三木成夫著『胎児の世界』。要旨把握問題である。本文中で示される具体例や一般論と，筆者の主張を区別して捉えなければならない。接続詞や指示語に着目し，本文の各段落の役割，および論理展開を把握することが大切である。

⑥ 3

解説 空所の直前で，Bが「何も食べたくない」，直後で「寒気がする。熱があると思う」と言っていることから，Aは，What's the matter?「どうしたのですか」と尋ねていることがわかる。the matterは「問題（の理由）」の意味。また，ほかの選択肢の意味は以下の通り。　1：「あなたはどうですか」。2：「お願いがあるのですが」。　4：「いくつありますか」。　5：「あなたは何を作りますか」。

⑦ 2

解説 何かを買おうとしている時の表現を問う問題。意味は「私はこの色は好きではありません。赤いのを見せてください」。oneは不定代名詞で不特定の1つを指すのに対して，itは特定のものを指す。

8 4

解説 整序すると，She will be able to speak English better. で，意味は，「彼女はもっと上手に英語を話すことができるようになるだろう」となる。will は未来を表す助動詞。〈be able to〜〉は「〜できる」の意味で，助動詞の can と同意である。よって「〜できるだろう」は，will be able to〜となる。

9 3

解説 英語が好きな者，数学が好きな者，国語が好きな者全体の集合をそれぞれ A，B，C とすると，それぞれの集合の要素の個数は，$n(A) = 36$，$n(B) = 34$，$n(C) = 30$　また，すべての科目が好きではない者はいなかったから，$n(A \cup B \cup C) = 40$

ここで，$n(A \cup B \cup C) = n(A) + n(B) + n(C) - n(A \cap B) - n(B \cap C) - n(C \cap A) + n(A \cap B \cap C)$ より，$n(A \cap B \cap C) = n(A \cup B \cup C) - n(A) - n(B) - n(C) + n(A \cap B) + n(B \cap C) + n(C \cap A) = 40 - 36 - 34 - 30 + n(A \cap B) + n(B \cap C) + n(C \cap A) = n(A \cap B) + n(B \cap C) + n(C \cap A) - 60 \cdots$①

また，$n(A \cup B) = n(A) + n(B) - n(A \cap B) = 36 + 34 - n(A \cap B) = 70 - n(A \cap B)$ と $n(A \cup B) \leqq 40$ より，$n(A \cap B) \geqq 30 \cdots$②　同様にして，$n(B \cap C) \geqq 24 \cdots$③　$n(C \cap A) \geqq 26 \cdots$④

①〜④より，$n(A \cap B \cap C) = n(A \cap B) + n(B \cap C) + n(C \cap A) - 60 \geqq 30 + 24 + 26 - 60 = 20$

よって，英語と数学と国語の3科目とも好きな者の最少人数は20人である。

10 2

解説 4つの分銅A，B，C，Dのそれぞれの重さを a，b，c，d とすると，問題の条件より，$d > a \cdots$①　$a + c > b \cdots$②　$a + d = b \cdots$③

ここで，③を②に代入すると，$a + c > a + d$　⇔　$c > d \cdots$④　①，④より，$c > d > a \cdots$⑤　③より，$b > d \cdots$⑥　⑤，⑥をまとめると，$(b, c) > d > a$ となる。なお，b と c の重さの関係についてはわかっていない。

以上より，「AはCよりも軽い。」ことが確実にいえる。

11 5

解説 カードの種類が例えばスペードの1種類のみならば，Aは正しいがB
は誤りである。よって，選択肢1は確実にいえるとは限らない。

カードの種類が例えばクラブの1種類のみならば，Aは誤りでありBも誤りで
ある。よって，選択肢2は確実にいえるとは限らない。

カードの種類が例えばスペードとハートの2種類ならば，CとAは正しいがB
は誤りである。よって，選択肢3は確実にいえるとは限らない。

カードの種類が例えばスペードの1種類のみならば，Bは誤りであるがAは正
しい。よって，選択肢4は確実にいえるとは限らない。

Bが正しければ，カードの種類は「クラブとハートの2種類」か，「クラブと
ハートとスペードの3種類」か，「クラブとハートとスペードとダイヤの4種
類」の3つの場合が考えられる。そのいずれの場合についてもCは正しい。
よって，選択肢5は確実にいえる。

12 4

解説 わかっていることア，イ，エ，オ，カより，下表①のことがわかる。

①

	A	B	C	D	E	教師	警察官	弁護士	税理士	市職員	札幌	仙台	東京	名古屋	大阪	男性	女性
40歳	○	×	×	×	×	×		×		×	×	×	○	×	×	○	×
35歳	×		×			×	×	○	×	×	×	×	×	○	×	×	○
35歳	×	×	○	×	×	×	×	×	×	○	×	×	×	×	○	×	○
40歳	×		×			○	×	×	×	×	×	○	×	×	×	○	×
	×		×			×				×	○				×	×	○

2人 3人

更に，わかっていることウ，キ，クを考慮すると，下表②のことがわかる。

②

	A	B	C	D	E	教師	警察官	弁護士	税理士	市職員	札幌	仙台	東京	名古屋	大阪	男性	女性
40歳	○	×	×	×	×	×	×	×	×	○	×	×	○	×	×	○	×
35歳	×	×	○	×	×	×	×	○	×	×	×	×	×	○	×	×	○
35歳	×	×	○	×	×	×	×	×	×	○	×	×	×	×	○	×	○
40歳	×	○	×	×	×	○	×	×	×	×	×	○	×	×	×	○	×
40歳	×	×	×	×	○	×	○	×	×	×	×	×	×	×	×	○	×

2人 3人

以上より，「Dは35歳で大阪に住んでいる。」ことが確実にいえる。

13 5

解説 問題図Ⅱの正方形を裏返して（図Ⅲ-1），問題図Ⅰの正方形に重ねると，黒い正方形の個数は最大の12個になる（図Ⅲ-2）。また，問題図Ⅱの正方形を裏返して，かつ，反時計回りに90°回転させて（図Ⅳ-1），問題図Ⅰの正方形に重ねると，黒い正方形の個数は最大の12個となる（図Ⅳ-2）。

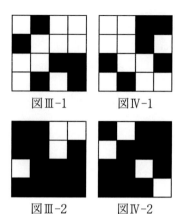

図Ⅲ-1　　　　図Ⅳ-1

図Ⅲ-2　　　　図Ⅳ-2

14 5

解説 針金の見取り図は下図のようになる。これより，この針金を上から見たときの図として最も妥当なのは5である。

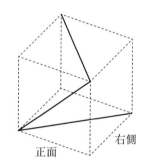

15 1

解説 直線BCに関して点Aと対称な点をEとし，点Eから直線CDへ垂線EFを引く。

ここで，AP + PDが最小となるのは，下図のように点Pが線分ED上にあるときである。

よって，△DEFに三平方の定理を用いて，$ED^2 =DF^2 + EF^2$　⇔　$(AP + PD)^2 = (CD + CF)^2 + EF^2$ ⇔　$(AP + PD)^2 = (CD + AB)^2 + BC^2$　⇔　$13^2 =(CD + 5)^2 + 5^2$　⇔　$(CD + 5)^2 = 13^2 - 5^2 = 144$ $CD + 5 > 0$より，$CD + 5 = \sqrt{144} = 12$　よって，$CD= 12 - 5 = 7$

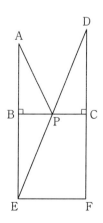

16 4

解説 （A，B，Cのうち，Aを含めた2人だけが合格する確率）＝（AとB の2人だけが合格する確率）＋（AとCの2人だけが合格する確率）＝$\dfrac{4}{5} \times \dfrac{3}{4}$

$\times \left(1 - \dfrac{2}{3}\right) + \dfrac{4}{5} \times \left(1 - \dfrac{3}{4}\right) \times \dfrac{2}{3} = \dfrac{1}{3}$

17 3

解説 現在の子ども2人の年齢の和をx歳とすると，現在の両親の年齢の和 は $(3x + 2)$ 歳と表される。ここで，5年後には両親の年齢の和 $\{(3x + 2) + 5 \times 2\}$ 歳は，子ども2人の年齢の和 $(x + 5 \times 2)$ 歳の2.5倍より4歳多くなるか ら，$(3x + 2) + 5 \times 2 = (x + 5 \times 2) \times 2.5 + 4$　これを解いて，$x = 34$ よって，現在の子ども2人の年齢の和は34歳である。

18 2

解説 5で割ると2余る自然数は5の倍数から3を引いた数。6で割ると3余 る自然数は6の倍数から3を引いた数。8で割ると5余る自然数は8の倍数か ら3を引いた数。これらを同時に満たす自然数は，5と6と8の最小公倍数 120の倍数から3を引いた数である。 よって，これらの自然数のうち，3桁で最小のものは $120 \times 1 - 3 = 117$，そ の各位の数の和は $1 + 1 + 7 = 9$ である。

19 2

解説 1：誤り。北海道の30～39歳の献血者数は，多めに見積もっても $260{,}000 \times \dfrac{16}{100} = 41{,}600$［人］で，5万人に満たない。　2：正しい。東北の50 ～69歳の献血者数は多めに見積もっても $340{,}000 \times \dfrac{25.1 + 9.9}{100} = 119{,}000$［人］，近畿の16～29歳の献血者数は少なめに見積もっても $850{,}000 \times \dfrac{4.9 + 15.1}{100} = 170{,}000$［人］，よって東北の50～69歳の献血者数は，近畿の16～29歳の献血者数よりも少ない。　3：誤り。全国合計の献血者数に占める関東甲信越の 献血者数の割合は，多めに見積もっても $\dfrac{1{,}820{,}000}{4{,}920{,}000} \times 100 \fallingdotseq 37$［％］で，40％

に満たない。　4：誤り。40～49歳の献血者数において，北海道は$254,075 \times \dfrac{26.0}{100} \fallingdotseq 66,060$［人］，東北は$337,931 \times \dfrac{26.4}{100} \fallingdotseq 89,214$［人］，関東甲信越は$1,815,286 \times \dfrac{27.4}{100} \fallingdotseq 497,388$［人］，東海北陸は$652,953 \times \dfrac{28.4}{100} \fallingdotseq 185,439$［人］，近畿は$851,568 \times \dfrac{26.9}{100} \fallingdotseq 229,072$［人］，中四国は$442,690 \times \dfrac{28.2}{100} \fallingdotseq 124,839$［人］，九州は$571,985 \times \dfrac{27.6}{100} \fallingdotseq 157,868$［人］で，東海北陸は7つの地域の中で3番目に多い。　5：誤り。中四国と九州の年代別の献血者数では，16～19歳，30～39歳，60～69歳は明らかに九州の方が多い。20～29歳，40～49歳，50～59歳はそれぞれ，中四国は多めに，九州は少なめに見積もって（中四国，九州）＝$\left(450,000 \times \dfrac{14.0}{100} = 63,000\right.$［人］，$\left.570,000 \times \dfrac{13.0}{100} = 74,100\right.$［人］），$\left(450,000 \times \dfrac{29.0}{100} = 130,500\right.$［人］，$570,000 \times \dfrac{27.0}{100} = 153,900$［人］），$\left(450,000 \times \dfrac{26.0}{100} = 117,000\right.$［人］，$570,000 \times \dfrac{24.0}{100} = 136,800$［人］）で，いずれも九州の方が多い。

20　2

解説　ア：正しい。ニホンイシガメは$352 \times \dfrac{18.2}{100} \fallingdotseq 64$［匹］捕獲された。イ：正しい。クサガメの捕獲数はニホンスッポンの$\dfrac{23.6}{0.9} = 26.2\cdots$［倍］である。ウ：誤り。ミシシッピアカミミガメの捕獲数は$352 \times \dfrac{54.3}{100} \fallingdotseq 191$［匹］である。

21　5

解説　1：誤り。総数の対前年減少率は，平成28年が$\dfrac{76,445 - 75,039}{76,445} \times 100 \fallingdotseq 1.8$［％］，平成30年が$\dfrac{73,057 - 71,661}{73,057} \times 100 \fallingdotseq 1.9$［％］で，平成30年の方が大きい。　2：誤り。平成30年の哲学は3,955点，工学・工業は3,906点より，総数に占める工学・工業の割合は，総数に占める哲学の割合を下回っている。　3：誤り。平成27年から平成30年の中で，平成29年の書籍新刊点数が最も多い部門は，総記，産業，語学の3つである。　4：誤り。平成28年の社会科学は16,078点，芸術・生活は13,299点，文学は13,270点より，総数に占める割合が2番目に高い部門は芸術・生活である。　5：正しい。平成

27年から平成30年まで毎年総数は減少しているのに対して，児童書は増加しているから，総数に占める児童書の割合が最も高いのは平成30年である。

22 3

解説 1：誤り。平成7年の負傷者数は，平成27年の負傷者数の $\dfrac{920,000}{670,000}$ = 1.3… ［倍］である。　2：誤り。平成12年の事故件数は，平成7年の事故件数よりも $\dfrac{930,000 - 760,000}{760,000} \times 100 = 22.\cdots$ ［％］増加している。　3：正しい。平成17年の事故件数1件当たりの負傷者数は，$\dfrac{1,150,000}{940,000} = 1.2\cdots$ ［人］である。　4：誤り。平成22年の負傷者数は，平成17年の負傷者数よりも $\dfrac{1,150,000 - 900,000}{1,150,000} \times 100 = 21.\cdots$ ［％］減少している。　5：誤り。平成27年の事故件数は，平成22年の事故件数よりも720,000 − 540,000 = 180,000 ［件］減少している。

23 5

解説 1：「男女の平等や選挙権の平等，教育の機会均等などについての規定はなく」という部分が誤りである。　2：国については，「宗教教育その他いかなる宗教的活動もしてはならない」と明記されている。　3：「自己に不利益な唯一の証拠が本人の自白がある場合でも，その者を有罪とし，また刑罰を科すことができる」という部分が誤り。「有罪とされ，又は刑罰は科されない。」と明記されている。　4：「いかなる裁判であってもその対審を非公開で行うことは認められない。」という部分が誤り。全員一致で非公開にできる場合もある。　5：正しい。

24 1

解説 1：正しい。　2：令和3年時点では「18歳以上」ではなく「20歳以上」である。しかし，令和5年以降は18歳以上から選ばれることになったため注意が必要。　3：構成は原則裁判官3名と裁判員6名である。　4：「量刑は裁判官のみで行う」という部分が誤り。裁判員は量刑についても参加する。　5：「違反しても罰則はない」という部分が誤り。守秘義務を違反すると罰則が科される。

25 3

解説　1：「長期」という部分が誤り。「短期」である。　2：「短期」が誤り。「長期」である。　3：正しい。　4：1948年に発効したGATTに代わり，WTOが発足した。　5：北半球には「先進国」が多くあり，南半球には「発展途上国」が多くあるところから，南北問題という名前がついた。

26 3

解説　各省庁をイメージできる用語を読み取ることが大切である。
ア：「感染症」という用語から厚生労働省である。　イ：「給付金」という用語から財務省である。　ウ：「Go Toトラベル」という用語から国土交通省である。　エ：「Go To Eat」という用語から農林水産省である。

27 1

解説　1：正しい。　2：「住民投票で可決」が誤り。「否決」されたが正しく，そのあとの「政府もこれを承認」という部分も誤りである。　3：クルド人は，イラクのクルディスタン地域に住む人々である。　4：カタルーニャの住民投票は，スペインからの独立を目指すためのものである。　5：ロヒンギャはミャンマーのラカイン州に生活する人々である。また，これらの人々はバングラデシュへ逃れた。

28 1

解説　1：正しい。　2：コミンテルンは第二次世界大戦前から戦中にかけて存在した組織である。また，呼び名も共産党情報局ではなく，第三インターナショナルなどの呼び名がある。　3：アメリカ中心ではなく，アメリカ単独である。　4：コミンフォルムは国際共産党情報局という。経済相互援助会議はCOMECONである。　5：ワルシャワ条約機構は1955年に結成。一方，北大西洋条約機構は1949年に結成。

29 2

解説　1：シトー修道会は厳しい規律を実施した修道院である。　2：正しい。　3：「ローマ教会を謝罪させた事件」という部分が誤り。諸侯は教皇側に付き，皇帝が謝罪をした事件である。　4：ヴォルムス協約のときの教皇は，

カリクストゥス2世である。　5：ウルバヌス2世は11世紀の人物である。教皇権はインノケンティウス3世のとき絶頂に達した。

[30] 2

解説　1：関東で反乱を起こしたのは平将門，瀬戸内海で反乱を起こしたのは藤原純友である。　2：正しい。　3：源平の戦いの最後の戦いは1185年の壇ノ浦の戦いである。　4：北面の武士は後三条天皇ではなく白河上皇の時に置かれた。　5：この選択肢は平治の乱についての説明ではなく，1156年の保元の乱についての説明である。

[31] 5

解説　1：日露戦争ではなく日清戦争である。また，銀本位ではなく金本位である。　2：12歳未満の就労を禁止，深夜業の禁止を制定した。　3：器械製糸と座繰製糸の説明が反対である。　4：足尾銅山の鉱毒は渡良瀬川流域の農漁業に深刻な被害をもたらした。　5：正しい。

[32] 4

解説　1：扇状地は水はけがよいので，水田ではなく果樹園が多く見られる。　2：この選択肢は三角州についての説明である。　3：パリ盆地はケスタ地形の代表的な地形である。　4：正しい。　5：モレーンではなく，ドリーネやウバーレである。モレーンは氷河が運んできた砂れきが堆積してできた丘のことである。

[33] 1

解説　A：「出生と死亡の差」とあるので「自然増減」である。　B：直前に「移動」とあるので「社会増減」である。　C：「死亡率が高い」ということは高齢者の人口が少ないということなので，「富士山型」である。　D：「少産少死」，「人口増加率が低下」という部分から「釣り鐘型」である。　E：「出生率の低下が進む」とあるので「つぼ型」である。

34 3

解説 正しい対義語の組合せと読みは以下の通り。　1：質素（しっそ）— 華美（かび）。　2：概要（がいよう）— 詳細（しょうさい）。　4：公海（こうかい）— 領海（りょうかい）。　5：明細（めいさい）— 大要（たいよう）。

35 1

解説 「諸行」とは，現象世界の一切の存在。「無常」とは，一切の物は生滅・変化して常住でないこと。そのほかの四字熟語の意味は以下の通り。2：泰然自若 — 落ち着いて物事に動じない様子。　3：広大無辺 — 広くて大きく，果てしないこと。　4：紆余曲折 — 遠まわりで曲がりくねっていること。　5：未来永劫 — 未来にわたって永久であること。

36 4

解説 正しい漢字の使い方は以下の通り。　1：掛かる（かかる）。　2：収める。　3：基。　5：遭う。

37 2

解説 $\dfrac{2\sqrt{3}}{3\sqrt{2}} + \dfrac{\sqrt{2}}{2\sqrt{3}} = \dfrac{2\sqrt{3} \times \sqrt{2}}{3\sqrt{2} \times \sqrt{2}} + \dfrac{\sqrt{2} \times \sqrt{3}}{2\sqrt{3} \times \sqrt{3}} = \dfrac{2\sqrt{6}}{6} + \dfrac{\sqrt{6}}{6} = \dfrac{3\sqrt{6}}{6}$
$= \dfrac{\sqrt{6}}{2}$

38 3

解説 平方完成すると，$y = -x^2 + 12x - 28 = -(x^2 - 12x) - 28 = -\{(x-6)^2 - 6^2\} - 28 = -(x-6)^2 + 36 - 28 = -(x-6)^2 + 8$
よって，2次関数$y = -x^2 + 12x - 28$は上に凸な放物線であり，最小値はなく，最大値は$x = 6$のときに8をとる。

[39] 3

解説 $\sin15° = \sin(90° - 75°) = \cos75°$　$\sin105° = \sin(180° - 75°) = \sin75°$
$\cos15° = \cos(90° - 75°) = \sin75°$　$\cos105° = \cos(180° - 75°) = -\cos75°$
$\tan15° = \tan(90° - 75°) = \dfrac{1}{\tan75°}$

以上より，$\sin75°$と同じ値をとるものは$\sin105°$と$\cos15°$である。

[40] 3

解説 1，2：誤り。抵抗の大きさは導体の長さに比例し，断面積に反比例する。　3：正しい。導体の抵抗の大きさは，抵抗率をρ，導体の長さをL，断面積をSとすると，$\rho\dfrac{L}{S}$と表されるので，抵抗率に比例する。　4，5：誤り。温度が高いほど導体の抵抗は大きくなることから，抵抗率は温度が高いほど大きくなる。

[41] 1

解説 一定の速度で落下するとき，加速度が0になるため，$mg - kv_f = 0$となる。よって，$v_f = \dfrac{mg}{k}$となる。

[42] 4

解説 1：誤り。質量数12の炭素原子1個の質量を12としたのが原子の相対質量の基準である。　2：誤り。質量数と相対質量はほぼ等しい。　3：誤り。炭素の正確な原子量は，約12.01である。　4：正しい。相対質量は基準に対する比の値であるから，単位はない。　5：誤り。原子量は，同位体の相対質量と存在比から求めた平均値となる。よって，塩素の原子量は35と37の間の値となる。

[43] 5

解説 それぞれの化学式は以下の通り。　1：硫化物イオン ─ S^{2-}。
2：炭酸水素イオン ─ HCO_3^{-}。　3：アンモニウムイオン ─ NH_4^{+}。
4：ヨウ化物イオン ─ I^{-}。　5：アルミニウムイオン ─ Al^{3+}。

44 3

解説 葉緑体や細胞壁は，植物の細胞にのみ存在する。他は動物，植物細胞のいずれにも存在する。

45 5

解説 交感神経は興奮状態で働き，副交感神経は休息状態で働く。胃腸の蠕動運動は交感神経の働きで抑制され，副交感神経の働きで促進される。間違えやすいので注意が必要である。

令和2年度　消防職Ⅲ類 実施問題

1 次の文章を読んで，以下の問に答えなさい。

［この問題は，著作権の関係により，掲載できません。］

（18歳からの民主主義―医療が危ない！　堤未果　著）

問　この文章の要旨として，最も妥当なのはどれか。

1. アメリカでは「お互いさま」という「共済」の精神がないため，国民皆保険制度が成り立たず，医療は民間保険中心である。
2. アメリカのハーレム地区では，健康ですら大切に守らなければ簡単に奪われてしまうのが現状である。
3. アメリカでは，医療は高額でお金のない人は質の悪い治療しか受けられず，毎年何万人もの人々が亡くなっている。
4. 日本人は国民皆保険制度を当たり前と思っているので，アメリカ人から，日本市場には「大きな利益」を生む保険ビジネスのチャンスがあると思われている。
5. 「お互いさま」という「共済」の精神と憲法25条があったからこそできた，全国どこでも同じ医療が受けられる国民皆保険制度は日本の宝物である。

2 次の文章を読んで，以下の問に答えなさい。

［この問題は，著作権の関係により，掲載できません。］

（目に見える世界は幻想か？　松原隆彦　著）

問　この文章の　A　～　D　に当てはまる語句の組合せとして，最も妥当なのはどれか。

	A	B	C	D
1.	ざっくりと	目的	千差万別	力学
2.	端的に	本質	千差万別	仕組み
3.	端的に	目的	大同小異	仕組み
4.	率直に	目的	千差万別	仕組み
5.	率直に	本質	大同小異	力学

3　次の文章を読んで，以下の問に答えなさい。

［この問題は，著作権の関係により，掲載できません。］

（辞書の仕事　増井元　著）

問　この文章の要旨として，最も妥当なのはどれか。
1. 国語辞典の解説は，意味や用法の厳密性よりもわかりやすさを優先するべきである。
2. 国語辞典の編集者は執筆者に対して，英語辞典の解説を見習い，わかりやすく説明することを指摘し助けるべきである。
3. 「尊敬」「尊重」という語の解説を「たっとびうやまうこと」「とうとびおもんじること」と記す辞典の執筆者は，厳密性を意識するあまり，わかりやすさを追求することを忘れている。
4. 誰の目にも明らかで，必要な情報を提示できていないのであれば，用例や注として記述すべきである。
5. 漢語のことばの意味を記述するときにその漢字を訓読みに読み下して終わっている辞典を使っても，語句を実際に使いこなせるようにはならない。

4　次の文章を読んで，以下の問に答えなさい。

［この問題は，著作権の関係により，掲載できません。］

（メディアと日本人─変わりゆく日常　橋元良明　著）

問　この文章の要旨として，最も妥当なのはどれか。
1. 携帯電話は，「空間の再配置・モザイク化」をさらに進め，「心理的同居人」を作り出した。
2. 公共の場での携帯電話による通話に不快の念を抱くのは，通話者の「心理的同居人」が共有の場に出現するからである。
3. 携帯電話についての若年層対象の調査によると，携帯電話によって対面の機会が増加することで，もともと会って話をする機会が多い相手が身近な親友となり，彼らと連絡がつかなければ落ち着きがなくなるという状況が出現した。

4. 四六時中，親友と連絡を取り合い，連絡がつかなければ落ち着かなくなる若年層の行動は，「空間の配置・モザイク化」を進め，人々の孤立化を加速させている。

5. 側にいる人に携帯電話がかかってくると，それまでその人が周りの人とともに閉じられた空間として共有していた場を突然開放してしまうので不快の念を抱くのである。

5 次の文章を読んで，以下の問に答えなさい。

［この問題は，著作権の関係により，掲載できません。］

（代わる遺伝子医療—私のゲノムを知るとき　古川洋一　著）

問　この文章の要旨として，最も妥当なのはどれか。

1. 一セットのゲノムにはすべての遺伝子が含まれているが，遺伝子の1.4%しかゲノムとして機能していない。

2. 母から受け継いだゲノムと父から受け継いだゲノムを合わせて一セットのゲノムとなり，その中にすべての遺伝情報が含まれている。

3. DNAとは遺伝情報が記された物質で，その情報が，タンパク質の組成，構造や量，それに働くタイミングや場所，さらには分解までも決定している。

4. 遺伝子は生まれてから成長し，子孫を残して死ぬまでに必要な生命の設計図で，ゲノムは特定の機能を持つ部品とその指令書と言える。

5. A，G，C，Tの四種類の塩基のうち三個の並びが，タンパク質の組成，構造や量，それに働くタイミングや場所，さらには分解までも決定している。

6 次の会話文の 　　　 に当てはまる正しい英文として，最も妥当なのはどれか。

A：Come here. Get in quick and help me.

B：　　　

A：There's a big bee buzzing around inside the windshield.

B：O.K. Come on. Get out of here! Now it's gone.

A：Thank you.

1. What about it?

2. What did you say?

3. What are you doing?

4. What's the matter?

5. What is it like?

7　アの文の意味を変えずにイの文に書き換えるとき，（　　　　）に当てはまる語句として，最も妥当なのはどれか。

ア：Jane is taller than Mike.

イ：Mike is（　　　　）than Jane.

1. short

2. more short

3. the most short

4. shorter

5. the shortest

8　次の英文が完成した文になるように，文意に沿って［　］内の単語を並べ替えたとき，［　］内で2番目と4番目にくる単語の組合せとして，最も妥当なのはどれか。

She [in / is / speaking / to / used] public.

	2番目	4番目
1.	speaking	to
2.	to	speaking
3.	to	in
4.	used	to
5.	used	speaking

9 陸上競技部の部員に対して，興味を持っている陸上競技を尋ねたところ，次のア〜エのことがわかった。このとき，確実にいえることとして，最も妥当なのはどれか。

ア　短距離競技に興味を持っている者は，跳躍競技にも興味を持っている。

イ　中距離競技に興味を持っている者は，投てき競技にも興味を持っている。

ウ　長距離競技に興味を持っている者は，短距離競技には興味を持っていない。

エ　投てき競技に興味を持っている者は，跳躍競技には興味を持っていない。

　1.　中距離競技に興味を持っている者は，長距離競技にも興味を持っている。

　2.　長距離競技に興味を持っている者は，跳躍競技には興味を持っていない。

　3.　投てき競技に興味を持っていない者は，短距離競技には興味を持っている。

　4.　跳躍競技に興味を持っていない者は，中距離競技には興味を持っている。

　5.　短距離競技に興味を持っている者は，中距離競技には興味を持っていない。

10 A〜D 4つの小学校では，それぞれ校内でウサギ，モルモット，ニワトリ，ウズラのうち，2種類または3種類を飼育している。これらの飼育状況について次のア〜エのことがわかっているとき，確実にいえることとして，最も妥当なのはどれか。

ア　ウサギを飼育している小学校は3校，モルモットを飼育している小学校は2校，ニワトリを飼育している小学校は2校である。

イ　A小学校ではウズラを飼育していない。また，A小学校とD小学校では同じ種類の動物は飼育していない。

ウ　B小学校では，A小学校で飼育している動物のほかに，もう1種類の動物を飼育している。

エ　C小学校では，モルモットのほかにもう1種類の動物を飼育している。

1.　A小学校では，ウサギを飼育していない。
2.　B小学校では，ニワトリを飼育していない。
3.　C小学校では，ウズラを飼育している。
4.　D小学校では，モルモットを飼育している。
5.　D小学校で飼育している動物は，すべてB小学校でも飼育している。

11　図のように，道路を挟んで南北それぞれに4軒の家があり，A〜Hの8家族が1軒ずつに居住している。次のア〜エのことがわかっているとき，確実にいえることとして，最も妥当なのはどれか。

ア　Aの家は西の端ではなく，Aの家の東隣はBの家である。
イ　Cの家とDの家とは，道路を挟んで向かい合っている。
ウ　Eの家は道路の北側で，両隣はFの家とGの家である。
エ　Bの家と道路を挟んで向かい合っている家の隣は，Fの家である。

1.　Aの家とCの家とは隣り合っている。
2.　Aの家と道路を挟んで向かい合っているのはFの家である。
3.　Bの家とHの家とは隣り合っている。
4.　Cの家とGの家とは隣り合っている。
5.　Dの家とFの家とは隣り合っている。

12　ある暗号で，「山形（やまがた）」は「2, 26, 14, 26, 20, 26, 7, 26」と表すことができるとき，「青森（あおもり）」を表す暗号として，最も妥当なのはどれか。

1.　「26, 13, 15, 13, 10, 19」
2.　「26, 11, 13, 11, 8, 17」
3.　「26, 14, 16, 14, 11, 20」
4.　「26, 12, 14, 12, 9, 18」
5.　「26, 10, 12, 10, 7, 16」

図の5点A〜Eのうち，3点P，Q，Rを通る円の中心となる点として，最も妥当なのはどれか。ただし，5点A〜E，3点P〜Rはいずれも方眼の格子点である。

1. A
2. B
3. C
4. D
5. E

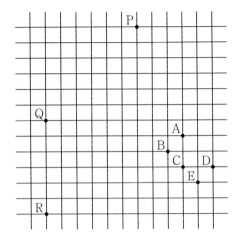

 次の図のように，つながった10枚の切手がある。この切手を裏返さずに破線に沿って切り取り，4枚つながった切手と6枚つながった切手に分けるとき，切り取り方の数として，最も妥当なのはどれか。

1. 6通り
2. 8通り
3. 10通り
4. 12通り
5. 14通り

 次の数字は4進法で表されており，かつ，ある規則に従って並んでいる。（　）に入る数字として，最も妥当なのはどれか。

23, 30, 32, 101, 111, 122, （　　）, 213, ……

1. 133
2. 200
3. 202
4. 203
5. 210

[16] ある小学生のグループがある。鉛筆を5本ずつ配ると20本余り，7本ずつ配ると最後の生徒だけ5本以上足りない。鉛筆を6本ずつ配ったとき，余る本数として最も妥当なのはどれか。

1. 4本
2. 5本
3. 6本
4. 7本
5. 8本

[17] A地点からB地点へ最短距離で進むとき，10分車に乗り15分歩くと到着し，車だけなら12分かかる。A地点からB地点の最短距離を歩きだけで行くとすると，かかる時間として，最も妥当なのはどれか。ただし，どちらも途中では止まらず，車の速さと歩く速さはそれぞれ一定であるものとする。また，乗り降りにかかる時間は含まないものとする。

1. 75分
2. 80分
3. 85分
4. 90分
5. 95分

[18] 表と裏があるコインを3枚同時に投げたとき，少なくとも1枚裏が出る確率として，最も妥当なのはどれか。

1. $\dfrac{3}{4}$

2. $\dfrac{4}{5}$

3. $\dfrac{5}{6}$

4. $\dfrac{6}{7}$

5. $\dfrac{7}{8}$

19 次の資料は，P県における住宅地と工業地の地価変動率の推移（対前年増加率）をまとめたものである。この資料から判断できることとして，最も妥当なのはどれか。

P県の地価変動率の推移（対前年増加率）

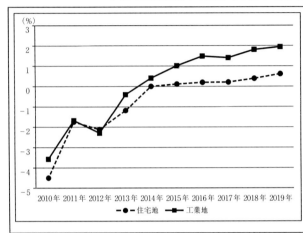

	住宅地	工業地
2010年	− 4.5	− 3.6
2011年	− 1.8	− 1.7
2012年	− 2.1	− 2.3
2013年	− 1.2	−0.4
2014年	0	0.4
2015年	0.1	1.0
2016年	0.2	1.5
2017年	0.2	1.4
2018年	0.4	1.8
2019年	0.6	1.9

（単位：%）

1. 2011年においては，住宅地の地価と工業地の地価はほぼ等しかった。
2. 2014年の住宅地の地価は，前年の住宅地の地価より1.2%上昇した。
3. 工業地の地価が前年よりも下がったのは10年間で2回ある。
4. 近年，工業地の地価が上昇傾向にあるが，これは商業地の地価が下降しているためと推察できる。
5. 2019年における工業地の地価は，2009年の水準に近づいたといえる。

20 次の表は，A，B，Cの工場における2010年の出荷額の合計を100とした指数で表し，また，年ごとのそれぞれの構成比を百分率（%）でまとめたものである。この表から判断できることとして，最も妥当なのはどれか。

		2010年	2011年	2012年	2013年	2014年	2015年
構成比（%）	A工場	22	24	26	24	22	20
	B工場	65	68	64	66	64	65
	C工場	13	8	10	10	14	15
出荷額合計（指数）		100	120	105	90	120	130

1. Ａ工場の出荷額についてみると，2011年以降，2010年の出荷額を下回ったことはない。
2. Ｂ工場の出荷額についてみると，2011年の出荷額が最も高かった。
3. Ｃ工場の出荷額についてみると，2015年の出荷額は，2011年の出荷額の２倍を上回った。
4. ３工場とも，2012年の出荷額は，前年よりも減少した。
5. ３工場とも，2015年の出荷額は，前年よりも増加した。

21 次の表は，エネルギー摂取量と三大栄養素（たんぱく質，脂質，炭水化物）の摂取量をまとめたものである。この表から判断できることとして，最も妥当なのはどれか。

	エネルギー摂取量（kcal）	三大栄養素の摂取量		
		たんぱく質（g）	脂質（g）	炭水化物（g）
2005年	1,904	71.1	53.9	267
2010年	1,849	67.3	53.7	258
2012年	1,874	68.0	55.0	260
2013年	1,87.3	69.0	55.0	259
2014年	1,863	68.0	55.0	257

1. 2010年のエネルギー摂取量は2005年のエネルギー摂取量に比べて減少しているが，その減少率は3％に満たない。
2. エネルギー摂取量，三大栄養素の摂取量ともに減少傾向にあるのは，ダイエットブーム，野菜ブームなどの社会的背景があると考えられる。
3. 2012年と2014年ではたんぱく質の摂取量は変わらないが，三大栄養素に占めるたんぱく質の割合は減少している。
4. 2012年から2014年にかけて脂質の摂取量は3年間変わらないが，三大栄養素に占める脂質の割合は毎年減少している。
5. 2012年から2014年にかけて炭水化物の摂取量は3年間減少しているが，三大栄養素に占める炭水化物の割合は増加している。

22 次のグラフは，ある会社の売上高と，目標売上高に対する達成率の推移を支店別にまとめたものである。このグラフから判断できることとして，最も妥当なのはどれか。

売上高と目標売上高に対する達成率の推移

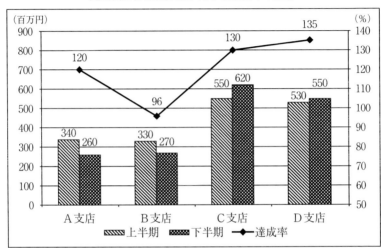

1. 4支店の売上高の合計についてみると，下半期は上半期よりも5億円ほど下回った。

2. A支店の目標売上高は，B支店の目標売上高の約1.25倍であった。

3. B支店は売上高があと2,500万円増えていれば，達成率が100％になっていた。

4. C支店の設定した目標売上高は，10億円台であった。

5. D支店は，上半期だけで目標売上高の70％に達していた。

23 日本国憲法第96条に規定する憲法改正に関する次の記述で，　A　～　D　に当てはまる語句の組合せとして，最も妥当なのはどれか。

（第1項）　この憲法の改正は，各議院の　A　の賛成で，国会が，これを発議し，国民に提案してその承認を経なければならない。この承認には，特別の国民投票又は国会の定める選挙の際行われる投票において，その　B　の賛成を必要とする。

（第2項）　憲法改正について前項の承認を経たときは，　C　は，国民の名で，この憲法と一体を成すものとして，直ちにこれを　D　する。

	A	B	C	D
1.	出席議員の3分の2以上	過半数	天皇	公布
2.	総議員の過半数	3分の2以上	天皇	施行
3.	総議員の過半数	過半数	内閣総理大臣	施行
4.	総議員の3分の2以上	過半数	天皇	公布
5.	総議員の3分の2以上	3分の2以上	内閣総理大臣	施行

24 各国の政治制度に関する記述として，最も妥当なのはどれか。

1. イギリスの議会は上院と下院からなり，法律の制定については両院対等の原則が確立されている。
2. イギリスでは下院の多数党の党首が首相となって内閣を組織し，副党首が影の首相となって影の内閣を組織している。
3. アメリカの大統領は議会に出席して答弁する義務を課せられており，議会によって不信任されることもある。
4. アメリカの大統領は議会が可決した法案に対して拒否権を行使できるが，拒否権が行使されても議会が再可決すれば法律は成立する。
5. 中国では全国人民代表大会が最高機関とされており，そのもとに最高行政機関である国家主席や司法機関である最高人民法院が置かれている。

25 経済学説に関する次のA〜Cの記述の正誤の組合せのうち，最も妥当なのはどれか。

A アダム・スミスは，「見えざる手」のはたらきにより資本主義社会の競争は激化し，市場機構はうまく機能しなくなると主張した。
B ケインズは，不況の原因として有効需要の過剰を指摘したが，これに対応して行われたのがアメリカのニューディール政策であった。
C マルクスやエンゲルスは，計画経済がもたらす矛盾を指摘してその克服を主張したが，これに対応して導入されたのが中国の「社会主義市場経済」である。

	A	B	C
1.	正	正	正
2.	正	正	誤
3.	正	誤	正
4.	誤	正	誤
5.	誤	誤	誤

26 ノーベル賞に関する記述として，最も妥当なのはどれか。

1. ノーベル賞は，X線の発見者であるアルフレッド・ノーベルの遺書に従って設けられた。

2. ノーベル賞の各賞受賞者は，すべてノルウェー・ノーベル委員会が決定している。

3. 我が国のノーベル文学賞受賞者は，川端康成，大江健三郎，村上春樹の3氏である。

4. 2019年には，エチオピアのアビー首相がノーベル経済学賞を受賞した。

5. 2019年には，リチウムイオン電池を開発した吉野彰氏がノーベル化学賞を受賞した。

27 我が国の第5世代移動通信システム（5G）に関する次のA〜Dの記述のうち，正しいもののみを選んだ組合せとして，最も妥当なのはどれか。

A 日本では，世界に先駆けて第5世代移動通信システム（5G）のスマートフォン向けサービスが開始された。

B 総務省は2019年4月，第5世代移動通信システム（5G）専用の電波をNTTドコモ，KDDI，ソフトバンク，楽天モバイルの通信事業者4社に割り当てた。

C 第5世代移動通信システム（5G）の特徴として，高速大容量，低遅延，多数同時接続が挙げられる。

D 第5世代移動通信システム（5G）の基盤となる光ファイバー回線を全国的に維持するための負担金制度が2019年から始まった。

   1. A，B
   2. A，C
   3. B，C
   4. B，D
   5. C，D

28 イギリス産業革命期に関する次の記述で， A 〜 D に当てはまる語句の組合せとして，最も妥当なのはどれか。

17世紀のイギリス革命以降，経済活動の自由が保護され，特権商人やギルドに代わって，新興商人や A と呼ばれる地主らが産業活動を行い， B では C が広まった。また，都市への人口集中が進み，マンチェスター・

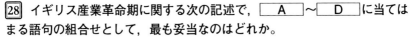

バーミンガムのような大工業都市や，　D　のような大商業都市が生まれた。

	A	B	C	D
1.	プロレタリアート	毛織物業	ギルド制手工業	リヴァプール
2.	ジェントリ	毛織物業	マニュファクチュア	リヴァプール
3.	プロレタリアート	重化学工業	ギルド制手工業	ロンドン
4.	ジェントリ	重化学工業	マニュファクチュア	ロンドン
5.	プロレタリアート	重化学工業	マニュファクチュア	グラスゴー

29 ヨーロッパの文化・思想・教育に関する記述として，最も妥当なのはどれか。

1. 14世紀のイタリアでは，ダンテがイタリア語で「神曲」を完成させた。
2. 17世紀になると，スペインのボローニャ大学，オランダのサレルノ大学，フランスのパリ大学，イギリスのオックスフォード大学・ケンブリッジ大学が設立された。
3. 医学者であったフランスのフランシス・ベーコンは「パンセ」を著した。
4. イギリスの哲学者デカルトは「方法序説」で「われ疑う，ゆえにわれあり」と表現した。
5. イギリスではパスカルが，物体は互いに引き合っているとする万有引力の法則を発見した。

30 豊臣秀吉に関する次の記述で，　A　～　D　に当てはまる語句の組合せとして，最も妥当なのはどれか。

秀吉は1582年の　A　の戦いで明智光秀を討ち，1585年には朝廷から　B　に任命された。太閤検地を実施し，　C　の原則で検地帳に耕作者を登録した。また，1587年にキリスト教の宣教師を国外追放するためにバテレン追放令を出した。さらに，1588年には　D　が武器を所持することを禁止する刀狩令を出し，1590年には全国統一を完成させた。

	A	B	C	D
1.	山城	関白	一地一作人	戦国大名
2.	賤ヶ岳	太閤	五人組	戦国大名
3.	山崎	関白	一地一作人	戦国大名
4.	賤ヶ岳	摂政	五人組	農民
5.	山崎	関白	一地一作人	農民

31 我が国の奈良時代から平安時代に関する次のA～Dの出来事で，年代の古い順に並べ替えたものとして，最も妥当なのはどれか。

A　藤原道長，太政大臣就任
B　「日本書紀」の完成
C　三世一身法の施行
D　菅原道真の献策により遣唐使中止

1.　A→B→C→D
2.　A→D→C→B
3.　A→C→B→D
4.　B→C→D→A
5.　B→A→D→C

32 ASEAN（東南アジア諸国連合）加盟国に関する記述として，最も妥当なのはどれか。

1.　陸上で中国と国境を接している国は，カンボジア，タイ，ベトナム，ミャンマーの4か国である。
2.　19世紀以降，欧米列強の進出が本格化し，シンガポールを除く全域が植民地とされた。
3.　人口密度が最も高い国は，ブルネイ・ダルサラーム，最も低い国は，ラオスである。
4.　キリスト教を信仰している国民の割合が多数を占めている国は，フィリピンである。
5.　21世紀以降，輸出総額が最も多い国は，インドネシア，輸入総額が最も多い国は，マレーシアである。

33 熱帯低気圧に関する次の記述で，　A　～　D　に当てはまる語句の組合せとして，最も妥当なのはどれか。

熱帯低気圧の中でも，カリブ海やメキシコ湾で発生するものを　A　，フィリピン東方の太平洋や　B　で発生するものを　C　，アラビア海やベンガル湾で発生するものを　D　とよぶ。

	A	B	C	D
1.	ハリケーン	南シナ海	台風	サイクロン
2.	サイクロン	南シナ海	台風	ハリケーン
3.	ハリケーン	インド洋	台風	サイクロン
4.	サイクロン	インド洋	ハリケーン	台風
5.	台風	インド洋	サイクロン	ハリケーン

34 四字熟語の漢字がすべて正しいのはどれか。

1. 喜怒哀楽
2. 天変地位
3. 風光明媚
4. 油断大摘
5. 自我自賛

35 ことわざ「乗りかかった舟」の意味として，最も妥当なのはどれか。

1. 勇気を出して，あることに挑むこと
2. 思うようにことが進まず，もどかしく感じること
3. 意地をはるよりも，流れに身を任せることが大切だということ
4. 途中でやめることができない状態のこと
5. 何もしなくても時は流れていくので，時間は大切にしなければならない
　　ということ

36 意味が反対の熟語の組合せとして，最も妥当なのはどれか。

1. 安定 —— 危険
2. 一般 —— 全般
3. 供給 —— 配布
4. 明白 —— 自明
5. 集中 —— 分散

37 $x^2 - 9y^2 - 3x + 9y$ を因数分解したものとして，最も妥当なのはどれか。

1. $(x + 3y)(x - 3y - 3)$
2. $(x - 3y)(x + 3y - 3)$
3. $(x - 3y)(x - 3y - 3)$
4. $(x - 9y)(x - y - 1)$
5. $(x - 9y)(x + y - 1)$

38 2次関数 $y = x^2 - 6x + 5$ $(0 \leqq x \leqq 2)$ の最小値として，最も妥当なのはどれか。

1. -4
2. -3
3. -2
4. -1
5. 0

39 男子5人，女子4人の中から委員3人を選出する方法のうち，少なくとも女子が1人含まれる場合の数として，最も妥当なのはどれか。

1. 70通り
2. 72通り
3. 74通り
4. 76通り
5. 78通り

40 100V用・2kWの電気ヒーターを100Vで使用したときに流れる電流の値として，最も妥当なのはどれか。

1. 5 [A]
2. 20 [A]
3. 50 [A]
4. 100 [A]
5. 200 [A]

41 波動に関する記述として，最も妥当なのはどれか。

1. 振動数が少しだけ異なる2つのおんさを同時に鳴らすと，音の大きさが周期的に変化して聞こえる。これをうなりという。1秒間に起こすうなりの回数は，2つの音の振動数の和に等しい。

2. 音の高さと大きさが同じでも，おんさやピアノ，フルートでは異なった音に聞こえる。これは楽器により，音波の振動数が違うからである。

3. 媒質の振動方向と波の伝播方向が平行関係にある波を横波といい，これに対して，振動方向と伝播方向が垂直関係にある波を縦波という。

4. 光が空気から水へ進むとき，空気と水の境界面で反射する光と，屈折して水中へ進む光が有る。反射する光については入射角と反射角は等しいが，水中へ進む光の屈折角は入射角よりも小さくなる。

5. 物質中の光速は同じ物質中でも振動数によってわずかに違うため，光の色によって屈折率が異なり，それぞれの色の光に分離する。この現象を光の散乱という。

42 標準状態（$0℃$，1atm［気圧］$= 1.013 \times 10^5 Pa$）における50.0［L］のエタンC_2H_6の質量として，最も妥当なのはどれか。ただし，エタンは理想気体であるものとし，標準状態の体積は22.4［L/mol］，原子量はH＝1.0，C＝12.0とする。なお，正答の数値は小数点以下を四捨五入したものである。

1. 47［g］
2. 67［g］
3. 87［g］
4. 107［g］
5. 127［g］

43 分子の極性に関する記述として，最も妥当なのはどれか。

1. 水素は塩素より電気陰性度が大きい。
2. 炭素は酸素より電気陰性度が大きい。
3. 塩素はフッ素より電気陰性度が大きい。
4. アンモニアは極性分子である。
5. メタンは極性分子である。

44 **ヒトの血液成分に関する記述として，最も妥当なのはどれか。**

1. 血管を流れる血液は，液体成分である血しょうと有形成分である血球に分けられる。組織液は，液体成分である血しょうが毛細血管からしみ出したものであり，すべての組織液はリンパ管へ入り，リンパ液となる。

2. 血球は，赤血球，白血球，血小板の3つに大別される。赤血球は，血液中の有形成分の中では最も数が少なく，ヘモグロビンというタンパク質を含み，酸素を運搬する。

3. 赤血球に含まれるヘモグロビンは，血液中の酸素濃度が高く二酸化炭素濃度が低いと酸素と多く結合して酸素ヘモグロビンとなり，酸素濃度が低く二酸化炭素濃度が高いと結合していた酸素を離してヘモグロビンにもどる。

4. 白血球は，血液凝固に関係している。血管が傷つくと，白血球が傷口に集まって，かたまりとなって傷口をふさぐ。

5. 血小板は，免疫にはたらく細胞である。血小板の一種である好中球やマクロファージ，樹状細胞などの食細胞は，体内に侵入した異物を細胞内に取りこみ，酵素のはたらきによって消化・分解する。

45 **染色体と遺伝子に関する記述として，最も妥当なのはどれか。**

1. 真核細胞の場合，DNAは核内でタンパク質とともに染色体として存在している。通常，1個の体細胞には大きさと形が同じ2本の染色体が対になって存在しており，この対になる染色体を二価染色体という。

2. ヒトの23組の染色体のうち，22組は男女に共通して見られる染色体で常染色体という。残りの1組は性の決定に関わる染色体で性染色体といい，女性にしか見られない性染色体をX染色体，男性にしか見られない染色体をY染色体という。

3. ある形質に関する遺伝子は，染色体の特定の場所に存在し，その位置は同じ生物種では共通している。このような染色体に占める遺伝子の位置のことを遺伝子座という。

4. 個体や配偶子がもつ遺伝子は，アルファベットなどの遺伝子記号で表され，これを遺伝子型という。対立遺伝子は劣性の遺伝子をAのように大文字で，優性の遺伝子をaのように小文字で表すことが多い。

5. 着目する遺伝子座の遺伝子が同じ個体をヘテロ接合体といい，異なる個体をホモ接合体という。また，すべての遺伝子座の遺伝子がホモ接合になった生物の系統を純系という。

解 答・解 説

1　5

解説　出典は堤未果著『18歳からの民主主義―医療が危ない！』。本問の要旨の把握を問う問題である。消去法によって解くことができる。本文中では日本とアメリカの保険制度が対比されているが，その二項対立を捉えた上で，筆者は日本の制度を重視していることを押さえたい。

2　2

解説　出典は松原隆彦著『目に見える世界は幻想か？』。空欄補充問題である。空欄部と対比されている語句，あるいは空欄部を言い換えている語句を本文中から拾いとることで，空欄部にふさわしい語句を推測することができる。

3　4

解説　出典は増井元著『辞書の仕事』。要旨把握問題。消去法で解けばよい。極端で，明確な主張は，わざわざ文章で訴えるような内容ではない。筆者が明晰なものの間で説こうとしている，折衷的な意見を丁寧に読み取ることを心がけたい。

4　1

解説　出典は橋元良明著『メディアと日本人―変わりゆく日常』。本問の要旨の把握を問う問題である。消去法を用いて解く。たとえ本文の内容と一致している選択肢であろうとも，現象を指摘するだけのものは，文章の要旨とはならない点に注意が必要である。

5　3

解説　出典は古川洋一著『変わる遺伝子医療―私のゲノムを知るとき』。本問の要旨の把握を問う問題である。消去法で解くことができる。具体的な指摘や事例から導き出される，筆者の抽象的な主張を捉えることが重要である。本文の論理展開を追い，筆者が最も訴えていることを把握したい。

6 4

解説 A：「ここに来て。いそいで中に入って手伝って」　B：「どうしたの？」　A：「フロントガラスの内側にブンブン言っている大きな蜂がいるのよ」B：「わかった。よし。ここからでていけ。さあ，出て行ったよ」　A：「ありがとう」。　What's the matter? は「（相手を案じて）どうしたの？」という意味である。

7 4

解説 比較の表現。「ジェーンはマイクより背が高い」＝「マイクはジェーンより背が低い」。比較級は形容詞，または副詞の語尾にerをつける。比較的長い語の場合は，more interestingのようにmoreを使う。

8 5

解説 整序すると，She is used to speaking in public.「彼女は人前で話すことに慣れている」。be used to ～ing「～することに慣れている」。used to ～「（昔は）～したものだ」との違いに注意。

9 5

解説 条件ア～エを次のように記号化する。
ア：短距離→跳躍
イ：中距離→投てき
ウ：長距離→$\overline{短距離}$
エ：投てき→$\overline{跳躍}$
次に，条件ア～エの対偶をとると次のようになる。
アの対偶：$\overline{跳躍}$→$\overline{短距離}$
イの対偶：$\overline{投てき}$→$\overline{中距離}$
ウの対偶：短距離→$\overline{長距離}$
エの対偶：跳躍→$\overline{投てき}$
1：誤り。選択肢は「中距離→長距離」となるが，条件イ，エ，アの対偶をつなげると「中距離→投てき→$\overline{跳躍}$→$\overline{短距離}$」となり，後に続く条件が存在しないため，確実にはいえない。　2：誤り。選択肢は「長距離→跳躍」となるが，条件ウの「長距離→$\overline{短距離}$」に続く条件が存在しないため，確実にはいえな

254

い。　3：誤り。選択肢は「投てき→短距離」となるが，条件イの対偶の「投てき→中距離」に続く条件が存在しないため，確実にはいえない。　4：誤り。選択肢は「短距離→中距離」となるが，「短距離」から始まる条件が存在しないため，確実にはいえない。　5：正しい。選択肢は「短距離→中距離」となり，条件ア，条件エの対偶，条件イの対偶とつなげると，「短距離→跳躍→投てき→中距離」となるので，「短距離競技に興味を持っている者は，中距離競技には興味を持っていない」が成り立つ。

10 4

解説　飼育している場合は○，飼育していない場合は×として以下の表を作成していく。条件アより，学校数はウサギが3，モルモットが2，ニワトリが2となる。条件イより，A小学校のウズラは×となる。また，D小学校はA小学校と同じ種類の動物を飼育していないが，問題文よりそれぞれの学校では2〜3種類の動物を飼育しているので，D小学校はA小学校が飼育していない動物を飼育しているはずなので，ウズラは○となる。条件エより，C小学校のモルモットは○，種類は2となる。ここまでで，表は以下のようになる。

小学校	ウサギ	モルモット	ニワトリ	ウズラ	種類
A				×	
B					
C		○			2
D				○	
学校数	3	2	2		

ここで，条件ウよりA小学校とB小学校は同じ動物を飼育していることがわかるが，この時点で両校がモルモットを飼育すると学校数2を超えてしまうので，両校のモルモットは×となる。すると，A小学校は少なくとも2種類の動物を飼育しているはずなので，ウサギとニワトリが○となり，小学校Bも同様となる。すると，条件ウより，B小学校はA小学校が飼育しているもの以外にもう1種類飼育しているはずなので，ウズラが○となる。また，条件イより，D小学校のモルモットが○，ウサギとニワトリが×となる。さらに，条件アより，ウサギは3校で飼育されているのでC小学校のウサギが○となり，C小学校のニワトリとウズラが×となるので，表は次のようになる。

小学校	ウサギ	モルモット	ニワトリ	ウズラ	種類
A	○	×	○	×	2
B	○	×	○	○	3
C	○	○	×	×	2
D	×	○	×	○	2
学校数	3	2	2	2	9

1：誤り。A小学校では，ウサギを飼育している。　2：誤り。B小学校では，ニワトリを飼育している。　3：誤り。C小学校では，ウズラを飼育していない。　4：正しい。D小学校では，モルモットを飼育している。　5：誤り。D小学校が飼育しているモルモットを，B小学校では飼育していない。

11 3

解説 条件アより，AとBの家の配置は以下のようになる。

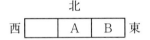

条件イより，CとDの家の配置は以下のようになる。

条件ウより，E，F，Gの家の配置は以下のようになる。

条件エより，BとFの家の配置は以下のようになる。

以上をまとめると，それぞれの家の配置は以下の4通りが考えられる。

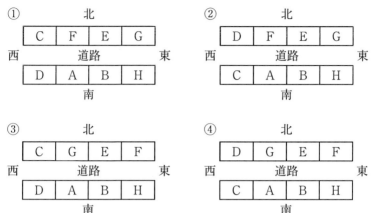

1：誤り。①と③の場合は，Aの家とCの家は隣り合っていない。　2：誤り。③と④の場合は，Aの家と道路を挟んで向かい合っているのはGの家である。3：正しい。いずれの場合でも，Bの家とHの家は隣り合っている。　4：誤り。①，②，④の場合は，Cの家とGの家は隣り合っていない。　5：誤り。①，③，④の場合は，Dの家とFの家は隣り合っていない。

12 4

解説 「山形（やまがた）」をアルファベットで記すと「YAMAGATA」となり，以下の表のようにアルファベットの逆から番号をつけると「2，26，14，26，20，26，7，26」と表せる。同様に，「青森（あおもり）」をアルファベットで記すと「AOMORI」となるので，アルファベットの逆から番号をつけると「26，12，14，12，9，18」となる。

A	B	C	D	E	F	G	H	I	J	K	L	M
26	25	24	23	22	21	20	19	18	17	16	15	14

N	O	P	Q	R	S	T	U	V	W	X	Y	Z
13	12	11	10	9	8	7	6	5	4	3	2	1

13 3

解説 円とは，中心点からの距離が等しい点の集合である。まず，点Qと点Rからの距離が等しい点を探すと，いずれの点からも縦に3マス横に9マス離れた点C，および縦に3マス横に11マス離れた点Dが見つかる。次に，点Pから横に3マス縦に9マス離れた点を探すと点Cが見つかるが，横に3マス縦に11マス離れた点は見つからない。よって，3点P，Q，Rを通る円の中心となる点は点Cのみである。

14 3

解説 問題文中の図形から，条件を満たすような4枚つながった切手の切り取り方は，以下のように10通りとなる。4枚つながった切手の切り取り方が決まれば，6枚つながった切手の切り取り方も同時に決まるので，切り取り方の数は10通りとなる。

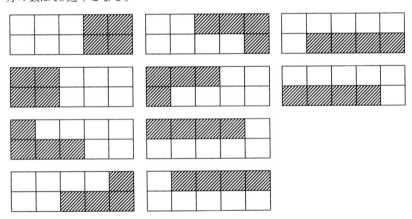

15 2

解説 4進法で表されたそれぞれの数を10進法で表すと次のようになる。

$23 : 4^1 \times 2 + 4^0 \times 3 = 8 + 3 = 11$

$30 : 4^1 \times 3 + 4^0 \times 0 = 12 + 0 = 12$

$32 : 4^1 \times 3 + 4^0 \times 2 = 12 + 2 = 14$

$101 : 4^2 \times 1 + 4^1 \times 0 + 4^0 \times 1 = 16 + 0 + 1 = 17$

$111 : 4^2 \times 1 + 4^1 \times 1 + 4^0 \times 1 = 16 + 4 + 1 = 21$

$122 : 4^2 \times 1 + 4^1 \times 2 + 4^0 \times 2 = 16 + 8 + 2 = 26$

$213 : 4^2 \times 2 + 4^1 \times 1 + 4^0 \times 3 = 32 + 4 + 3 = 39$

よって、問題文の数をそれぞれ10進法で表すと11，12，14，17，21，26，（　），39という数列ができる。この階差数列をとると1，2，3，4，5，…となるので（　）に入る数を10進法で表したものは$26 + 6 = 32$となる。これを4進法で表すと以下のように200となる。

$$
\begin{array}{r}
4\,)\,32 \\
4\,)\,\underline{8} \cdots 0 \\
\underline{2} \cdots 0
\end{array}
$$

16 4

解説 小学生の人数をx人とすると，鉛筆を5本ずつ配ると20本余るので，鉛筆の本数は$5x + 20$［本］…①と表せる。また，鉛筆を7本ずつ配ると最後の生徒だけ5本以上足りないので，最後の生徒に配られる鉛筆の本数は$0 \sim 2$［本］となる。すると，最後の生徒以外の$x - 1$［人］には鉛筆を7本配るので，$7(x - 1) + 0 \leqq$ 鉛筆の本数 $\leqq 7(x - 1) + 2$が成り立つ。よって，式①より$7(x - 1) + 0 \leqq 5x + 20 \leqq 7(x - 1) + 2$という連立不等式が成り立ち，これを解くと$12.5 \leqq x \leqq 13.5$となる。ここで，$x$は自然数なので$x = 13$となる。よって，小学生の人数は13人，式①より鉛筆の本数は$5 \times 13 + 20 = 85$［本］となるので，鉛筆を6本ずつ配ったときの余る本数は$85 - 6 \times 13 = 7$［本］となる。

17 4

解説 車の速さをx［km/分］，歩く速さをy［km/分］とする。A地点からB地点へ進むとき，10分車に乗り15分歩くと到着するので，A地点からB地点までの距離は$10x + 15y$［km］となる。また，車だけなら12分かかるので，A地点からB地点までの距離は$12x$［km］となり，これらは等しい距離なので$10x + 15y = 12x$が成り立つ。これを整理すると$x = 7.5y$となるので，車の速さは歩く速さの7.5倍となる。ここで，（速さ）$= \left(\dfrac{距離}{時間} \right)$より，距離が一定の場合，時間の比は速さの比と等しくなるので，歩きだけでA地点からB地点まで到着するのにかかる時間は，車だけでかかる時間の7.5倍となり，$12 \times 7.5 = 90$［分］となる。

18 4

解説 表と裏があるコインを3枚同時に投げたとき，「少なくとも1枚裏が出る」の余事象は「1枚も裏が出ない」となり，つまり「すべて表が出る」ということになる。すると，「少なくとも1枚裏が出る」確率は，1から「すべて表が出る」確率を引いたものとなる。3枚のコインを同時に投げたときすべて表が出る確率は $\left(\dfrac{1}{2}\right)^3 = \dfrac{1}{8}$ となるので，少なくとも1枚裏が出る確率は $1 - \dfrac{1}{8} = \dfrac{7}{8}$ となる。

19 5

解説 1：誤り。資料には住宅地と工業地の地価の実数が与えられていないので，これらを比較することはできず判断できない。　2：誤り。(今年の対前年増加率) $= \left(\dfrac{\text{今年の量}}{\text{昨年の量}} \times 100 - 100\right)$ と表せる。資料より，2014年の住宅地の対前年増加率は0％なので，(2014年の住宅地の地価) ＝ (2013年の住宅地の地価) となる。　3：誤り。(対前年増加率) ＜ 0のとき，(今年の量) ＜ (昨年の量) となる。よって，工業地の地価が前年よりも下がったのは，対前年増加率が負の値となる2010～2013年の4回である。　4：誤り。資料からは商業地の地価に関する情報は読み取れないので，判断できない。　5：正しい。2010～2013年までは工業地の対前年増加率が負の値となっているので，年々地価は減少している。一方，2014年以降は対前年増加率が正の値となっているため，地価の実数は徐々に増加し2009年の水準に近づいている。なお，(今年の量) ＝ (昨年の量) $\times \left(1 + \dfrac{\text{今年の対前年増加率}}{100}\right)$ を利用すると，

(2019年の工業地の地価) ＝ (2009年の工業地の地価) $\left(1 + \dfrac{\text{2010年の対前年増加率}}{100}\right)$

$\left(1 + \dfrac{\text{2011年の対前年増加率}}{100}\right)\left(1 + \dfrac{\text{2012年の対前年増加率}}{100}\right)$

$\left(1 + \dfrac{\text{2013年の対前年増加率}}{100}\right)\left(1 + \dfrac{\text{2014年の対前年増加率}}{100}\right)$

$\left(1 + \dfrac{\text{2015年の対前年増加率}}{100}\right)\left(1 + \dfrac{\text{2016年の対前年増加率}}{100}\right)$

$\left(1 + \dfrac{\text{2017年の対前年増加率}}{100}\right)\left(1 + \dfrac{\text{2018年の対前年増加率}}{100}\right)$

$\left(1 + \dfrac{\text{2019年の対前年増加率}}{100}\right)$ ＝ (2009年の工業地の地価) $\left(1 + \dfrac{-3.6}{100}\right)\left(1 + \dfrac{-1.7}{100}\right)$

$$\left(1+\frac{-2.3}{100}\right)\left(1+\frac{-0.4}{100}\right)\left(1+\frac{0.4}{100}\right)\left(1+\frac{1.0}{100}\right)\left(1+\frac{1.5}{100}\right)\left(1+\frac{1.4}{100}\right)\left(1+\frac{1.8}{100}\right)$$

$\left(1+\dfrac{1.9}{100}\right) \fallingdotseq 0.994 \times$ (2009年の工業地の地価) と表せるので，2019年の工業地の地価の実数は2009年の約0.994倍となっている。

20 3

解説 1：誤り。2010年の出荷額の合計を100とすると，そのうち22％をA工場が占めているので，2010年のA工場の出荷額は $100 \times 0.22 = 22$ となる。すると，2013年では出荷額の合計は90，そのうち24％をA工場が占めているので，A工場の出荷額は $90 \times 0.24 = 21.6$ となり，2010年の出荷額を下回ることになる。　2：誤り。2011年のB工場の出荷額は $120 \times 0.68 = 81.6$ となるが，2015年のB工場の出荷額は $130 \times 0.65 = 84.5$ より，2011年の出荷額が最も高いわけではない。　3：正しい。C工場の2015年の出荷額は $130 \times 0.15 = 19.5$，2011年の出荷額は $120 \times 0.08 = 9.6$ となり，$9.6 \times 2 = 19.2 < 19.5$ なので，2015年の出荷額は2011年の出荷額の2倍を上回っている。　4：誤り。C工場の2011年の出荷額は $120 \times 0.08 = 9.6$，2012年の出荷額は $105 \times 0.10 = 10.5$ なので，2012年のB工場の出荷額は前年よりも増加している。　5：誤り。A工場の2014年の出荷額は $120 \times 0.22 = 26.4$，2015年の出荷額は $130 \times 0.20 = 26.0$ なので，2015年のA工場の出荷額は前年よりも減少している。

21 1

解説 1：正しい。2005年のエネルギー摂取量は1,904〔kcal〕であり，3％減少すると $1,904 \times (1 - 0.03) \fallingdotseq 1,847$ 〔kcal〕となるが，これは2010年の1,849〔kcal〕を下回っているので，減少率は3％に満たないことがわかる。　2：誤り。資料からはダイエットブームや野菜ブームなどの情報は読み取れないため，判断できない。　3：誤り。脂質の摂取量は2012年と2014年でともに55.0gなので等しく，炭水化物の摂取量は2012年では260gなのに対し2014年では257gと小さくなっているので，（2012年の三大栄養素の摂取量の合計）＞（2014年の三大栄養素の摂取量の合計）となる。三大栄養素に占めるたんぱく質の割合の大小を比較するには，$\dfrac{2012年のたんぱく質の摂取量}{2012年の三大栄養素の摂取量の合計}$ および $\dfrac{2014年のたんぱく質の摂取量}{2014年の三大栄養素の摂取量の合計}$ という分数の大小を比べることにな

るが，これらの分子の数は等しく，分母の数は2012年の方が大きいので，$\dfrac{2014年のたんぱく質の摂取量}{2014年の三大栄養素の摂取量}$の方が大きな数となる。したがって，三大栄養素に占めるたんぱく質の割合は，2012年より2014年の方が増加していることになる。　4：誤り。3と同様に考えると，（2012年の脂質の摂取量）＝（2014年の脂質の摂取量）より，

$$\dfrac{2012年の脂質の摂取量}{2012年の三大栄養素の摂取量の合計} < \dfrac{2014年の脂質の摂取量}{2014年の三大栄養素の摂取量の合計}$$

となる。よって，三大栄養素に占める脂質の割合は2012年より2014年の方が大きくなるので，毎年減少しているわけではない。　5：誤り。三大栄養素の摂取量の合計は，2012年では68.0 ＋ 55.0 ＋ 260 ＝ 383.0〔g〕，2013年では69.0 ＋ 55.0 ＋ 259 ＝ 383.0〔g〕より，（2012年の三大栄養素の摂取量の合計）＝（2013年の三大栄養素の摂取量の合計）となる。よって，3と同様に考えると，（2012年の炭水化物の摂取量）＞（2013年の炭水化物の摂取量）より，

$$\dfrac{2012年の炭水化物の摂取量}{2012年の三大栄養素の摂取量の合計} > \dfrac{2013年の炭水化物の摂取量}{2013年の三大栄養素の摂取量の合計}$$

となる。よって，三大栄養素に占める炭水化物の割合は2012年より2013年の方が小さくなり，毎年増加しているわけではない。

22 3

解説 1：誤り。上半期に対する下半期の売上高の変化量の4支店の合計は，－80（A支店：260 － 340）－60（B支店：270 － 330）＋70（C支店：620 － 550）＋20（D支店550 ＋ 530）＝ － 50〔百万円〕＝ － 0.5〔億円〕となる。よって，下半期の売上高の合計は上半期よりも0.5億円下回っている。　2：誤り。達成率〔％〕＝$\dfrac{売上高}{目標売上高} \times 100$より，目標売上高＝売上高$\times \dfrac{100}{達成率}$となる。よって，A支店の目標売上高は$(340 + 260) \times \dfrac{100}{120} = 500$〔百万円〕，B支店の目標売上高は$(330 + 270) \times \dfrac{100}{96} = 625$〔百万円〕より，A支店の目標売上高はB支店の目標売上高より小さい。　3：正しい。2より，B支店の目標売上高は625〔百万円〕，売上高は330 ＋ 270 ＝ 600〔百万円〕なので，達成率100％となる（目標売上高に達する）ために必要な売上高は625 － 600 ＝ 25〔百万円〕＝ 2,500〔万円〕となる。　4：誤り。C支店の目標売上高は$(550 + 620) \times \dfrac{100}{130} = 900$〔百万円〕＝ 9〔億円〕となる。　5：誤り。D支店の目標売

上高は $(530 + 550) \times \dfrac{100}{135} = 800$ ［百万円］であり，その70％は $800 \times 0.70 = 560$ ［百万円］なので，上半期の売上高530［百万円］だけでは不足している。

23 4

解説 A：衆議院と参議院の本会議でそれぞれ総議員の3分の2以上の賛成を要する。　B：法律（国民投票法）により，有効投票の過半数の賛成が要件とされている。　C：法律などの公布も天皇の国事行為とされる。　D：公布とは法令を国民に周知できる状態とすること。施行とは法令の効力を発生させることをいう。

24 4

解説 1：イギリス議会では上院に実質的な権限はない。　2：影の内閣は，内閣に対抗して野党第一党が組織している。　3：アメリカは，大統領，議会，裁判所が厳格に分離しており，アメリカ大統領には議会への出席義務はなく，議会にも不信任決議権はない。　4：正しい。　5：中国の最高行政機関は国務院であり，国家主席は国家元首である。全国人民代表大会は中国の立法府であり，最高人民法院は中国の司法機関である。

25 5

解説 A：アダム・スミスは自由放任主義（レッセ・フェール）を唱えた。B：ケインズは不況の原因として有効需要の不足を指摘した。　C：マルクスやエンゲルスは，資本主義経済がもたらす矛盾を指摘して，社会主義革命によるその克服を主張した。計画経済は社会主義国の経済体制である。社会主義市場経済は，中国が導入した，市場経済を通じて社会主義を実現するというものである。

26 5

解説 1：アルフレッド・ノーベルが発明したのはダイナマイトである。X線を発見したのは，ヴィルヘルム・レントゲンである。　2：選考は，物理学賞・科学賞・経済学賞はスウェーデン王立科学アカデミー，医学・生理学賞はカロリンスカ研究所，平和賞はノルウェー・ノーベル委員会，文学賞はス

ウェーデン・アカデミーが行っている。　3：村上春樹は，2000年代からは毎年のようにノーベル文学賞の有力候補と目されているが，受賞はしていない。　4：エチオピアのアビー首相が受賞したのはノーベル平和賞で，隣国エリトリアとの紛争解決に向けた尽力がその受賞理由である。

27 2

解説　A：アメリカ合衆国と韓国は2019年4月から第5世代移動通信システム（5G）の本格展開（スマートフォン）を始めているが日本の商用サービス開始は2020年3月からである。　D：第5世代移動通信システム（5G）の基盤となる光ファイバー回線整備のための負担金について検討されている旨の報道はあるが，2019年制度化された事実はない。

28 2

解説　A：イギリスにおいて平民の地主層を，ジェントリ（郷紳）という。プロレタリアートとは，労働者階級のことである。　B：ジェントリは，毛織物業においてマニュファクチュア（工場制手工業）を行い，富を築いた。Bには毛織物業が該当する。　C：マニュファクチュアが該当する。ギルド制手工業は，手工業者が職業別に結成したギルドという職業別組合のことである。　D：大商業都市とは，リヴァプールのことである。イギリス北西部の海港都市で，綿花や綿製品の取引で繁栄した。最も妥当な組合せは2である。

29 1

解説　1：妥当である。ダンテの「神曲」は，現在のイタリア語のもととなったトスカナ語で書かれている。　2：ボローニャ大学は北イタリア，サレルノ大学は南イタリアに設立された。　3：「パンセ」は，フランスの数学者・物理学者・哲学者のパスカルの著作である。フランシス・ベーコンは，イギリスの哲学者で，「知識は力なり」という言葉で有名で，イギリス経験論哲学の祖とされている。　4：デカルトはフランスの哲学者で，「方法叙説」で「われ思う，ゆえにわれあり」と表現した。　5：万有引力の法則を発見したのは，イギリスのニュートンである。

30 5

解説 A：秀吉が明智光秀を討ったのは，1582年の山崎の戦いである。賤ヶ岳の戦いは，1583年に起きた羽柴秀吉と柴田勝家の戦いである。Aには山崎が該当する。　B：秀吉は1585年に関白，1586年に太政大臣となった。Bには関白があてはまる。太閤とは，関白を辞職した人を指す。　C：太閤検地により一地一作人の原則が確立し，従来の複雑な土地を巡る権利体制が一掃された。五人組は，江戸時代，年貢納入などで連帯責任を負う組織である。D：刀狩令により農民が武器を所持することが禁止され，兵農分離が確立した。妥当な組合せは5である。

31 4

解説 Aは1017年，Bは720年，Cは723年，Dは894年の出来事である。年代の古い順に並べると，B→C→D→Aとなる。妥当なものは4である。

32 4

解説 ASEAN（東南アジア諸国連合）の現加盟国は，タイ・フィリピン・インドネシア・シンガポール・マレーシア・ベトナム・ラオス・ミャンマー・ブルネイ・カンボジアの10か国である。　1：陸上で中国と国境を接している国は，ベトナム・ラオス・ミャンマーの3か国である。　2：植民地とならなかったのは，シンガポールではなくタイである。　3：人口密度が最も低い国はラオスで正しいが，人口密度が最も高い国はシンガポールである。　4：正しい。　5：「2020年データブックオブザワールド」によると，輸出総額・輸入総額共に最も多い国は，シンガポールである。（輸出総額4125億ドル，輸入総額3705億ドル）

33 1

解説 熱帯低気圧のうち大西洋西部メキシコ湾，太平洋東部で発生するものをハリケーン，インド洋で発生するものをサイクロン，北西太平洋で発生するものを台風という。Aにはハリケーン，Bには南シナ海，Cには台風，Dにはサイクロンが該当する。妥当な組合せは1である。

34 **1**

解説 1：正しい 2：「天変地異」が正しい。 3：「風光明媚」が正しい。
4：「油断大敵」が正しい。 5：「自画自賛」が正しい。

35 **4**

解説 「乗りかかった舟」とは，いったんかかわった以上，途中でやめるわけ
にはいかないこと。

36 **5**

解説 2，3，4は類義語の組合せである。1は，意味が反対の熟語の組合せ
であるならば，「安全─危険」が正しい。「安定」の対義語は「動揺」である。

37 **2**

解説 因数分解の公式より，$x^2 + (a + b)x + ab = (x + a)(x + b)$ が成り立
つ。よって，$x^2 - 9y^2 - 3x + 9y$ において，$a + b = -3$，$ab = -9y^2 + 9y =$
$-3y(3y - 3)$ と表せ，$a = -3y$，$b = 3y - 3$ となる。したがって，$x^2 - 9y^2 -$
$3x + 9y = (x - 3y)(x + 3y - 3)$ となる。

38 **2**

解説 $y = x^2 - 6x + 5 = (x - 3)^2 - 4$ となるので，これは下に凸で，$x = 3$
で最小値 -4 をとる放物線を描く。よって，$0 \leqq x \leqq 2$ の範囲で最小値をとる
のは $x = 2$ のときであり，その値は $y = (2 - 3)^2 - 4 = -3$ となる。

39 **3**

解説 （事象Aの場合の数）＝（全事象の場合の数）－（事象Aの余事象の
場合の数）が成り立つことを利用する。全事象の場合の数は，「男子5人，女
子4人の中から委員3人を選出する」場合の数なので，男女9人から順番を考
慮せずに3人選べばよいので，$_9C_3 = \dfrac{9 \times 8 \times 7}{3 \times 2 \times 1} = 84$［通り］となる。また，
「少なくとも女子が1人含まれる」の余事象は「女子が1人も含まれない」なの
で，余事象の場合の数は，男子5人から順番を考慮せずに3人選べばよいの
で，$_5C_3 = \dfrac{5 \times 4 \times 3}{3 \times 2 \times 1} = 10$［通り］となる。したがって，「少なくとも女子が

1人選ばれる」場合の数は，84 − 10 = 74［通り］となる。

40 2

解説 電流が流れてする仕事は電気量と言い，電圧を V［V］，電流を I［A］，時間を t［s］とすると電気量 $W = IVt$［Ws = ワット秒］と表される。時間を時間［hr］にする時は［Wh = ワット時］などと表す。また時間当たりの仕事 $= \dfrac{W}{t} = IV$ を電力 P［W = ワット］と言う。設問の2kWの電気ヒーターは2［kW］= 2000［W］の電力を消費するヒーターである。$V = 100$［V］であるから $2000 = I \times 100$　→　$I = \dfrac{2000}{100} = 20$［A］となる。2が該当する。

41 4

解説 1：設問文のように振動数がわずかに異なる2つのおんさを同時にならすと大小の音が周期的に繰り返されて聞こえる。これをうなりと言う。そのうなりの周期（大きい音と小さい音が1回ずつ繰り返される時間）を T，2つのおんさの振動数を $f1$，$f2$ とすると $T = \dfrac{1}{|f1 - f2|}$ の関係がある。すなわち1秒間に聞こえるうなりの回数は $\dfrac{1}{T} = |f1 - f2|$［回］で振動数の差となる。記述は妥当ではない。　2：音の高さはその振動数により振動数が大きければ音は高く聞こえ，音の大きさはその振幅の大きさにより振幅が大きければ音は大きく聞こえる。音の高さが同じで，振動数の違いにより異なった音に聞こえると言うのは正しい表現ではない。ピアノやフルートなどの音はいろいろな波の音が複雑に組み合わさっていることで異なった音，異なった音色に聞こえる。記述は妥当ではない。　3：横波は海面に見られるような波で，媒質である海面は上下に振動し波はそれとは垂直な水平方向に伝播していく。縦波は疎密波とも言われ媒質の圧縮（密）と拡張（疎）の振動によって伝播していく。圧縮・拡張の行われる振動方向は波の伝播方向と同じである。記述は妥当ではない。　4：簡単な図を示す。光が反射する時入射角 i = 反射角 j と

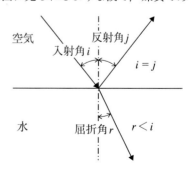

なり，空気（光学的に疎な媒質）から水（光学的に密な媒質）に入っていく時入射角i＞屈折角rとなる。記述は妥当である。　5：光（可視光線）は振動数と波長が異なることで色も異なる。それぞれの色の光は異なる媒質（光学的に密度の異なる媒質）中では振動数は変わらないが波長が変わりそのため速度も変わる。そのことによってホイヘンスの原理で説明されるように異なる媒質に斜めに入射する時に屈折する。光の色のそれぞれによって屈折の度合い；屈折率が異なることから虹やプリズムでの現象のように分離することができる。この現象を"光の分散"と言う。記述は妥当ではない。以上から妥当な記述は4が該当する。

42 2

解説 標準状態において，1molの理想気体の体積は22.4Lなので，50.0LのエタンC_2H_6の物質量は$\frac{50.0}{22.4}$［mol］となる。また，エタンの分子量は$12.0 \times 2 + 1.0 \times 6 = 30.0$なので，このときのエタンの質量は$\frac{50.0}{22.4} \times 30.0 \doteqdot 67$［g］となる。

43 4

解説 1：誤り。水素の電気陰性度は，塩素より小さい。　2：誤り。炭素の電気陰性度は，酸素より小さい。　3：誤り。塩素の電気陰性度は，フッ素より小さい。　4：正しい。アンモニアは，三角錐形の極性分子である。5：誤り。メタンは，正四面体形の無極性分子である。

44 3

解説 1：誤り。「すべて」ではなく，「一部」とすると正しい記述となる。2：誤り。「少なく」ではなく，「多く」とすると正しい記述となる。　3：正しい。ヘモグロビンは，酸素濃度の高い肺で酸素ヘモグロビンとなり，酸素濃度の低い組織中で酸素を離してヘモグロビンに戻る。　4：誤り。「白血球」ではなく，「血小板」とすると正しい記述となる。　5：誤り。「血小板」ではなく，「白血球」とすると正しい記述となる。

45 3

解説 1：誤り。「二価染色体」ではなく，「相同染色体」とすると正しい記述となる。　2：誤り。「女性にしか見られない」ではなく，「男女に共通して見られる」とすると正しい記述となる。　3：正しい。　4：誤り。遺伝子記号では，優性の遺伝子は大文字，劣性の遺伝子は小文字で表すことが多い。5：誤り。着目する遺伝子座の遺伝子が同じ個体をホモ接合体，異なる個体をヘテロ接合体という。

第6部

論作文試験対策

- 論作文対策
- 実施課題例の分析

人物試験　　　論作文対策

||||||||||||||||||||||||||||||| **P O I N T** |||||||||||||||||||||||||||||||

● Ⅰ.「論作文試験」とはなにか ●

(1)「論作文試験」を実施する目的

　かつて18世紀フランスの博物学者, ビュフォンは「文は人なり」と言った。その人の知識・教養・思考力・思考方法・人間性などを知るには, その人が書いた文章を見るのが最良の方法であるという意味だ。

　知識の質・量を調べる筆記試験の教養試験だけでは, 判定しがたい受験生の資質をより正確にとらえるため, あるいは受験生の公務員としての適性を判断するため, 多角的な観点から考査・評価を行う必要がある。

　そのため論作文試験は, 公務員試験のみならず, 一般企業でも重視されているわけだが, とりわけ消防官という仕事は, 他の公務員, 例えば一般事務職などと比べても, ひときわ高い使命感, ときには命がけの自己犠牲すら求められる職種である。当然, その人がどのような人間であるか, という点が重用視され, しかも, この傾向は, 今後もさらに強くなると予想される。

　同じ国語を使って, 同じように制限された字数, 時間の中で同じテーマの論作文を書いても, その論作文はまったく違ったものになる。おそらく学校で, 同じ先生に同じように文章指導を受けたとしても, そうなるだろう。その違いのなかにおのずと受験生の姿が浮かび上がってくることになる。

　採用側からみた論作文試験の意義をまとめると, 次のようになる。

---

　①　消防官としての資質を探る

　採用側が最も知りたいのは, その人物が消防官に向いているかどうか, 消防官としての高い志を持っているかどうかということである。同時に消防官も一公務員であり, "公"の仕事に従事するのだということを, しっかりと自覚しているかも問われる。すなわち, 消防官・公務員としての資質を判定できるということである。

---

② 総合的な知識・理解力を知る

　論作文試験によって，消防官として必要な言語能力・文章表現能力を判定することや，消防官として職務を遂行するのにふさわしい基礎的な知識の理解度や実践への応用力を試すことができる。

　換言すれば，日本語を文章として正しく表現するための常識や，これまでの学校教育などで得た政治や経済などの一般常識を今後の実践の中でどれほど生かすことができるか，などの総合的な知識・理解力の判定をもしようということである。

③ 思考過程・論理の構成力を知る

　教養試験は，一般知識分野であれ一般知能分野であれ，その出題の質が総括的・分散的になりがちである。いわば「広く浅く」が出題の基本となりやすいわけだ。これでは受験生の思考過程や論理の構成力を判定することは不可能だ。その点，論作文試験ではひとつの重要な課題に対する奥深さを判定しやすい。

④ 受験生の人柄・人間性の判定

　人物試験（面接）と同様に，受験生の人格・人柄を判定しやすい。これは，文章の内容からばかりではなく，文章の書き方，誤字・脱字の有無，制限字数への配慮，文字の丁寧さなどからも判断される。

(2) 「論作文試験」の実施状況

　公務員試験全体における人物重視の傾向とあいまって，論作文試験も重視される傾向にある。地方公務員の場合，試験を実施する都道府県・市町村などによって異なるが，行政事務関係はほぼ実施している。

(3) 字数制限と時間制限

　最も一般的な字数は1,000～1,200字程度である。最も少ないところが600字，最大が2,000字と大きく開きがある。

　時間制限は，60～90分，あるいは120分というのが一般的だ。この時間は，けっして充分なものではない。試しにストップウォッチで計ってみるといいが，他人の論作文を清書するだけでも，600字の場合なら約15分程度かかる。

テーマに即して，しかも用字・用語に気を配ってということになると，かなりのスピードが要求されるわけである。情報を整理し，簡潔に説明できる力を養う必要があるだろう。

(4)「論作文試験」の評価の基準

　採用試験の答案として書く論作文なので，その評価基準を意識して書くことも大切といえる。しかし，公務員試験における論作文の評価の基準は，いずれの都道府県などでも公表していないし，今後もそれを期待することはなかなか難しいだろう。

　ただ，過去のデータなどから手掛りとなるものはあるので，ここではそれらを参考に，一般的な評価基準を考えてみよう。

形式的な面からの評価	①	表記法に問題はないか。
	②	文脈に応じて適切な語句が使われているか。
	③	文（センテンス）の構造，語句の照応などに問題はないか。
内容的な面からの評価	①	テーマを的確に把握しているか。
	②	自分の考え方やものの見方をまとめ，テーマや論旨が明確に表現されているか。
	③	内容がよく整理され，段落の設定や論作文の構成に問題はないか。
総合的な面からの評価	①	公務員に必要な洞察力や創造力，あるいは常識や基礎学力は十分であるか。
	②	ものの見方や考え方が，公務員として望ましい方向にあるか。

　おおよそ以上のような評価の視点が考えられるが，これらはあらゆるテーマに対して共通しているということではない。それぞれのテーマによってそのポイントの移動があり，また，実施する自治体などによっても，このうちのどれに重点を置くかが異なってくる。

　ただ，一般的に言えることは，企業の採用試験などの場合，その多くは総合的な評価が重視され形式的な面はあまり重視されないが，公務員試験における論作文は，形式的な面も軽んじてはならないということである。なぜなら，公務員は採用後に公の文書を取り扱うわけで，それらには一定のフォーマッ

トがあるものが多いからだ。これへの適応能力が試されるのは当然である。

(5) 「論作文試験」の出題傾向

　消防官試験の場合，一般職の公務員試験と区別されて出題されるケースもある。ただし，大卒程度が比較的明確に区別されているのに対して，高卒程度では職種を問わず，同じテーマが課せられる場合が多い。

　テーマは各自治体や年度によって異なるが，「消防官になりたいと思った動機」というような消防職に関係したテーマが一般的である。また，「立ち向かう心」といったようなやや抽象的だが，消防という仕事に結びつけられるものがテーマとして課せられる場合もある。

　その他，他の一般事務職などと同一のテーマが出題されるケースもあり，その場合は消防とは全く関係のないものとなる。いずれにせよ希望する自治体の過去の出題例をチェックし，傾向をとらえておくことが重要となる。

●● Ⅱ.「論作文試験」の事前準備 ●●

(1) 試験の目的を理解する

　論作文試験の意義や評価の目的については前に述べたが，試験の準備を進めるためには，まずそれについてよく考え，理解を深めておく必要がある。その理解が，自分なりの準備方法を導きだしてくれるはずだ。

　例えば，あなたに好きなひとがいたとする。ラブレター（あるいはメール）を書きたいのだが，あいにく文章は苦手だ。文章の上手い友人に代筆を頼む手もあるが，これでは真心は通じないだろう。そこで，便せんいっぱいに「好きだ，好きだ，好きだ，好きだ，好きだ，好きだ」とだけ書いたとする。それで十分に情熱を伝えることができるし，場合によっては，どんな名文を書き連ねるよりも最高のラブレターになることだってある。あるいはサインペンで用紙いっぱいに一言「好き」と大書して送ってもいい。個人対個人間のラブレターなら，それでもいいのである。つまり，その目的が，「好き」という恋心を相手にだけわかってもらうことにあるからだ。

　文章の長さにしてもそうで，例えばこんな文がある。

> 「一筆啓上　火の用心　おせん泣かすな　馬肥やせ」

　これは徳川家康の家臣である本多作左衛門重次が，妻に宛てた短い手紙である。「一筆啓上」は「拝啓」に当たる意味で，「おせん泣かすな」は重次の唯一の子どもであるお仙（仙千代）を「泣かしたりせず，しっかりと育てなさい」と我が子をとても大事にしていたことが伺える。さらに，「馬肥やせ」は武将の家には欠くことのできない馬について「いざという時のために餌をしっかり与えて大事にしてくれ」と妻へアドバイスしている。短いながらもこの文面全体には，家族への愛情や心配，家の主としての責任感などがにじみ出ているかのようだ。

　世の中にはもっと短い手紙もある。フランスの文豪ヴィクトル・ユーゴーは『レ・ミゼラブル』を出版した際にその売れ行きが心配になり，出版社に対して「？」と書いただけの手紙を送った。すると出版社からは「！」という返事が届いたという。意味がおわかりだろうか。これは，「売れ行きはどうか？」「すごく売れていますよ！」というやりとりである。前提になる状況と目的によっては，「？」や「！」ひとつが，千万の言葉よりも，意思と感情を的確に相手に伝達することもあるのだ。

　しかし，論作文試験の場合はどうだろうか。「公務員を志望した動機」というテーマを出されて，「私は公務員になりたい，私は公務員になりたい，私は公務員になりたい，……」と600字分書いても，評価されることはないだろう。

　つまり論作文というのは，何度もいうように，人物試験を兼ねあわせて実施されるものである。この意義や目的を忘れてはいけない。しかも公務員試験の場合と民間企業の場合では，求められているものに違いもある。

　民間企業の場合でも業種によって違いがある。ということは，それぞれの意義や目的によって，対策や準備方法も違ってくるということである。これを理解した上で，自分なりの準備方法を見つけることが大切なのだ。

(2) 文章を書く習慣を身につける

　多くの人は「かしこまった文章を書くのが苦手」だという。携帯電話やパソコンで気楽なメールを頻繁にしている現在では，特にそうだという。論作文試験の準備としては，まずこの苦手意識を取り除くことが必要だろう。

　文章を書くということは，習慣がついてしまえばそれほど辛いものではな

い。習慣をつけるという意味では、第一に日記を書くこと、第二に手紙を書くのがよい。

① 「日記」を書いて筆力をつける

実際にやってみればわかることだが、日記を半年間書き続けると、自分でも驚くほど筆力が身に付く。筆力というのは「文章を書く力」で、豊かな表現力・構成力、あるいはスピードを意味している。日記は他人に見せるものではないので、自由に書ける。材料は身辺雑事・雑感が主なので、いくらでもあるはず。この「自由に書ける」「材料がある」ということが、文章に慣れるためには大切なことなのだ。パソコンを使ってブログで長い文章を書くのも悪くはないが、本番試験はキーボードが使えるわけではないので、リズムが変わると書けない可能性もある。やはり紙にペンで書くべきだろう。

② 「手紙」を書いてみる

手紙は、他人に用件や意思や感情を伝えるものである。最初から他人に読んでもらうことを目的にしている。ここが日記とは根本的に違う。つまり、読み手を意識して書かなければならないわけだ。そのために、一定の形式を踏まなければならないこともあるし、逆に、相手や時と場合によって形式をはずすこともある。感情を全面的に表わすこともあるし、抑えることもある。文章を書く場合、この読み手を想定して形式や感情を制御していくということは大切な要件である。手紙を書くことによって、このコツに慣れてくるわけだ。

> 「おっはよー、元気い（^_^）？　今日もめっちゃ寒いけど……」
>
> 「拝啓、朝夕はめっきり肌寒さを覚える今日このごろですが、皆々様におかれましては、いかがお過ごしかと……」

手紙は、具体的に相手（読み手）を想定できるので、書く習慣がつけば、このような「書き分ける」能力も自然と身についてくる。つまり、文章のTPOといったものがわかってくるのである。

③ 新聞や雑誌のコラムを写してみる

新聞や雑誌のコラムなどを写したりするのも、文章に慣れる王道の手段。最初は、とにかく書き写すだけでいい。ひたすら、書き写すのだ。

ペン習字などもお手本を書き写すが，それと同じだと思えばいい。ペン習字と違うのは，文字面をなぞるのではなく，別の原稿用紙などに書き写す点だ。

とにかく，こうして書き写すことをしていると，まず文章のリズムがわかってくる。ことばづかいや送り仮名の要領も身につく。文の構成法も，なんとなく理解できてくる。実際，かつての作家の文章修業は，こうして模写をすることから始めたという。

私たちが日本語を話す場合，文法をいちいち考えているわけではないだろう。接続詞や助詞も自然に口をついて出ている。文章も本来，こうならなければならないのである。そのためには書き写す作業が一番いいわけで，これも実際にやってみると，効果がよくわかる。

なぜ，新聞や雑誌のコラムがよいかといえば，これらはマスメディア用の文章だからである。不特定多数の読み手を想定して書かれているために，一般的なルールに即して書かれていて，無難な表現であり，クセがない。公務員試験の論作文では，この点も大切なことなのだ。

たとえば雨の音は，一般的に「ポツリ，ポツリ」「パラ，パラ」「ザァ，ザァ」などと書く。ありふれた表現だが，裏を返せばありふれているだけに，だれにでも雨の音だとわかるはず。「朝から，あぶないな，と思っていたら，峠への途中でパラ，パラとやってきた……」という文章があれば，この「パラ，パラ」は雨だと想像しやすいだろう。

一方，「シイ，シイ」「ピチ，ピチ」「トン，トン」「バタ，バタ」，雨の音をこう表現しても決して悪いということはない。実際，聞き方によっては，こう聞こえるときもある。しかし「朝から，あぶないな，と思っていたら，峠への途中でシイ，シイとやってきた……」では，一般的には「シイ，シイ」が雨だとはわからない。

論作文は，作家になるための素質を見るためのものではないから，やはり後者ではマズイのである。受験論作文の練習に書き写す場合は，マスコミのコラムなどがよいというのは，そういうわけだ。

④ 考えを正確に文章化する

頭の中では論理的に構成されていても，それを文章に表現するのは意外に難しい。主語が落ちているために内容がつかめなかったり，語彙が貧弱で，述べたいことがうまく表現できなかったり，思いあまって言葉

足らずという文章を書く人は非常に多い。文章は，記録であると同時に伝達手段である。メモをとるのとは違うのだ。

　論理的にわかりやすい文章を書くには，言葉を選び，文法を考え，文脈を整え，結論と課題を比較してみる……，という訓練を続けることが大切だ。しかし，この場合，一人でやっていたのでは評価が甘く，また自分では気づかないこともあるので，友人や先輩，国語に詳しいかつての恩師など，第三者の客観的な意見を聞くと，正確な文章になっているかどうかの判断がつけやすい。

⑤　文章の構成力を高める

　正確な文章を書こうとすれば，必ず文章の構成をどうしたらよいかという問題につきあたる。文章の構成法については後述するが，そこに示した基本的な構成パターンをしっかり身につけておくこと。一つのテーマについて，何通りかの構成法で書き，これをいくつものテーマについて繰り返してみる。そうしているうちに，特に意識しなくてもしっかりした構成の文章が書けるようになるはずだ。

⑥　制限内に書く感覚を養う

　だれでも時間をかけてじっくり考えれば，それなりの文章が書けるだろう。しかし，実際の試験では字数制限や時間制限がある。練習の際には，ただ漫然と文章を書くのではなくて，字数や時間も実際の試験のように設定したうえで書いてみること。

　例えば800字以内という制限なら，その全体量はどれくらいなのかを実際に書いてみる。また，全体の構想に従って字数（行数）を配分すること。時間制限についても同様で，60分ならその時間内にどれだけのことが書けるのかを確認し，構想，執筆，推敲などの時間配分を考えてみる。この具体的な方法は後に述べる。

　こうして何度も文章を書いているうちに，さまざまな制限を無駄なく十分に使う感覚が身についてくる。この感覚は，練習を重ね，文章に親しまない限り，身に付かない。逆に言えば実際の試験ではそれが極めて有効な力を発揮するのが明らかなのだ。

●●● Ⅲ. 「合格答案」作成上の留意点 ●●

(1) テーマ把握上の注意

　さて，いよいよ試験が始まったとしよう。論作文試験でまず最初の関門に
なるのが，テーマを的確に把握できるか否かということ。どんなに立派な文
章を書いても，それが課題テーマに合致していない限り，試験結果は絶望的
である。不幸なことにそのような例は枚挙にいとまがないと言われる。こ
こでは犯しやすいミスを2，3例挙げてみよう。

---

①　似たテーマと間違える

　例えば「私の生きかた」や「私の生きがい」などは，その典型的なもの。
前者が生活スタイルや生活信条などが問われているのに対して，後者は
どのようなことをし，どのように生きていくことが，自分の最も喜びと
するところかが問われている。このようなニュアンスの違いも正確に把
握することだ。

②　テーマ全体を正確に読まない

　特に，課題そのものが長い文章になっている場合，どのような条件を
踏まえて何を述べなければならないかを，正確にとらえないまま書き始
めてしまうことがある。例えば，下記のようなテーマがあったとする。

> 「あなたが公務員になったとき，職場の上司や先輩，地域の人々との人間
> 関係において，何を大切にしたいと思いますか。自分の生活体験をもとに
> 書きなさい」

　①公務員になったとき，②生活体験をもとに，というのがこのテーマ
の条件であり，「上司・先輩，地域の人々との人間関係において大切にし
たいこと」というのが必答すべきことになる。このような点を一つひとつ
把握しておかないと，内容に抜け落ちがあったり，構成上のバランスが
崩れたりする原因になる。テーマを示されたらまず2回はゆっくりと読み，
与えられているテーマの意味・内容を確認してから何をどう書くかとい
う考察に移ることが必要だ。

③　テーマの真意を正確につかまない

　「今，公務員に求められるもの」というテーマと「公務員に求められる
もの」というテーマを比べた場合，"今"というたった1字があるか否か

で，出題者の求める答えは違ってくることに注意したい。言うまでもなく，後者がいわゆる「公務員の資質」を問うているのに対して，前者は「現況をふまえたうえで，できるだけ具体的に公務員の資質について述べること」が求められているのだ。

以上3点について述べた。こうやって示せば誰でも分かる当たり前のことのようだが，試験本番には受け取る側の状況もまた違ってくるはず。くれぐれも慎重に取り組みたいところだ。

(2) 内容・構成上の注意点

① 素材選びに時間をかけろ

テーマを正確に把握したら，次は結論を導きだすための素材が重要なポイントになる。公務員試験での論作文では，できるだけ実践的・経験的なものが望ましい。現実性のある具体的な素材を見つけだすよう，書き始める前に十分考慮したい。

② 全体の構想を練る

さて，次に考えなくてはならないのが文章の構成である。相手を納得させるためにも，また字数や時間配分の目安をつけるためにも，全体のアウトラインを構想しておくことが必要だ。ただやみくもに書き始めると，文章があらぬ方向に行ってしまったり，広げた風呂敷をたたむのに苦労しかねない。

③ 文体を決める

文体は終始一貫させなければならない。文体によって論作文の印象もかなり違ってくる。〈です・ます〉体は丁寧な印象を与えるが，使い慣れないと文章がくどくなり，文末のリズムも単調になりやすい。〈である〉体は文章が重々しいが，断定するつもりのない場合でも断定しているかのような印象を与えやすい。

それぞれ一長一短がある。書きなれている人なら，テーマによって文体を使いわけるのが望ましいだろう。しかし，大概は文章のプロではないのだから，自分の最も書きやすい文体を一つ決めておくことが最良の策だ。

(3) 文章作成上の注意点

① ワン・センテンスを簡潔に

　一つの文（センテンス）にさまざまな要素を盛り込もうとする人がいるが，内容がわかりにくくなるだけでなく，時には主語・述語の関係が絡まり合い，文章としてすら成立しなくなることもある。このような文章は論旨が不明確になるだけでなく，読み手の心証もそこねてしまう。文章はできるだけ無駄を省き，わかりやすい文章を心掛けること。「一文はできるだけ簡潔に」が鉄則だ。

② 論点を整理する

　論作文試験の字数制限は多くても1,200字，少ない場合は600字程度ということもあり，決して多くはない。このように文字数が限られているのだから，文章を簡潔にすると同時に，論点をできるだけ整理し，特に必要のない要素は削ぎ落とすことだ。これはテーマが抽象的な場合や，逆に具体的に多くの条件を設定してる場合は，特に注意したい。

③ 段落を適切に設定する

　段落とは，文章全体の中で一つのまとまりをもった部分で，段落の終わりで改行し，書き始めは1字下げるのが決まりである。いくつかの小主題をもつ文章の場合，小主題に従って段落を設けないと，筆者の意図がわかりにくい文章になってしまう。逆に，段落が多すぎる文章もまた意図が伝わりにくく，まとまりのない印象の文章となる場合が多い。段落を設ける基準として，次のような場合があげられる。

① 場所や場面が変わるとき。	④ 思考が次の段階へ発展するとき。
② 対象が変わるとき。	⑤ 一つの部分を特に強調したいとき。
③ 立場や観点が変わるとき。	⑥ 同一段落が長くなりすぎて読みにくくなるとき。

これらを念頭に入れて適宜段落を設定する。

（4）文章構成後のチェック点

① 主題がはっきりしているか。論作文全体を通して一貫しているか。課題にあったものになっているか。

② まとまった区切りを設けて書いているか。段落は，意味の上でも視覚的にもはっきりと設けてあるか。

③ 意味がはっきりしない言いまわしはないか。人によって違った意味にとられるようなことはないか。

④ 一つの文が長すぎないか。一つの文に多くの内容を詰め込みすぎているところはないか。

⑤ あまりにも簡単にまとめすぎていないか。そのために論作文全体が軽くなっていないか。

⑥ 抽象的ではないか。もっと具体的に表現する方法はないものか。

⑦ 意見や感想を述べる場合，裏づけとなる経験やデータとの関連性は妥当なものか。

⑧ 個人の意見や感想を，「われわれは」「私たちは」などと強引に一般化しているところはないか。

⑨ 表現や文体は統一されているか。

⑩ 文字や送り仮名は統一されているか。

　実際の試験では，こんなに細かくチェックしている時間はないだろうが，練習の際には，一つの論作文を書いたら，以上のようなことを必ずチェックしてみるとよいだろう。

● Ⅳ．「論作文試験」の実戦感覚 ●

　準備と対策の最後の仕上げは，"実戦での感覚"を養うことである。これは"実戦での要領"といってもよい。「要領がいい」という言葉には，「上手に」「巧みに」「手際よく」といった意味と同時に，「うまく表面をとりつくろう」「その場をごまかす」というニュアンスもある。「あいつは要領のいい男だ」という表現などを思い出してみれば分かるだろう。

　採用試験における論作文が，論作文試験という競争試験の一つとしてある以上，その意味での"要領"も欠かせないだろう。極端にいってしまえば，こうだ。

> 「約600字分だけ，たまたまでもすばらしいものが書ければよい」

　もちろん，本来はそれでは困るのだが，とにかく合格して採用されることが先決だ。そのために，短時間でその要領をどう身につけるか，実戦ではどう要領を発揮するべきなのか。

(1) 時間と字数の実戦感覚

① 制限時間の感覚

　公務員試験の論作文試験の平均制限時間は，90分間である。この90分間に文字はどれくらい書けるか。大学ノートなどに，やや丁寧に漢字まじりの普通の文を書き写すとして，速い人で1分間約60字，つまり90分間なら約5,400字。遅い人で約40字/1分間，つまり90分間なら約3,600字。平均4,500字前後と見ておけばよいだろう。400字詰め原稿用紙にして11枚程度。これだけを考えれば，時間はたっぷりある。しかし，これはあくまでも「書き写す」場合であって，論作文している時間ではない。

　構想などが決まったうえで，言葉を選びながら論作文する場合は，速い人で約20字前後/1分間，60分間なら約1,800字前後である。ちなみに，文章のプロたち，例えば作家とか週刊誌の記者とかライターという職業の人たちでも，ほぼこんなものなのだ。構想は別として，1時間に1,800字，400字詰め原稿用紙で4〜5枚程度書ければ，だいたい職業人として1人前である。言い換えれば，読者が読むに耐えうる原稿を書くためには，これが限度だということである。

　さて，論作文試験に即していえば，もし制限字数1,200字なら，1,200字÷20字で，文章をつづる時間は約60分間ということになる。そうだとすれば，テーマの理解，着想，構想，それに書き終わった後の読み返しなどにあてられる時間は，残り30分間。これは実にシビアな時間である。まず，この時間の感覚を，しっかりと頭に入れておこう。

② 制限字数の感覚

　これも一般には，なかなか感覚がつかめないもの。ちなみに，いま，あなたが読んでいるこの本のこのページには，いったい何文字入っているのか，すぐにわかるだろうか。答えは，1行が33字詰めで行数が32行，

空白部分もあるから約1,000字である。公務員試験の論作文試験の平均的な制限字数は1,200字となっているから，ほぼ，この本の約1頁強である。

　この制限字数を，「長い！」と思うか「短い！」と思うかは，人によって違いはあるはず。俳句は17文字に万感の想いを込めるから，これと比べれば1,000字は実に長い。一方，ニュース番組のアナウンサーが原稿を読む平均速度は，約400字程度/1分間とされているから，1,200字なら3分。アッという間である。つまり，1,200字というのは，そういう感覚の字数なのである。ここでは，論作文試験の1,200字という制限字数の妥当性については置いておく。1,200字というのが，どんな感覚の文字数かということを知っておけばよい。

　この感覚は，きわめて重要なことなのである。後でくわしく述べるが，実際にはこの制限字数によって，内容はもとより書き出しや構成なども，かなりの規制を受ける。しかし，それも試験なのだから，長いなら長いなりに，短いなら短いなりに対処する方法を考えなければならない。それが実戦に臨む構えであり，「要領」なのだ。

(2) 時間配分の実戦感覚

　90分間かけて，結果として1,200字程度の論作文を仕上げればよいわけだから，次は時間の配分をどうするか。開始のベルが鳴る（ブザーかも知れない）。テーマが示される。いわゆる「課題」である。さて，なにを，どう書くか。この「なにを」が着想であり，「どう書くか」が構想だ。

① まず「着想」に5分間

　課題が明示されているのだから，「なにを」は決まっているように思われるかもしれないが，そんなことはない。たとえば「夢」という課題であったとして，昨日みた夢，こわかった夢，なぜか印象に残っている夢，将来の夢，仕事の夢，夢のある人生とは，夢のある社会とは，夢のない現代の若者について……などなど，書くことは多種多様にある。あるいは「夢想流剣法の真髄」といったものだってよいのだ。まず，この「なにを」を10分以内に決める。文章を書く，または論作文するときは，本来はこの「なにを」が重要なのであって，自分の知識や経験，感性を凝縮して，長い時間をかけて決めるのが理想なのだが，なにしろ制限時間があるので，やむをえず5分以内に決める。

② 次は「構想」に10分間

「構想」というのは，話の組み立て方である。着想したものを，どうやって1,200字程度の字数のなかに，うまく展開するかを考える。このときに重要なのは，材料の点検だ。

たとえば着想の段階で，「現代の若者は夢がないといわれるが，実際には夢はもっているのであって，その夢が実現不可能な空想的な夢ではなく，より現実的になっているだけだ。大きな夢に向かって猛進するのも人生だが，小さな夢を一つ一つ育んでいくのも意義ある人生だと思う」というようなことを書こうと決めたとして，ただダラダラと書いていったのでは，印象深い説得力のある論作文にはならない。したがってエピソードだとか，著名人の言葉とか，読んだ本の感想……といった材料が必要なわけだが，これの有無，その配置を点検するわけである。しかも，その材料の質・量によって，話のもっていきかた（論作文の構成法）も違ってくる。これを10分以内に決める。

実際には，着想に10分，構想に10分と明瞭に区別されるわけではなく，「なにを」は瞬間的に決まることがあるし，「なにを」と「どう書くか」を同時に考えることもある。ともあれ，着想と構想をあわせて，なにがなんでも20分以内に決めなければならないのである。

③ 「執筆」時間は60分間

これは前述したとおり。ただ書くだけの物理的時間が約15〜20分間かかるのだから，言葉を選び表現を考えながらでは60分間は実際に短かすぎるが，試験なのでやむをえない。

まずテーマを書く。氏名を書く。そして，いよいよ第1行の書き出しにかかる。「夢，私はこの言葉が好きだ。夢をみることは，神さまが人間だけに与えた特権だと思う……」「よく，最近の若者には夢がない，という声を聞く。たしかに，その一面はある。つい先日も，こんなことがあった……」「私の家の近所に，夢想流を継承する剣道の小さな道場がある。白髪で小柄な80歳に近い老人が道場主だ……」などと，着想したことを具体的に文章にしていくわけである。

人によっては，着想が決まると，このようにまず第1行を書き，ここで一息ついて後の構想を立てることもある。つまり，書き出しの文句を書きこむと，後の構想が立てやすくなるというわけである。これも一つ

の方法である。しかし，これは，よっぽど書きなれていないと危険をともなう。後の構想がまとまらないと何度も書き出しを書き直さなければならないからだ。したがって，論作文試験の場合は，やはり着想→構想→執筆と進んだほうが無難だろう。

④ 「点検」時間は10分間で

　論作文を書き終わる。当然，点検をしなければならない。誤字・脱字はもとより，送り仮名や語句の使い方，表現の妥当性も見直さなければならない。この作業を一般には「推敲」と呼ぶ。推敲は，文章を仕上げる上で欠かせない作業である。本来なら，この推敲には十分な時間をかけなければならない。文章は推敲すればするほど練りあがるし，また，文章の上達に欠かせないものである。

　しかし，論作文試験においては，この時間が10分間しかない。前述したように，1,200字の文章は，ニュースのアナウンサーが読みあげるスピードで読んでも，読むだけで約3分はかかる。だとすれば，手直しする時間は7分。ほとんどないに等しいわけだ。せいぜい誤字・脱字の点検しかできないだろう。論作文試験の時間配分では，このことをしっかり頭に入れておかなければならない。要するに論作文試験では，きわめて実戦的な「要領の良さ」が必要であり，準備・対策として，これを身につけておかなければならないということなのだ。

実施課題例の分析

令和5年度

▼Ⅲ類・作文（90分・800字以上1200字程度）

あなたが東京消防庁を希望する理由と，どのように成長していきたいかを述べよ。

《執筆の方針》

面接試験においても問われる志望動機と，消防職員としてどのようにスキルを磨いていくつもりであるかについて論述する。住民の安心・安全な生活を守るため，消防職員として大切にすべきことについて踏まえておく必要がある。

《課題の分析》

消防職員として仕事をしていく上で大切なこと，消防職員に求められる要素としては，困難に負けない粘り強さ，忍耐力，ストレス耐性，人命を救うための勇気と使命感，自身も含めた命の大切さへの想い，人命救助に対する誇り等が考えられる。このようなものを理解した上で，職業として選択する理由を述べる。

実際に消火活動，救助活動を円滑に行うには，日常的な訓練により，体力・技術を磨いておくことが重要である。従って「自分に対する厳しさ」も期待される。同じ作業でも迅速・正確に行えるか否かが成否を左右することもある。通報を受ければ，休憩中でも訓練中でも現場に急行し，即時，消火活動や人命救助活動に当たらなければならない。危険と隣り合わせの状況にあっても実力が発揮できるか否かは，日頃の心掛けにかかっている。消防職としての成長は，このような心構え次第と言えよう。

《作成のポイント》

序論では東京消防庁を希望する理由を述べる。また，消防職員として大切であると考える要素を理由とともに挙げる。職員として働く意味は，住民の生命財産・安全を守り社会に貢献し，使命を全うすることであろう。

本論では，今後，消防職としてどのように成長していきたいかを具体的に述べる。これまでの経験の中から最も努力し，成長したことに触れてもよい。心身を鍛えるための努力と心構え，自己研鑽の方法について述べると効果的である。迅速な行動力，臨機応変で冷静な判断力を磨くための，

不断の努力に触れよう。火災時の建物内は数百度にもなる。消防学校の訓練では，20キロの装備を背負って42キロの道を一晩中歩く場合もある。教官からは「君たちが背負っているものは20キロでなく，人の命である」という言葉がかけられることもあるだろう。災害現場での高度な作業能率を発揮するためには，日頃の厳しい訓練とチーム力が大切である。

　結論では，地域住民のために人命救助の最前線で誇りをもって働きたいという抱負を述べよう。このテーマでは，序論3割，本論6割，結論1割程度を目安としたい。

令和4年度

▼Ⅱ類・論文（90分・800字以上1200字程度）

　東京消防庁の職員として大切だと思うことを，今までの経験を踏まえて述べなさい。

《執筆の方針》

　まず，消防職員にはどのような役割が期待されているのかを述べる。そのうえで，そうした役割を果たすためには，都民との信頼関係を築く必要があることを今までの経験を踏まえて指摘し，そのためにどのようなことを大切にしていくかを述べる。

《課題の分析》

　消防は，火災や自然災害から，都民の生命と財産，安全な生活を守ることが使命である。そうした役割や使命を果たすために組織としての動きが求められ，職務遂行のためには組織の一員としての規律ある行動を優先し，ある程度個人の自由は制限されざるを得ない。また，消防の仕事を進めるうえでは，市民の信頼を得ることが欠かせない。そこに，消防職員しての規律や倫理観が必要となる。そのために，全体に奉仕する公務員として法を守って行動をすること，個人の自由よりも組織の一員としての役割を優先することなどが，消防職員として大切にすべき基本的姿勢である。

《作成のポイント》

　まず，消防の役割や使命は，火災や自然災害から，都民の生命と財産，安全な生活を守ることであり，24時間の対応が必要であることを述べる。次に，そうした使命を果たすためには多くの人の信頼を得ることが不可欠であることを今までの経験を踏まえて述べる。また，職務の遂行のためにはある程度個人の自由が制限されることなども指摘したい。そのうえで，全体に奉仕する公務員として法を守って行動をすること，消防職員として

の厳しい職務に耐える忍耐力をもつこと，他人のために役立つという気持ちを強く持つことなど，消防職員として大切だと思うことについて述べていく。最後は，そうした基本的な姿勢をもって，理想的な消防職員になるという決意を述べて論文をまとめる。

▼Ⅲ類・作文（90分・800字以上1200字程度）

　東京消防庁の職員として，10年後のあなたがどんな成長を遂げているか述べなさい。

《執筆の方針》

　10年後の社会の状況を想定し，東京都の姿や消防の仕事がどうなっているのかを述べる。そのうえで10年後に消防組織の中核として成長した自身について，どのような仕事をしているのか整理して述べる。

《課題の分析》

　変化の激しい現代社会において，10年後の社会情勢を予測することは難しい。最新機器の導入やロボットの活用などが進み，消防士の仕事も大きく様変わりしていることが考えられる。しかし，人が暮らしている以上，人々が安心して暮らせるための消防の仕事が重要であることは間違いない。設問は「10年後の成長した姿」を述べるという出題である。10年後のあなたは働き盛りの年齢である。今の自分とは異なり，物事に対する見方や考え方も変わり，消防の第一線で消防士組織の中核となって働いているに違いない。10年後の自分に大きな夢を描いて論述するようにしたい。

《作成のポイント》

　まず，変化の激しい現代社会において，10年後の社会情勢を予測することは難しいということを指摘する。そのうえで，消防の世界においても最新機器の導入やロボットの活用など，消防士の仕事も大きく様変わりしていることが想定されることを述べる。次に，10年後の自分を想定し，物事に対する見方や考え方もこれまでの自分とは異なり，消防組織の中核を担う消防士として重要な役割を任されていることを述べる。そのうえで，その時の仕事への取組や取組姿勢について，「第一に…」「第二に…」というようにナンバリングをして述べていく。最後は，東京都民が安心して暮らすための仕事を進める消防士として，10年後になっても努力していることを述べて論文をまとめる。

令和3年度

▼Ⅱ類・論文（90分・800字以上1200字程度）

　官公庁がソーシャルネットワーキングサービス（SNS）を積極的に活用することの利点とその活用方策，さらにその際に注意すべきことを具体的に述べなさい。

《執筆の方針》

　官公庁がSNSを積極的に活用することの利点とその活用方策，さらにその際に注意すべきことを，800字以上1200字程度で具体的に述べなければならない。

《課題の分析》

　東京消防庁では，幅広く，防火防災指導の推進や各種の防災減災情報について，さらには，共助の呼びかけにつき，公式のアプリケーションやSNS（Twitter，Facebook等さまざま）を駆使して，情報提供手段の多様化を図っている。こうした施策は，旧来の自治会や町会に属さない若い世代の人口比が高い東京都内では，情報を，即時的かつ同時的に，かつ，確実に，不特定多数の人々に効率よく届けることができるという利点を持つ。一方で，消防組織を始めとした官公庁がSNSを活用する場合は，以下の点に注意する必要がある。一つは，第三者にアカウントを乗っ取られないようにするなど，セキュリティ対策を万全にすることである。また，サーバーメンテナンスや不具合などで情報発信ができない場合の代替手段を確保することである。この他，投稿内容では，差別的な表現や組織の信用を貶めるような内容を掲載しない，著作権や肖像権に配慮することなどもある（「総務省　安心してインターネットを使うために『国民のための情報セキュリティサイト』」を参照）。こうした材料を，本試験までの時間的な余裕があるうちに，総務省や東京消防庁のホームページ上の情報をチェックしながらストックするようにしたい。

《作成のポイント》

　字数は800字以上1200字程度とあるので，最低でも1000字を超え，かつ，1200字前後に届く構成にするのが好ましい。また，答案用紙の形式は不明であるが，必ず段落分けをし，適宜，小見出しを付けたり，項目立てをしたりする。

　内容面では，不特定多数の人々に，各種情報を効率よく届けられるという利点は，平常時・非常時を問わず，スマートシティ化が進む官公庁でも，

限られた予算と人員の中での運用が容易になることに繋がる点などを書いていくとよい。活用方策は，防火防災指導の推進・普及啓発や各種の防災減災情報などの発信である。注意点は，組織としての情報セキュリティ対策や，差別的表現を避け，簡潔明瞭な構成にすることなどを挙げていくとよい。

▼Ⅲ類・作文（90分・800字以上1200字程度）

　自ら考えて行動するために日頃から行うべきことを具体的に述べなさい。

《執筆の方針》

　消防官としての活動・業務の場面を想定し，自ら考えて行動するために日頃から行うべきことを，具体的に説明しなければならない。800字以上1200字程度。

《課題の分析》

　消防官としての仕事内容の研究に加えて，早くから，自己分析をどれだけ真剣に行っていたのかを試される出題である。ここで，参考にしたいのが，東京消防庁の採用ホームページ上に出ている，「職員紹介」である。例えば，救急隊の職員紹介のページを見てみよう。日本語が不自由だと思われる外国人から，救急の出動が要請された場面で，どのように対応したのかが書かれている。ここでは，患者の生命をめぐり，一刻を争う場面において，付き添いの人から，日ごろから常用している薬や持病について，的確に聞き出したという対応が出ている。こうしたコミュニケーション力，傾聴力は，一朝一夕ではできないことであろう。先輩である職員紹介の言葉を漠然と読み流すのではなく，日ごろからどういう努力や取り組みをしているのか，という視点で，熟読するようにしたい。

《作成のポイント》

　字数は800字以上1200字程度とあるので，最低でも1000字を超え，かつ，1200字前後に届く構成にするようにしたい。また，答案用紙のどういうものか不明であるが，必ず段落分けをし，小見出しを付けたり，項目立てをしたりするとよい。

　内容・構成は，自分の就いてみたい職種を一つ選び，そこで求められることについての努力を書くとよい。課題の分析では，救急の場面でのコミュニケーション力，傾聴力を挙げたが，これは，はしご隊，特別救助隊などでも生きることである。すなわち，火災発生時，複雑な建築設備や施設内の状況を先に避難した人やビルのオーナーから，冷静な聞き取りができる

よう，相手を落ち着かせ，自分も焦らないようなメンタルトレーニングが重要になる。このような方向で作文をまとめていく。

令和2年度

▼Ⅱ類・論文（90分・800字以上1200字程度）

あなたの経験から，「失敗を糧にして成長できた」と考えられる事柄をあげ，今後当庁で仕事をしていくうえでそれをどのように生かしていくのか，あなたの考えを具体的に述べなさい。

《執筆の方針》

自身が「失敗を糧に成長できた」経験を挙げるとともに，それを今後消防庁での仕事にどのように生かすか，自身の考えを具体的に論述する。

《課題の分析》

失敗に学ぶ経験については，学生時代のアルバイトやインターンシップ，部活動やボランティア活動などの具体的な実践経験の現場での事例を引用するとよい。自身に与えられた仕事や任務の遂行時における失敗やミスは，それをどのように受け止め，次の行動に活かそうとするかで自身の成長に結びつくかどうかが決まる。

他方で，消防官による人命救助や消火活動における失敗は，人の命を左右する重要問題となるだけに，細心の注意と冷静な判断，機敏な行動による失敗の回避が不可欠な現場状況に遭遇するケースが多々ある。そうした状況を想定しつつ，自身の失敗を通じて成長した経験が，実際の消防官としての職務にどのように活かせるかを具体的に論述するとよい。

《作成のポイント》

文章を前・後半の2部に分ける。前半においては，失敗に学び経験した自身の経験を筋道立てて紹介する。後半においては，その経験を具体的に消防官としての業務の中でいかに活かすかを論じる。

前半の自身の経験談については，5W1Hを明確にし，失敗を糧に自身がどのように失敗を克服しようとしたのか，またどういう点で成長したといえるのかを明確に提示することが論述上の要件である。たとえばアルバイト先の失敗談としては，自身の過去の経験値を過剰に信頼しすぎ，上司や同僚の相談や確認を仰がず，主観的な予測，思い込みで誤った判断してしまったことや，慣れた仕事のために重要な確認を怠ってしまったといった失敗談などがその典型である。

後半では，消防官の業務内容を具体的な場面で示すとともに，そこで前

半で紹介した自身の失敗経験をどのように生かすのかを，抽象論ではなく具体的な業務上の事例で説明することが必要である。

▼Ⅲ類・作文（90分・800字以上1200字程度）

　これからあなたが働くうえで，報告・連絡・相談がなぜ必要なのか，あなたの考えを具体的に述べなさい。

《執筆の方針》

　消防官として仕事にあたるうえで「報告・連絡・相談」がなぜ必要かについて，自身の考えを具体的に論述する。

《課題の分析》

　「報告」とは，上司やリーダーから指示を受けた自身の仕事の進捗状況や結果などを知らせること，また「連絡」とは事実をありのまま関係者全員に伝えることであり，両者はいずれもチーム全体で情報共有を図る目的で行う行為である。これに対して「相談」は，自身が個人で判断に迷ったり，自分だけでは決断できないケースが生じた場合に，上司やリーダー，周囲の関係者に意見を求める行為を指す。

　消防官の業務は，「消火活動」「救助活動」「救急活動」に大別されるが，これらはすべて人命にかかわる作業であると同時に，常時消防隊単位で出動し，各自で役割分担をしながらチームワークで効率よく活動にあたる業務であることから，業務の全般にわたる隊員間のそのつどの「連絡・報告・相談」は必要不可欠な事項である。

　たとえば一隊員が自分自身の失敗を報告しづらいと感じたせいで連絡・報告を怠れば，現場業務自体の円滑な進行に支障をきたすだけでなく，次の機会に業務自体のリスク改善が図られなくなり，同じ失敗が別のメンバーによって繰り返される恐れが生じる。また仲間の誰にも相談せずに，一隊員が自分個人の判断で勝手な行動をとれば，現場作業の手順に手違いが生じたり，他の隊員の業務を妨害してしまい，結果的に救える命が救えなくなってしまうリスクすら生じる。こうした事例を具体的に引用しながら，消防官の仕事における「報告・連絡・相談」がなぜ必要かについて論じることが望ましい。

《作成のポイント》

　消防官として仕事に当たるうえでの「報告・連絡・相談」の必要性について，具体的な業務事例を挙げて説明するとともに，自身が消防官として働く現場において具体的な場面を取り上げて，そこでどのような「報告・連絡・相談」体制を構築するのが望ましいか，同時にそれらを怠ると，ど

のような問題が生じるかについて，具体的に論述するとよい。

　具体的には火災や震災が起きた際の消火活動と救助活動，あるいは救急救命活動を想定し，それぞれの役割分担と協同作業，連絡体制や配置と作業の流れなどをシミュレーションし，そこで隊員同士の「報告・連絡」の具体的経緯や上司に「相談」すべき問題事例を取り上げ，それらがなぜ必要であり，それらを欠くとどういう問題が生じるか，という視点で書くとわかりやすい。

令和元年度

▼Ⅱ類・論文（90分・800字以上1200字程度）

　職場におけるチームワークの重要性とチームワークの醸成に対する取り組み方について，あなたの考えを具体的に述べなさい。

《執筆の方針》

　消防官としてのチームワークの重要性について，さらに自身が着任する職場においてチームワークを高めるために何をどう取り組むべきかについて，自身の見解を具体的に論述する。

《課題の分析》

　消防官採用試験であることを意識すれば，本問についても「消防官」という職場におけるチームワークの重要性と醸成のための取組みについて問うていると考えて差し支えない。そこで，それらの消防官としての業務において，どういう点でチームワークが重要といえるのか，いつどこで，どのような形でチームワークの醸成に取り組むのかを，5W1Hを明確にしたうえで具体的に論述する必要がある。

　消防官の業務は，「消火活動」「救助活動」「救急活動」に大別されるが，これらはいずれも人命にかかわる作業であると同時に，常時消防隊単位で出動し，各自で役割分担をしながらチームワークで効率よく活動にあたる業務であることから，逆にそこで隊員同士のチームワークを欠くと，人命にもかかわる弊害がどのように生じるのか，そこでどうすればチームワークを高めるためのより良い取り組み方ができるのか，という視点で書くと書きやすい。

　もっともその他消防官の業務には，「防災啓発活動」や「予防業務」「火災調査」なども存在する。このうち「予防業務」とは「建物の安全性のチェックや，スプリンクラーや消火器など消防設備の審査・検査・指導」を行う仕事である。こうした業務の中でのチームワークの重要性と取り組み方について記述してもよい。

《作成のポイント》

　前半で消防官としてのチームワークの重要性について，具体的な業務の事例を出して説明し，後半で自身が消防官として働く現場においてチームワークを高めるために何をどう取り組むべきかについて，具体的に論述する。

　具体的には火災や震災が起きた際の消火活動と救助活動，あるいは救急救命活動を想定し，それぞれの役割分担と協同作業，連絡体制や配置と作業の流れなどをシミュレーションし，そこで隊員同士のチームワークを欠くとどういう弊害が生じるのか，どうすればチームワークを高めるためのより良い取り組み方ができるのか，という内容で書くとわかりやすい。

　一般に組織活動のチームワークを高めるための条件としては，1) 目標やビジョンの共有化，2) 各個人の能力や適性に応じた役割分担の明確化，3) 各構成員同士のコミュニケーションの円滑化を図り，業務内容に関する情報をできるだけ共有化すること，とされている。また，4) 業務ごとに成果を検証・フィードバックし改善点を洗い出し確認することや，5) 実際のチーム単位での作業を想定した実地訓練，シミュレーションの実施，6) 状況を客観的に把握する立場 (リーダー) の必要性，といった項目が指摘されている。

　こうした内容を踏まえ，実際の消防官の業務に応用し，論述展開をするとよいだろう。

▼Ⅲ類・作文 (90分・800字以上1200字程度)

　都民に信頼される消防官になるために，あなたが消防官になった後，どのように努力をしていくのか具体的に述べなさい。

《執筆の方針》

　自身が消防官の任務に着任後，東京都民に信頼される消防官になるために，どのような努力をしたいと考えているのかを具体的に論述する。

《課題の分析》

　都民に信頼される消防官像については，自由にさまざまな観点から記述が可能であるが，基本は「消防官」となるための資質や能力を問うていると考えて差し支えない。またそれを消防官の業務において身につけるために，今後いつどこで，どのような形で努力をするのかを具体的に明確にしたうえで論述する必要がある。

　たとえば消防官としての任務は，「消火活動」「救助活動」「救急活動」に大別されるが，それ以外にも「防災啓発活動」や「予防業務」「火災調査」なども存在する。このうち「予防業務」とは「建物の安全性のチェックや，

スプリンクラーや消火器など消防設備の審査・検査・指導」を行う仕事である。前者の「消火・救助・救急」活動については，命がけの仕事でもあるため，任務を全うする強い責任感と正義感，チームワーク，状況を把握する冷静な判断力とスピーディーな対応能力，強い精神力や忍耐力，高い身体能力といった資質が求められる。とりわけ「交通事故」等における救急隊の救助活動は，人々を過酷な状況から救出する最善の方法を的確に見い出す「状況判断力」や「観察力」が求められる。同時にこれらは同時に都民に信頼されるための消防官としての必要な資質や能力である。勤務部署に配属された消防官は，厳しく過酷なトレーニングや現場経験を経て，こうした資質や能力を培っていくため，こうした消防官の基本活動を完遂するための努力を念頭に置いて論述していくとよい。

《作成のポイント》

消防官としての基本活動以外の任務も努力の対象とすることができる。たとえば「さまざまな職業層の人々とのコミュニケーション能力」「自身の行動に注意を怠らない姿勢」といった内容を挙げるのであれば，同じく消防官の業務の一環である「防災啓発活動」や「予防業務」「火災調査」などと関連づけて，論述を展開することも可能である。

いずれの場合でも，文章においては5W1Hを明確にし，自身が消防官という仕事の現場で，都民に信頼される消防官としての資質や能力を，どのようなプロセスで努力して身につけようと考えているのかを，具体的に順を追って論述展開していくことが必要である。

平成30年度

▼Ⅲ類・作文（90分・800字以上1200字程度）

社会人として自分の能力を向上させる上で，これからあなたはどのような努力をしていくか具体的に述べなさい。

《執筆の方針》

自分自身の持っている能力をさらに高めるために，自身が社会人としてどのような努力をしていくかを具体的に論述する。

《課題の分析》

消防官採用試験であることを意識すれば，本問についても「消防官」となるために必要な社会人としての自身の能力の向上を問うていると考えて差し支えない。またそれを消防官の業務の場面で実践するために，今後いつどこで，どのような形で努力に励むのかを具体的に明確にしたうえで論

述する必要がある。

　たとえば消防官としての任務は，「消火活動」「救助活動」「救急活動」に大別されるが，それ以外にも「防災啓発活動」や「予防業務」「火災調査」なども存在する。このうち「予防業務」とは「建物の安全性のチェックや，スプリンクラーや消火器など消防設備の審査・検査・指導」を行う仕事である。前者の「消火・救助・救急」活動については，命がけの仕事でもあるため，「状況を把握する冷静な判断力」と「スピーディーな対応能力」「強い精神力や忍耐力」「高い身体能力」といった能力が求められる。

　とりわけ「交通事故」等における救急隊の救助活動は，人々を過酷な状況から救出する最善の方法を的確に見い出す「状況判断力」や「観察力」が求められる。勤務部署に配属された消防官は，厳しく過酷なトレーニングや現場経験を経て，こうした能力をさらに磨き向上させていくことが求められる。したがって，こうした消防官の基本活動への取組を，努力の対象として論述していくとよい。

《作成のポイント》

　前半で自身の持ち合わせている，消防官の仕事に生かせる能力について，それを身につけた場所や機会，努力のプロセスなどを最初に紹介する。次に，それを日常業務のうえで向上させていくために努力したい内容について具体的に記述する。

　その場合，消防官としての必要な能力として「さまざまな職業層の人々とのコミュニケーション能力」「自身の行動に注意を怠らない集中力」といった内容を挙げ，消防官の仕事である「防災啓発活動」や「予防業務」「火災調査」などと関連づけて論述を展開することも可能である。いずれの場合でも，文章においては5W1Hを明確にし，自身が消防官という仕事の現場で，どのような自身の能力を，どのようなプロセスで向上させる努力をしたいと考えているのかを，具体的に順を追って論述展開していくことが必要である。

平成29年度

▼Ⅱ類・論文（90分・800字以上1200字程度）

　都民から信頼される公務員になるために，あなたが必要だと考えることを2つあげ，その理由を具体的に述べなさい。

《執筆の方針》

　都民から信頼を得る公務員になるために，受験者が必要だと思うことについて説明する。

《課題の分析》

　消防職員は，火災現場，けが人・病人の救命の現場，さらには災害の被災地で，自身の優れた体力と判断力を発揮し，仲間と協調して活動する必要がある。こうしたことは思いつきやすいが，住民の生命・身体・財産を守るという重要な行政サービスを担う公務員の一員であることは意外と考えつかない。自治体の財政が厳しくなっても必要な消防力の維持，確保は不可欠であり，防災減災が重視される昨今，消防職員の仕事の重要性はむしろ高まっている。ことに，多様化・複雑化する災害への対応力を確保し，都民の信頼を得るためには，消防業務の高度化・専門化が課題である。救助，救急，予防，警防のどの分野であっても，今後の消防職員としては，高度化・専門化に対応するための努力が重要である。

《作成のポイント》

　住民の生命・身体・財産を守るという重要な行政サービスを担う公務員の一員であることを自覚するという内容でまとめるのは構わない。けれども，こういった内容だけでは抽象的になってしまい，高評価を得られない可能性がある。そこで，論述の半分を，東京消防庁のホームページなどを参照しながら，多様化・複雑化する災害への対応力を確保するため，消防業務の高度化・専門化に対応することが信頼獲得に必要であることを述べるとよい。消防業務の高度化・専門化ということに言及すれば，予防，警防，救助，救急の各分野で何を要求されているのかが書きやすくなる。一案として，23区の高層建築が林立する地域や住宅密集地で，防災活動，救護活動，救命救急活動のレベルアップに努めるため，知識の習得に努め，訓練に励む意欲をアピールしてもよいだろう。

▼Ⅲ類・作文（90分・800字以上1200字程度）

　社会人の義務と責任についてあなたの考えを述べなさい。

《執筆の方針》

　社会人の義務と責任として，組織の一員として行動することを設定し，そのための具体的な行動について事例を挙げながら述べていく。

《課題の分析》

　学生と社会人との違いは様々あるが，重要なものの一つが，社会人は学生と違って組織の一員としての動きが求められるということである。特に消防士は，火災や災害から人々の生命や財産を守るという大切な仕事をしている。その仕事は，危険を伴う仕事であり，チームとしての組織的な動

きが求められる。したがって，社会人は組織の一員としての行動が優先され，勝手な行動は許されないのである。具体的には，組織としての目標を理解すること，与えられた職責を確実に果たすこと，上司や同僚との情報共有を図って連携・協力していくことなどが，その具体的な内容となる。それらが，社会人の義務であり，責任である。

《作成のポイント》

　まず，社会人は学生と異なり，社会の一員としての義務や責任を果たすことが求められることを述べる。特に消防士は，火災や災害から人々の生命や財産を守るという大切な仕事をしていて，チームとして組織的に進められることを述べる。次に，そうした職務を遂行することは意図的，計画的な営みであることから，組織的な動き，規律などが必要であり勝手な行動は許されないことを強調する。ここで，組織の一員として動くことが社会人の義務と責任であるとする。そうした記述を踏まえ，そのために，組織としての目標を理解すること，与えられた職責を確実に果たすこと，上司や同僚との情報共有を図っていく旨を述べる。最後は，消防士という組織の一員として，都民のために役立つという強い気持ちを表して作文をまとめる。

平成28年度

▼Ⅱ類・論文

　資料「日本の人口推移」から読み取れる内容について，あなたが感じる問題点を2つあげ，その問題点に対してどのような取組みが必要か，あなたの考えを具体的に述べなさい。

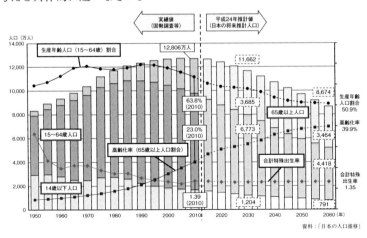

資料：「日本の人口推移」

《執筆の方針・課題の分析》

　少子化，高齢化の問題に関して，人口推移のグラフを読み取り，課題に対する取組みを述べる。

　高齢化率が21％以上で「超高齢社会」と言われるが，現在既にこの水準を超えており，2060年には40％に達する見通しである。同時に「生産年齢人口割合」も下がり続け50％にまで落ち込むという推計は深刻な問題と言える。日本の生産力の低下は税収の問題，年金の問題にも及ぶ。若い世代が支える高齢者の比率が増加するということは，若者世代の負担，生活水準の低下を意味する。また，今後一人暮らしの高齢者や要支援・要介護認定者も一層増加することになり，福祉面での課題もさることながら，防災対策上の課題にもつながる。人口維持のためには2.07以上必要とされる合計特殊出生率が1.4以下で低位安定していることは，人口減少に歯止めがかからないことを意味しており，「子育て支援」「保育所対策」などの取組みも急がれる。

《作成のポイント》

　全体を三段落とする。序論では，人口推移のグラフの読み取りから問題点を2つあげる。生産力の低下，若者世代の負担増加，年金・介護に関する問題，災害時における防災安全上の課題などの中から，自身が特に課題意識をもつ内容について述べる。これまでの見聞を踏まえ，危機意識をもって論述する。本論では，そうした問題に対する対策について考えを述べる。子育て支援への財源確保，未婚化・晩婚化対策，企業と若者をつなぐ事業（支援体制づくり），子ども医療費助成，「こども未来局・子育て支援部」などの組織対応による積極的関わり，等々が必要である。経済的優遇措置とその財源などに触れてもよい。結論では「子育てに関するまちの魅力づくり」など，受験者自身のアイデアも含め，都民の安心・安全に貢献したい旨の決意を述べて結びとする。

▼Ⅲ類・作文

　社会人としての心構えと行動について，あなたの考えを具体的に述べなさい。

《執筆の方針・課題の分析》

　「心構え」は人により様々であるが，例として「マナー」や「人との信頼関係づくり」を心がけているといった回答が考えられる。経験の中から得た学びを，社会人の行動として今後の仕事にどう生かすかについて論述する。

　法令，ルール，時間・締切などの約束事を守るといったことは，当然のことでありながら，ともすると守られないケースがある。これらを守る姿勢や仕事ぶりの蓄積が「信頼」となる。このようなことは，部活動やアルバイト経験の中でも学んだであろう。また「信頼の失墜は，短時間のうちに簡単に起こり得るが，信頼を築くためには長い時間と努力を要する」ということも言われる。地道な実績の蓄積が信頼関係を生むと言える。また，よい仕事もチームワークのよさによって実現する場合が多いが，そのような成功を生むためにも互いの信頼感が不可欠と言える。

《作成のポイント》

　序論では「社会人としての心構え」について概説する。本論では，何故そのように考えたか，大切だと思う要素を説明する。体験したエピソードを交えて述べると説得力を増す。例えば，信頼感の絆により組織力が向上し成果をあげた経験から「信頼」は財産と感じた，というような話でもよい。「信頼関係づくり」を心構えとして，仕事に生かしたいという趣旨になる。また，「社会人として恥ずかしくない」といった言い回しもあるが，「マナーを守る」視点から心構えを述べることもできる。多くの受験者が述べるテーマなので，プラス面で個性ある作文が期待される。結論では都の職員としてどのような「心構え」で仕事をしていくかについて，具体的な業務を念頭に述べる。1人の対応の失敗が全体への信頼を損なうという場面もある。公務員として都民からも同僚・上司からも「信頼される」存在になりたいという決意を述べるとよい。

平成27年度

▼Ⅱ類・論文

　消防職員として働く上で信頼関係の重要視をあげ，信頼関係を築くためにあなたはどう取り組んでいくのか述べなさい。

《執筆の方針・課題の分析》

　近年，地震，津波，噴火，暴風，豪雨，洪水，土砂などの自然災害，火災，爆発，列車の転覆，航空機の墜落，船舶の沈没，放射線放出，交通事故などの人的災害が起こり，人々の生活の安全・安心が脅かされている。これまでの災害が生じたとき，消防職員は組織をあげて市民の命を守るために万全を尽くし，市民からの信頼を損ねないように職務を果たしている。一方，災害時における仕事は一人で対応できることではなく，消防職員が連携・協働することにより使命を果たすことができる。そのために最も重

要なことは，職務にあたるものが相互に信頼し活動することが求められる。個人の資質・能力と強い使命感を身に付け，上司・同僚から信頼される絆を平時から培っておくことが重要である。

《作成のポイント》

消防に携わる職員として必要な専門的な知識・技能は採用後の消防学校における研修によって身に付け，配属先での仕事を経て消防士として求められる資質・能力を身に付け，信頼が得られるように努めていく覚悟を述べる。

消防士として信頼されるためには，災害・事故の通報があれば，自分のことは犠牲にして現場に直行し，命を懸けて救助や消火にあたり活動することや，緊急事態の現場において迅速な判断を求められても冷静に適切な判断が下せる能力を身に付けておく。また，消火活動ではチームの一員として職務を果たすために，お互いに信頼して活動することが重要である。これらの資質・能力を平素の訓練から培い信頼される消防士を目指して取り組んでいく決意を述べる。

▼Ⅲ類・作文

あなたが目指す信頼される消防職員像について述べなさい。

《執筆の方針・課題の分析》

消防士の仕事は市民の安全・安心を守り社会に奉仕することである。この職務を果たすためには少なくとも，倫理感，正義感，奉仕のこころ，体力，自己犠牲を惜しまない強靭な精神力などの資質・能力を身に付けておくことが求められる。その上で，自分の個性や特性を活かし社会に貢献できる仕事として消防士を希望したことと，消防士に求められる職員像について触れる。

《作成のポイント》

消防士の仕事には，消火，救急，救助，査察，防災活動などの業務がある。どの仕事も市民の安全・安心を守る役割を果たし地域に貢献することである。近年，大地震や風水害などの自然災害や交通事故や急病・救急などの人的災害が起こり，市民の尊い命や財産など甚大な被害を受けた。その都度，消防署としては人命救助を最優先に活動している。また，平時から防災活動の対策を立て，市民と一体となって連携・協働し安全なまちづくりに務め市民から信頼される活動に取り組んでいる。

市民から信頼される消防士としての理想像は，火災や救助の通報を受け

た時には，いち早く現場に出動し消火活動や人命救助を第一に行動できる消防士である。また，被害を受けている市民の不安な気持ちを大切に活動したい。如何なる事態でも，消防士一人では適切に対処できないので，消防隊員のチームワークを十分発揮し活動することを心がける。

平成26年度

▼Ⅱ類・論文

コミュニケーションの重要性について，あなたが経験したことを踏まえて述べなさい。

《執筆の方針・課題の分析》

都市においては少子高齢化や経済状況の影響，特に，家族構成の変化や市民の絆の停滞などから，自然災害や人的災害に対する防災力が弱まっている。特に，高齢者が巻き込まれる事故や急病などの通報が遅れ，命や危機を防ぐことができない事態もある。

少なくとも，昔の庶民生活では，地域のコミュニティが活発で，隣り近所の付き合いや自治会などの活動により，防犯・防災活動が定着していた。近年では，高齢者の孤独死や子どもの虐待などが防げない要因として住民のコミュニティの停滞が挙げられる。

消防士の役割として，広報活動や災害防災策を立て，住民の防災意識の向上に取り組むことを通して住民のコミュニティの活性化を図ることについて述べる。

《作成のポイント》

消防士としての職務を遂行するためには，消防署の一員として上司・同僚との信頼関係を醸成することが重要である。消防活動の際には，チームワークを大切に仲間を信頼し自分の役割を果たす，救急や救助活動では速やかに現場にいき，関係部署との連携，報告などを適切に行わなければならない。正に適切な判断力とともに仲間とのコミュニケーションが円滑になされることが重要である。また，消防としては，予測される自然災害を未然に防ぐために，地域の広報活動や防災訓練などを計画的に行い，住民の防災意識の醸成とともに参画する市民のコミュニティを活性化し，市民と一体となって安心して暮らせるまちづくりに貢献する取組みについて述べる。

▼Ⅲ類・作文

都民に信頼される消防職員になるためにあなたが大切だと思うことを述

べなさい。

《執筆の方針・課題の分析》

　消防士に求められることは，都民の安全・安心を守るために命の危険を冒しても職務に貢献する強靱な精神力をもって活動することである。

　一方，火災，交通事故，殺人事故，救急が必要な時，都民から119番通報が消防署に寄せられても，通報が頻繁にあるために緊急に対応できない事態が生じ都民からの不満が募ることがある。受信した指令台のオペレーターは消防車か救急車の出動を判断するために，必ず「火事ですか，救急ですか」と確認した上で，通報者から状況を聞き取り緊急に対応する態勢を整えている。しかし，近年，緊急性が認められない119番通報が増加しており，真に必要とする通報に十分対応できない事態がある。

　都民から寄せられる意見や要望に誠意をもって対応することを大切にするとともに，都民からの理解と協力を得られるように心がけ勤務していく。

《作成のポイント》

　電話による相談や通報に対しては，通報者からの聞き取りを誤らないように適切に対応することが大切である。一般的に緊急を要する通報の場合，通報者が動揺し状況報告が十分にできない場合がある。そんな時は，こちらから通報者の気持ちを落ち着かせ，火事か救急，発生場所や位置の確認。火事の場合には，何が燃えている，けが人や逃げ遅れている人の有無。救急の場合には，急病か事故か，人数，状況などを聞き取る。特に，救急を要する家族からの通報のときには，年齢，性別，現場の状況（けが，急病），意識の有無，救急車が到着するまでにどんな応急措置をすればよいかなど指示することが必要である。

　何れにしても，通報者の気持ちを大切に誠実に対応することを心がけることを述べる。

平成25年度

▼Ⅱ類・論文

　東京消防庁の一員として働く上であなたが大切だと思うことを，今までの経験を踏まえて述べなさい。

《執筆の方針・課題の分析》

　東日本大震災により，人々は大きな犠牲を強いられた。特に，緊急の避難情報が出されたが，短時間の予想を超える大津波が押し寄せたために多くの住民の尊い命や家屋を失ってしまった。消防士も被災されたが，本来

の職務である住民の安全を守るために自らの危険を顧みず職務を果たされ
ていた。その使命感の意識から，危険な状況の中で職務を果たすことを優
先したために尊い命を犠牲にされた消防士が何人もいたことや，昼夜を通
して救助活動に努めていたことに胸をうたれた。この経験から，改めて消
防士や警察官は住民の安全・安心を守るために自己犠牲を払っても社会に
貢献されていることを知り，自分自身も消防士を志し社会に貢献したいと
決意した。

《作成のポイント》

　将来の仕事として消防士を志望した動機は，消防士の方々が市民の安全・
安心を守るために自己のことを犠牲にしても職務を果たされているという
ことに感動したことである。

　消防は，地震や火災，風水害などの自然災害や交通事故や急病人の救助
などの人的災害に対して，市民の生命・財産を守るために働いている。ま
た，平時より地域の自治会，企業，学校などと連携・協力し防災意識の向
上や防災対策に取組み災害に強いまちづくりのために貢献している。

　一方，都会においても，少子高齢化が進み地域のコミュニティの停滞か
ら，住民同士の共助の精神が薄れることが懸念される。特に，東京におい
ても将来大地震が起こることが予測されているので，消防に係わる一員と
して職務の重大さを自覚し，災害防止の取組みに貢献していく覚悟を述べ
る。

▼Ⅲ類・作文

　あなたが今まで最も努力してきたことをあげ，その努力をこれからどの
ように活かしていくか述べなさい。

《執筆の方針・課題の分析》

　これまでの学生時代を振り返り，目標を立てて努力し身に付けた知識や
能力について述べる。学力向上，資格検定，スポーツ，芸術などの部門で
一定以上の成果・充実感を得られたことがあれば，そのことについて述べ
ればよい，決して自慢話ではなく，どんな点で悩み困難を乗り越え目標を
達成するために努力したことについて述べる。

　強い意志を持って苦難を乗り越えてきた経験は説得力がある。

《作成のポイント》

　これまでの学生時代で一番頑張ったことを尋ねられても人前で自慢でき
ることがないことが予測されるが，ここでは自分の欠点や人間関係でつま

ずいたことを克服するために努力したことがあれば，それでも十分である。勿論，資格検定や英会話力，パソコン活用力，体育・芸術など，自己の知識・能力を高め目標を達成したことがあれば，どんな点に注意しながら頑張ったかを述べる。

　また，部活動などのチームに所属して活躍したことがあれば，チームの中でどんな役割をして貢献できたかについて述べる。

　まとめとして，これまでに努力してきたことから身に付けたことを基に，社会に貢献できる職務の遂行に役立てることを述べる。

第7部

面接試験対策

- 面接対策

人物試験　面接対策

ⅰⅰⅰⅰⅰ POINT ⅰⅰⅰⅰⅰ

◖◗ Ⅰ．面接の意義 ◖◗

　筆記試験や論作文（論文）試験が，受験者の一般的な教養の知識や理解の程度および表現力やものの考え方・感じ方などを評価するものであるのに対し，面接試験は人物を総合的に評価しようというものだ。

　すなわち，面接担当者が直接本人に接触し，さまざまな質問とそれに対する応答の繰り返しのなかから，公務員としての適応能力，あるいは職務遂行能力に関する情報を，できるだけ正確に得ようとするのが面接試験である。豊かな人間性がより求められている現在，特に面接が重視されており，一般企業においても，面接試験は非常に重視されているが，公務員という職業も給与は税金から支払われており，その職務を完全にまっとうできる人間が望まれる。その意味で，より面接試験に重きがおかれるのは当然と言えよう。

◖◗ Ⅱ．面接試験の目的 ◖◗

　では，各都道府県市がこぞって面接試験を行う目的は，いったいどこにあるのだろうか。ごく一般的に言えば，面接試験の目的とは，おおよそ次のようなことである。

①　人物の総合的な評価

　試験官が実際に受験者と対面することによって，その人物の容姿や表情，態度をまとめて観察し，総合的な評価をくだすことができる。ただし，ある程度，直観的・第一印象ではある。

②　性格や性向の判別

　受験者の表情や動作を観察することにより性格や性向を判断するが，実際には短時間の面接であるので，面接官が社会的・人生的に豊かな経験の持ち主であることが必要とされよう。

③　動機・意欲等の確認

　公務員を志望した動機や公務員としての意欲を知ることは，論作文試験等によっても可能だが，さらに面接試験により，採用側の事情や期待内容を逆に説明し，それへの反応の観察，また質疑応答によって，試験官はより明確に動機や熱意を知ろうとする。

　以上3点が，面接試験の最も基本的な目的であり，試験官はこれにそってさまざまな問題を用意することになる。さらに次の諸点にも，試験官の観察の目が光っていることを忘れてはならない。

④　質疑応答によって知識・教養の程度を知る

　筆記試験によって，すでに一応の知識・教養は確認しているが，面接試験においてはさらに付加質問を次々と行うことができ，その応答過程と内容から，受験者の知識教養の程度をより正確に判断しようとする。

⑤　言語能力や頭脳の回転の速さの観察

　言語による応答のなかで，相手方の意志の理解，自分の意志の伝達のスピードと要領の良さなど，受験者の頭脳の回転の速さや言語表現の諸能力を観察する。

⑥　思想・人生観などを知る

　これも論作文試験等によって知ることは可能だが，面接試験によりさらに詳しく聞いていくことができる。

⑦　協調性・指導性などの社会的性格を知る

　前述した面接試験の種類のうち，グループ・ディスカッションなどはこれを知るために考え出された。公務員という職業の場合，これらの資質を知ることは面接試験の大きな目的の一つとなる。

●● Ⅲ. 面接試験の問題点 ●●

　これまで述べてきたように，公務員試験における面接試験の役割は大きいが，問題点もないわけではない。

　というのも，面接試験の場合，学校の試験のように"正答"というものがないからである。例えば，ある試験官は受験者の「自己PR＝売り込み」を意欲があると高く評価したとしても，別の試験官はこれを自信過剰と受け取り，公務員に適さないと判断するかもしれない。あるいは模範的な回答をしても，「マニュアル的だ」と受け取られることもある。

　もっとも，このような主観の相違によって評価が左右されないように，試験官を複数にしたり評価の基準が定められたりしているわけだが，それでもやはり，面接試験自体には次に述べるような一般的な問題点もあるのである。

---

① 短時間の面接で受験者の全体像を評価するのは容易でない

　面接試験は受験者にとってみれば，その人の生涯を決定するほど重要な場であるのだが，その緊張した短時間の間に日頃の人格と実力のすべてが発揮できるとは限らない。そのため第一印象だけで，その全体像も評価されてしまう危険性がある。

② 評価判断が試験官の主観で左右されやすい

　面接試験に現れるものは，そのほとんどが性格・性向などの人格的なもので，これは数値で示されるようなものではない。したがってその評価に客観性を明確に付与することは困難で，試験官の主観によって評価に大変な差が生じることがある。

③ 試験官の質問の巧拙などの技術が判定に影響する

　試験官の質問が拙劣なため，受験者の正しく明確な反応を得ることができず，そのため評価を誤ることがある。

④ 試験官の好悪の感情が判定を左右する場合がある

　これも面接が「人間 対 人間」によって行われる以上，多かれ少なかれ避けられないことである。この弊害を避けるため，前述したように試験官を複数にしたり複数回の面接を行ったりなどの工夫がされている。

⑤ 試験官の先入観や信念などで判定がゆがむことがある

　人は他人に接するとき無意識的な人物評価を行っており，この経験の積

み重ねで，人物評価に対してある程度の紋切り型の判断基準を持つように　なっている。例えば，「額の広い人は頭がよい」とか「耳たぶが大きい　人は人格円満」などというようなことで，試験官が高年齢者であるほど　この種の信念が強固であり，それが無意識的に評価をゆがめる場合も時　としてある。

　面接試験には，このように多くの問題点と危険性が存在する。それらのほとんどが「対人間」の面接である以上，必然的に起こる本質的なものであれば，万全に解決されることを期待するのは難しい。しかし，だからといって面接試験の役割や重要性が，それで減少することは少しもないのであり，各市の面接担当者はこうした面接試験の役割と問題点の間で，どうしたらより客観的で公平な判定を下すことができるかを考え，さまざまな工夫をしているのである。最近の面接試験の形態が多様化しているのも，こうした採用側の努力の表れといえよう。

◖◗ Ⅳ. 面接の質問内容 ◖◗

　ひとくちに面接試験といっても，果たしてどんなことを聞かれるのか，不安な人もいるはずだ。ここでは志望動機から日常生活にかかわることまで，それぞれ気に留めておきたい重要ポイントを交えて，予想される質問内容を一挙に列記しておく。当日になって慌てないように，「こんなことを聞かれたら（大体）こう答えよう」という自分なりの回答を頭の中で整理しておこう。

■志望動機編■

（1）　受験先の概要を把握して自分との接点を明確に

　消防官を受験した動機，理由については，就職試験の成否をも決めかねない重要な応答になる。また，どんな面接試験でも，避けて通ることのできない質問事項である。なぜなら志望動機は，就職先にとって最大の関心事のひとつであるからだ。受験者が，どれだけ消防官についての知識や情報をもったうえで受験をしているのかを調べようとする。

(2) 質問に対しては臨機応変の対応を

受験者の立場でいえば，複数の受験をすることは常識である。もちろん「当職員以外に受験した県や一般企業がありますか」と聞く面接官も，それは承知している。したがって，同じ職種，同じ業種で何箇所かかけもちしている場合，正直に答えてもかまわない。しかし，「第一志望は何ですか」というような質問に対して，正直に答えるべきかどうかというと，やはりこれは疑問がある。一般的にはどんな企業や役所でも，ほかを第一志望にあげられれば，やはり愉快には思わない。

(3) 志望の理由は情熱をもって述べる

志望動機を述べるときは，自分がどうして消防官を選んだのか，どこに大きな魅力を感じたのかを，できるだけ具体的に，しかも情熱をもって語ることが重要である。

たとえば，「人の役に立つ仕事がしたい」と言っても，特に消防官でなければならない理由が浮かんでこない。

① 例題Q＆A

Q. あなたが消防官を志望した理由，または動機を述べてください。
A. 数年前の新潟県中越沖地震で，崖下の1人の命を救うために大勢の消防隊の方たちが，救助に当たっておられ，その姿に感動したことを思い起こします。また，東日本大震災では多くの消防官や自衛官，警察官の方が自らの命を省みず懸命に職務を果たしておられる姿に心を打たれました。私もただ1人に対しても全力を捧げる，そのような消防官になりたいと考え，志望しました

Q. もし消防官として採用されなかったら，どのようにするつもりですか。
A. もし不合格になった場合でも，私は何年かかってでも消防官になりたいという意志をもっています。しかし，一緒に暮らしている家族の意向などもありますので，相談いたしまして一般企業に就職するかもしれません。

②予想される質問内容

○ 消防官について知っていること，または印象などを述べてください。

○ 職業として消防官を選ぶときの基準として，あなたは何を重要視しましたか。

○ いつごろから消防官を受けようと思いましたか。

○ ほかには，どのような業種や会社を受験しているのですか。

○ 教職の資格を取得しているようですが，そちらに進むつもりはないのですか。

○ 志望先を決めるにあたり，どなたかに相談しましたか。

○ もし消防官と他の一般企業に，同時に合格したらどうするつもりですか。

■仕事に対する意識・動機編■

1　採用後の希望はその役所の方針を考慮して

　採用後の希望や抱負などは，志望動機さえ明確になっていれば，この種の質問に答えるのは，それほど難しいことではない。ただし，希望職種や希望部署など，採用後の待遇にも直接関係する質問である場合は，注意が必要だろう。また，勤続予定年数などについては，特に男性の場合，定年まで働くというのが一般的である。

2　勤務条件についての質問には柔軟な姿勢を見せる

　勤務の条件や内容などは，職種研究の対象であるから，当然，前もって下調べが必要なことはいうまでもない。

　「残業で遅くなっても大丈夫ですか」という質問は，女性の受験者によく出される。職業への熱意や意欲を問われているのだから，「残業は一切できません！」という柔軟性のない姿勢は論外だ。通勤方法や時間など，具体的な材料をあげて説明すれば，相手も納得するだろう。

　そのほか初任給など，採用後の待遇についての質問には，基本的に規定に

従うと答えるべき。新卒の場合，たとえ「給料の希望額は？」と聞かれても，「規定通りいただければ結構です」と答えるのが無難だ。間違っても，他業種との比較を口にするようなことをしてはいけない。

3　自分自身の言葉で職業観を表現する

　就職や職業というものを，自分自身の生き方の中にどう位置づけるか，また，自分の生活の中で仕事とはどういう役割を果たすのかを考えてみることが重要だ。つまり，自分の能力を生かしたい，社会に貢献したい，自分の存在価値を社会的に実現してみたい，ある分野で何か自分の力を試してみたい……などを考えれば，おのずと就職するに当たっての心構えや意義は見えてくるはずである。

　あとは，それを自分自身の人生観，志望職種や業種などとの関係を考えて組み立ててみれば，明確な答えが浮かび上がってくるだろう。

①例題Q & A

Q. 消防官の採用が決まった場合の抱負を述べてください。
A. まず配属された部署の仕事に精通するよう努め，自分を一人前の消防官として，そして社会人として鍛えていきたいと思います。また，消防官の全体像を把握し，仕事の流れを一日も早くつかみたいと考えています。

Q. 消防官に採用されたら，定年まで勤めたいと思いますか。
A. もちろんそのつもりです。消防官という職業は，私自身が一生の仕事として選んだものです。特別の事情が起こらない限り，中途退職したり，転職することは考えられません。

②予想される質問内容

○ 消防官になったら，どのような仕事をしたいと思いますか。

○ 残業や休日出勤を命じられたようなとき，どのように対応しますか。

○ 消防官の仕事というのは苛酷なところもありますが，耐えていけますか。

○ 転勤については大丈夫ですか。

○ 消防官の初任給は○○円ですが，これで生活していけますか。

○ 学生生活と職場の生活との違いについては，どのように考えていますか。

○ 職場で仕事をしていく場合，どのような心構えが必要だと思いますか。

○ 消防官という言葉から，あなたはどういうものを連想しますか。

○ あなたにとって，就職とはどのような意味をもつものですか。

■自己紹介・自己PR編■

1 長所や短所をバランスよくとりあげて自己分析を

人間には，それぞれ長所や短所が表裏一体としてあるものだから，性格についての質問には，率直に答えればよい。短所については素直に認め，長所については謙虚さを失わずに語るというのが基本だが，職種によっては決定的にマイナスととられる性格というのがあるから，その点だけは十分に配慮して応答しなければならない。

「物事に熱しやすく冷めやすい」といえば短所だが，「好奇心旺盛」といえば長所だ。こうした質問に対する有効な応答は，恩師や級友などによる評価，交友関係から見た自己分析など具体的な例を交えて話すようにすれば，より説得力が増すであろう。

2 履歴書の内容を覚えておき，よどみなく答える

履歴書などにどんなことを書いて提出したかを，きちんと覚えておく。重要な応募書類は，コピーを取って，手元に控えを保管しておくと安心だ。

3 志望職決定の際，両親の意向を問われることも

　面接の席で両親の同意をとりつけているかどうか問われることもある。家族関係がうまくいっているかどうかの判断材料にもなるので，親の考えも伝えながら，明確に答える必要がある。この際，あまり家族への依存心が強いと思われるような発言は控えよう。

①例題Q＆A

Q. あなたのセールスポイントをあげて，自己PRをしてください。
A. 性格は陽気で，バイタリティーと体力には自信があります。高校時代は山岳部に属し，休日ごとに山歩きをしていました。3年間鍛えた体力と精神力をフルに生かして，ばりばり仕事をしたいと思います。

Q. あなたは人と話すのが好きですか，それとも苦手なほうですか。
A. はい，大好きです。高校ではサッカー部のマネージャーをやっておりましたし，大学に入ってからも，同好会でしたがサッカー部の渉外担当をつとめました。試合のスケジュールなど，外部の人と接する機会も多かったため，初対面の人とでもあまり緊張しないで話せるようになりました。

②予想される質問内容

○ あなたは自分をどういう性格だと思っていますか。

○ あなたの性格で，長所と短所を挙げてみてください。

○ あなたは，友人の間でリーダーシップをとるほうですか。

○ あなたは他の人と協調して行動することができますか。

○ たとえば，仕事上のことで上司と意見が対立したようなとき，どう対処しますか。

○ あなたは何か資格をもっていますか。また，それを取得したのは

どうしてですか。

○ これまでに何か大きな病気をしたり，入院した経験がありますか。

○ あなたが消防官を志望したことについて，ご両親はどうおっしゃっていますか。

■日常生活・人生観編■

1 趣味はその楽しさや面白さを分かりやすく語ろう

余暇をどのように楽しんでいるかは，その人の人柄を知るための大きな手がかりになる。趣味は"人間の魅力"を形作るのに重要な要素となっているという側面があり，面接官は，受験者の趣味や娯楽などを通して，その人物の人柄を知ろうとする。

2 健全な生活習慣を実践している様子を伝える

休日や余暇の使い方は，本来は勤労者の自由な裁量に任されているもの。とはいっても，健全な生活習慣なしに，創造的で建設的な職場の生活は営めないと，採用側は考えている。日常の生活をどのように律しているか，この点から，受験者の社会人・公務員としての自覚と適性を見極めようというものである。

3 生活信条やモットーなどは自分自身の言葉で

生活信条とかモットーといったものは，個人的なテーマであるため，答えは千差万別である。受験者それぞれによって応答が異なるから，面接官も興味を抱いて，話が次々に発展するケースも多い。それだけに，嘘や見栄は禁物で，話を続けるうちに，矛盾や身についていない考えはすぐ見破られてしまう。自分の信念をしっかり持って，臨機応変に進めていく修練が必要となる。

①例題Q & A

Q.	スポーツは好きですか。また，どんな種目が好きですか。
A.	はい。手軽に誰にでもできるというのが魅力ではじめたランニングですが，毎朝家の近くを走っています。体力増強という面もありますが，ランニングを終わってシャワーを浴びると，今日も一日が始まるという感じがして，生活のけじめをつけるのにも大変よいものです。目標は秋に行われる●●マラソンに出ることです。

Q.	日常の健康管理に，どのようなことを心がけていますか。
A.	私の場合，とにかく規則的な生活をするよう心がけています。それとあまり車を使わず，できるだけ歩くようにしていることなどです。

②予想される質問内容

> ○ あなたはどのような趣味をもっているか，話してみてください。
>
> ○ あなたはギャンブルについて，どのように考えていますか。
>
> ○ お酒は飲みますか。飲むとしたらどの程度飲めますか。
>
> ○ ふだんの生活は朝型ですか，それとも夜型ですか。
>
> ○ あなたの生き方に影響を及ぼした人，尊敬する人などがいたら話してください。
>
> ○ あなたにとっての生きがいは何か，述べてみてください。
>
> ○ 現代の若者について，同世代としてあなたはどう思いますか。

■一般常識・時事問題編■

1 新聞には必ず目を通し，重要な記事は他紙と併読

　一般常識・時事問題については筆記試験の分野に属するが，面接でこうしたテーマがもち出されることも珍しくない。受験者がどれだけ社会問題に関

心をもっているか，一般常識をもっているか，また物事の見方・考え方に偏りがないかなどを判定しようというものである。知識や教養だけではなく，一問一答の応答を通じて，その人の性格や適応能力まで判断されることになると考えておくほうがよいだろう。

2　社会に目を向け，健全な批判精神を示す

　思想の傾向や政治・経済などについて細かい質問をされることが稀にあるが，それは誰でも少しは緊張するのはやむをえない。

　考えてみれば思想の自由は憲法にも保証された権利であるし，支持政党や選挙の際の投票基準についても，本来，他人からどうこう言われる筋合いのものではない。そんなことは採用する側も認識していることであり，政治思想そのものを採用・不採用の主材料にすることはない。むしろ関心をもっているのは，受験者が，社会的現実にどの程度目を向け，どのように判断しているかということなのだ。

①例題Q & A

Q.　今日の朝刊で，特に印象に残っている記事について述べてください。
A.　△△市の市長のリコールが成立した記事が印象に残っています。違法な専決処分を繰り返した事に対しての批判などが原因でリコールされたわけですが，市民運動の大きな力を感じさせられました。

Q.　これからの高齢化社会に向けて，あなたの意見を述べてください。
A.　やはり行政の立場から高齢者サービスのネットワークを推進し，老人が安心して暮らせるような社会を作っていくのが基本だと思います。それと，誰もがやがて迎える老年期に向けて，心の準備をしていくような生活態度が必要だと思います。

②予想される質問内容

○ あなたがいつも読んでいる新聞や雑誌を言ってください。

○ あなたは，政治や経済についてどのくらい関心をもっていますか。

○ 最近テレビで話題の××事件の犯人逮捕についてどう思いますか。

○ △△事件の被告人が勝訴の判決を得ましたがこれについてどう思いますか。

③面接の方法

(1) 一問一答法

　面接官の質問が具体的で，受験者が応答しやすい最も一般的な方法である。例えば，「学生時代にクラブ活動をやりましたか」「何をやっていましたか」「クラブ活動は何を指導できますか」というように，それぞれの質問に対し受験者が端的に応答できる形式である。この方法では，質問の応答も具体的なため評価がしやすく，短時間に多くの情報を得ることができる。

(2) 供述法

　受験者の考え方，理解力，表現力などを見る方法で，面接官の質問は総括的である。例えば，「愛読書のどういう点が好きなのですか」「○○事件の問題点はどこにあると思いますか」といったように，一問一答ではなく，受験者が自分の考えを論じなければならない。面接官は，質問に対し，受験者がどのような角度から応答し，どの点を重視するか，いかに要領よく自分の考えを披露できるかなどを観察・評価している。

(3) 非指示的方法

　受験者に自由に発言させ，面接官は話題を引き出した論旨の不明瞭な点を明らかにするなどの場合に限って，最小限度の質問をするだけという方法で。

(4) 圧迫面接法

　意識的に受験者の神経を圧迫して精神状態を緊張させ，それに対する受験者の応答や全体的な反応を観察する方法である。例えば「そんな安易な考えで，職務が務まると思っているんですか？」などと，受験者の応答をあまり考慮せずに，語調を強めて論議を仕掛けたり，枝葉末節を捉えて揚げ足取り

をする，受験者の弱点を大げさに捉えた言葉を頻発する，質問責めにすると
いった具合で，受験者にとっては好ましくない面接法といえる。そのような
不快な緊張状況が続く環境の中での受験者の自制心や忍耐力，判断力の変化
などを観察するのが，この面接法の目的だ。

●● Ⅴ．面接Ｑ＆Ａ ●●

★社会人になるにあたって大切なことは？★

〈良い例①〉

　責任を持って物事にあたることだと考えます。学生時代は多少の失敗をし
ても，許してくれました。しかし，社会人となったら，この学生気分の甘え
を完全にぬぐい去らなければいけないと思います。

〈良い例②〉

　気分次第な行動を慎み，常に，安定した精神状態を維持することだと考え
ています。気持ちのムラは仕事のミスにつながってしまいます。そのために社
会人になったら，精神と肉体の健康の安定を維持して，仕事をしたいのです。

〈悪い例①〉

　社会人としての自覚を持ち，社会人として恥ずかしくない人間になること
だと思います。

〈悪い例②〉

　よりよい社会を作るために，政治，経済の動向に気を配り，国家的見地
に立って物事を見るようにすることが大切だと思います。

●コメント

　この質問に対しては，社会人としての自覚を持つんだという点を強調す
べきである。〈良い例〉では，学生時代を反省し，社会へ出ていくのだとい
う意欲が感じられる。
　一方〈悪い例①〉では，あまりにも漠然としていて，具体性に欠けてい
る。また〈悪い例②〉のような，背のびした回答は避ける方が無難だ。

★簡単な自己PRをして下さい。★

〈良い例①〉

　体力には自信があります。学生時代，山岳部に所属していました。登頂した山が増えるにつれて，私の体力も向上してきました。それに度胸というようなものがついてきたようです。

〈良い例②〉

　私のセールスポイントは，頑張り屋ということです。高校時代では部活動のキャプテンをやっていましたので，まとめ役としてチームを引っ張り，県大会出場を果たしました。

〈悪い例①〉

　セールスポイントは，3点あります。性格が明るいこと，体が丈夫なこと，スポーツが好きなことです。

〈悪い例②〉

　自己PRですか……エピソードは……ちょっと突然すぎて，それに一言では……。

〈悪い例③〉

　私は自分に絶対の自信があり，なんでもやりこなせると信じています。これまでも，たいていのことは人に負けませんでした。公務員になりましたら，どんな仕事でもこなせる自信があります。

●コメント

　　自己PRのコツは，具体的なエピソード，体験をおりまぜて，誇張しすぎず説得力を持たせることである。

　　〈悪い例①〉は具体性がなく迫力に欠ける。②はなんとも歯ぎれが悪く，とっさの場合の判断力のなさを印象づける。③は抽象的すぎるし，自信過剰で嫌味さえ感じられる。

★健康状態はいかがですか？★

〈良い例①〉

　健康なほうです。以前は冬になるとよくカゼをひきましたが，4年くらい前にジョギングを始めてから，風邪をひかなくなりました。

〈良い例②〉

　いたって健康です。中学生のときからテニスで体をきたえているせいか，寝こむような病気にかかったことはありません。

〈悪い例①〉

　寝こむほどの病気はしません。ただ，少々貧血気味で，たまに気分が悪くなることがありますが，あまり心配はしていません。勤務には十分耐えられる健康状態だと思います。

〈悪い例②〉

　まあ，健康なほうです。ときどき頭痛がすることがありますが，睡眠不足や疲れのせいでしょう。社会人として規則正しい生活をするようになれば，たぶん治ると思います。

●コメント

　多少，健康に不安があっても，とりたててそのことを言わないほうがいい。〈悪い例②〉のように健康維持の心がけを欠いているような発言は避けるべきだ。まず健康状態は良好であると述べ，日頃の健康管理について付け加える。スポーツばかりではなく，早寝早起き，十分な睡眠，精神衛生などに触れるのも悪くない。

★どんなスポーツをしていますか？★

〈良い例①〉

　毎日しているスポーツはありませんが，週末によく卓球をします。他のスポーツに比べると，どうも地味なスポーツに見られがちなのですが，皆さんが思うよりかなり激しいスポーツで，全身の運動になります。

〈良い例②〉

　私はあまり運動が得意なほうではありませんので，小さいころから自主的にスポーツをしたことがありませんでした。でも，去年テレビでジャズダンスを見ているうちにあれならば私にもできそうだという気がして，ここ半年余り週１回のペースで習っています。

〈悪い例①〉

　スポーツはどちらかといえば見る方が好きです。よくテレビでプロ野球中継を見ます。

●コメント

　　スポーツをしている人は，健康・行動力・協調性・明朗さなどに富んでいるというのが一般の（試験官の）イメージだ。〈悪い例①〉のように見る方が好きだというのは個人の趣向なので構わないが，それで終わってしまうのは好ましくない。

★クラブ・サークル活動の経験はありますか？★

〈良い例①〉

　剣道をやっていました。剣道を通じて，自分との戦いに勝つことを学び，また心身ともに鍛えられました。それから横のつながりだけでなく先輩，後輩との縦のつながりができたことも収穫の一つでした。

〈良い例②〉

　バスケット部に入っておりました。私は，中学生のときからバスケットをやっていましたから，もう６年やったことになります。高校までは正選手で，大きな試合にも出ていました。授業終了後，２時間の練習があります。また，休暇時期には，合宿練習がありまして，これには，ＯＢも参加し，かなりハードです。

〈悪い例①〉

　私は社会心理研究会という同好会に所属していました。マスコミからの情報が，大衆心理にどのような影響をおよぼしているのかを研究していました。大学に入ったら，サークル活動をしようと思っていました。それが，いろいろな部にあたったのですが，迷ってなかなか決まらなかったのです。そんなとき，友人がこの同好会に入ったので，それでは私も，ということで入りました。

〈悪い例②〉

　何もしていませんでした。どうしてもやりたいものもなかったし，通学に2時間半ほどかかり，クラブ活動をしていると帰宅が遅くなってしまいますので，結局クラブには入りませんでした。

●コメント

　クラブ・サークル活動の所属の有無は，協調性とか本人の特技を知るためのものであり，どこの採用試験でも必ず質問される。クラブ活動の内容，本人の役割分担，そこから何を学んだかがポイントとなる。具体的な経験を加えて話すのがよい。ただ，「サークル活動で●●を学んだ」という話は試験官にはやや食傷気味でもあるので，内容の練り方は十分に行いたい。

　〈悪い例①〉は入部した動機がはっきりしていない。〈悪い例②〉では，クラブ活動をやっていなかった場合，必ず別のセールスポイントを用意しておきたい。例えば，ボランティア活動をしていたとか，体力なら自信がある，などだ。それに「何も夢中になることがなかった」では人間としての積極性に欠けてしまう。

★新聞は読んでいますか？★

〈良い例①〉

　毎日，読んでおります。朝日新聞をとっていますが，朝刊では"天声人語"や"ひと"そして政治・経済・国際欄を念入りに読みます。夕刊では，"窓"を必ず読むようにしています。

〈良い例②〉

　読売新聞を読んでいます。高校のころから，政治，経済面を必ず読むよう，自分に義務づけています。最初は味気なく，つまらないと思ったのですが，このごろは興味深く読んでいます。

〈悪い例①〉

　定期購読している新聞はありません。ニュースはほとんどテレビやインターネットで見られますので，たまに駅の売店などでスポーツ新聞や夕刊紙などを買って読んでいます。主にどこを読むかというと，これらの新聞の芸能・レジャー情報などです。

〈悪い例②〉

　毎日新聞を読んでいますが，特にどこを読むということはなく，全体に目を通します。毎日新聞は，私が決めたわけではなく，実家の両親が購読していたので，私も習慣としてそれを読んでいます。

●コメント

　この質問は，あなたの社会的関心度をみるためのものである。毎日，目を通すかどうかで日々の生活規律やパターンを知ろうとするねらいもある。具体的には，夕刊紙ではなく朝日，読売，毎日などの全国紙を挙げるのが無難であり，読むページも，政治・経済面を中心とするのが望ましい。

　〈良い例①〉は，購読している新聞，記事の題名などが具体的であり，真剣に読んでいるという真実味がある。直近の記憶に残った記事について感想を述べるとなお印象は良くなるだろう。〈悪い例①〉は，「たまに読んでいる」ということで×。それに読む記事の内容からも社会的関心の低さが感じられる。〈悪い例②〉は〈良い例①〉にくらべ，具体的な記事が挙げられておらず，かなりラフな読み方をしていると思われても仕方がない。

●書籍内容の訂正等について

　弊社では教員採用試験対策シリーズ（参考書，過去問，全国まるごと過去問題集），公務員採用試験対策シリーズ，公立幼稚園・保育士試験対策シリーズ，会社別就職試験対策シリーズについて，正誤表をホームページ（https://www.kyodo-s.jp）に掲載いたします。内容に訂正等，疑問点がございましたら，まずホームページをご確認ください。もし，正誤表に掲載されていない訂正等，疑問点がございましたら，下記項目をご記入の上，以下の送付先までお送りいただくようお願いいたします。

> ① **書籍名，都道府県・市町村名，区分，年度**
> 　（例：公務員採用試験対策シリーズ　北海道のＡ区分　2025年度版）
> ② **ページ数**（書籍に記載されているページ数をご記入ください。）
> ③ **訂正等，疑問点**（内容は具体的にご記入ください。）
> 　（例：問題文では "ア～オの中から選べ" とあるが，選択肢はエまでしかない）

〔ご注意〕

○ 電話での質問や相談等につきましては，受付けておりません。ご注意ください。

○ 正誤表の更新は適宜行います。

○ いただいた疑問点につきましては，当社編集制作部で検討の上，正誤表への反映を決定させていただきます（個別回答は，原則行いませんのであしからずご了承ください）。

●情報提供のお願い

　公務員試験研究会では，これから公務員試験を受験される方々に，より正確な問題を，より多くご提供できるよう情報の収集を行っております。つきましては，公務員試験に関する次の項目の情報を，以下の送付先までお送りいただけますと幸いでございます。お送りいただきました方には謝礼を差し上げます。

（情報量があまりに少ない場合は，謝礼をご用意できかねる場合があります。）

◆あなたの受験された教養試験，面接試験，論作文試験の実施方法や試験内容

◆公務員試験の受験体験記

- -

| 送付先 | ○電子メール：edit@kyodo-s.jp
○FAX：03-3233-1233（協同出版株式会社　編集制作部　行）
○郵送：〒101-0054　東京都千代田区神田錦町2-5
　　　　　協同出版株式会社　編集制作部　行
○HP：https://kyodo-s.jp/provision（右記のQRコードからもアクセスできます） | |

　※謝礼をお送りする関係から，いずれの方法でお送りいただく際にも，「お名前」「ご住所」は，必ず明記いただきますよう，よろしくお願い申し上げます。